Die Rechtsprechung des Reichswirtschaftsgerichts zur Verordnung über die schiedsgerichtliche Erhöhung von Preisen bei der Lieferung von elektrischer Arbeit, Gas und Leitungswasser

Vom 1. Februar 1919 / 16. Juni 1922

Zusammengestellt von

Dr. jur. Erich Riccius, Berlin

Rechtsanwalt und Notar

2. Folge

München und Berlin 1926
Druck und Verlag von R. Oldenbourg

Vorwort.

Nach etwas über Jahresfrist lasse ich der ersten Sammlung der von mir besorgten Entscheidungssammlung des Reichswirtschaftsgerichtes auf dem Gebiete der Verordnung vom 1. Februar 1919/9. Juni 1922 eine zweite folgen. Die Brauchbarkeit der ersten Sammlung hat sich aus zahlreichen mir zugegangenen Äußerungen erwiesen. Zur handlicheren Benutzung ist diesmal ein alphabetisches Sachregister angehängt, so daß ich hoffe, die Brauchbarkeit damit erhöht zu haben. Dies Sachregister umfaßt auch den ersten Band mit. Die Bearbeitung des Registers hat liebenswürdiger Weise Herr Referendar Uhrbach mit großem Fleiße vorgenommen.

Berlin SW 11, den 1. Dezember 1925.
Hallesches Ufer 28

Dr. jur. Erich Riccius
Rechtsanwalt und Notar.

Vorwort zur 1. Sammlung.

Durch die Verordnung über die schiedsgerichtliche Erhöhung von Preisen bei der Lieferung von elektrischer Arbeit, Gas und Leitungswasser vom 1. Februar 1919, neue Fassung vom 16. Juni 1922, ist es den Elektrizitätswerken ermöglicht, bei Verträgen, die vor dem 4. Februar 1919 geschlossen sind, eine Erhöhung der vereinbarten Strompreise zu erzielen und umgekehrt den Abnehmern, falls eine solche Erhöhung eingetreten ist, eine Ermäßigung zu verlangen, falls sich die wirtschaftlichen Verhältnisse geändert haben. Zur Entscheidung hierüber ist ein Schiedsgericht bestimmt, dessen Berufung gesetzlich geregelt ist. Durch das Abänderungsgesetz vom 9. Juni 1924 ist gegen die erst-instanzliche Entscheidung der Schiedsgerichte, die Berufung an das Reichswirtschaftsgericht zugelassen.

Seit dieser Zeit sind nun eine Reihe von Entscheidungen ergangen, aus denen sich jetzt eine gewisse Richtung in der Rechtsprechung des Reichswirtschaftsgerichts erkennen läßt. Da die Entscheidungen durchaus lückenhaft und außerdem stark zerstreut veröffentlicht werden, hat der Verfasser es unternommen, die hier in Frage kommenden Urteile des Reichswirtschaftsgerichts im nachfolgenden zusammenzufassen. Bei der großen Zahl der in Deutschland tagenden Schiedsgerichte und der wirtschaftlichen Bedeutung der ihnen vorgelegten Fragen erschien es wertvoll, die gesamte Rechtsprechung des Reichswirtschaftsgerichts zu dem fraglichen Rechts- und Wirtschaftsgebiete in einer Form zu sammeln, welche es den beteiligten Parteien und den Schiedsrichtern ermöglicht, von der Rechtsprechung des obersten Gerichts jeweils in der bequemste Form Kenntnis zu nehmen.

Es ist beabsichtigt, sobald genügend neues Material vorliegt, eine Fortsetzung erscheinen zu lassen.

Den einzelnen Entscheidungen ist eine Bemerkung des Verfassers, der bei einer größeren Anzahl Verfahren als Prozeßbevollmächtigter beteiligt war, angefügt, welche seinen Standpunkt vom Gesichtswinkel der Praxis aus gesehen, darstellt. Es erschien dies zweckmäßig, um denjenigen Kreisen, welche mit dem Gegenstande nicht eingehend vertraut sind, einen Anhaltspunkt zu bieten, in welcher Richtung die Streitfrage sich bewegt hat und wie man eventl. zu einem anderen Ergebnis gelangen kann. Anspruch auf eine volle Würdigung der Urteile erheben diese Bemerkungen nicht.

Berlin SW 11, den 16. Oktober 1924.
Hallesches Ufer 28

Dr. jur. Erich Riccius
Rechtsanwalt und Notar.

Inhalt.

1.

Berufung gegen den Spruch eines Vertragsschiedsgerichts, das auch über Ansprüche aus der Verordnung vom 1. Februar 1919/9. Juni 1922 entschieden hat, ist unzulässig.

Entscheidung vom 15. Dezember 1924.

XXII[1]. A. V. 38. 24.

Die Parteien haben am 30. November 1916 einen Vertrag geschlossen, aus dem für das gegenwärtige Verfahren folgende Bestimmungen wesentlich sind:

Punkt 1.

Vom 1. Dezember 1916 an überträgt die Stadt der Gesellschaft als ihrer Geschäftsführerin die Versorgung der Stadt mit Gas und überläßt ihr hierzu auf die Dauer des Vertrages ihr Gaswerk mit den bisher dazu benutzten Grundstücken und Gebäuden mit allen Einrichtungen, dem Inventar und den Werkzeugen, sowie die gesamten Rohrleitungen und alles sonstige Zubehör.

Punkt 2.

Die Dauer des Vertragsverhältnisses wird auf 25 Jahre festgesetzt.

Punkt 3.

Als Entgelt für alle der Gesellschaft durch diesen Vertrag eingeräumten Rechte zahlt diese an die Stadt jährlich 3000 *M*. Weiter beteiligt die Gesellschaft die Stadt an dem Gasgeschäft in der Weise, daß sie von dem innerhalb des Stadtbezirkes verkauften Gas an die Stadt zahlt:

a) 15% der Einnahme aus der Straßenbeleuchtung,

b) 30% der übrigen Gaseinnahmen.

Punkt 9.

Der Gaspreis für die Verbraucher beträgt einheitlich 18 ₰ für 1 cbm.

Punkt 16.

Die aus den Bestimmungen dieses Vertrages entstehenden Streitigkeiten werden durch ein Schiedsgericht erledigt. Zu dem Schiedsgericht ernennen die Stadt und die Gesellschaft je einen Schiedsrichter .... Falls die Schiedsrichter sich über einen gemeinsamen Schiedsspruch nicht einigen können, wird das Schiedsgericht durch einen Obmann ergänzt.

Zwischen den Parteien ist ein Streit entstanden, über die nach Punkt 3 von der Gesellschaft an die Stadt zu leistenden Abgaben. Die Gesellschaft hat das Pauschale von 3000 ℳ bis Mitte 1923 bezahlt. Sie hat aber, als auf Grund der Verordnung vom 1. Februar 1919 der Vertragsgaspreis von 18 ₰ erhöht wurde, die prozentualen Abgaben nicht mehr, wie es die Stadt verlangte, von den Gesamteinnahmen berechnet, sondern nur von den dem ursprünglichen Vertragspreise entsprechenden Einnahmen. Sie hat diesen Standpunkt damit begründet, daß die ihr zum Vertragspreise zugestandenen Teuerungszuschläge abgabefrei seien, weil sie nur die wirklichen Mehrkosten darstellten und keine Gewinne enthielten.

Die Stadt hat darauf unterm 12. Dezember 1922 folgenden Brief an die Gesellschaft gerichtet:

„Nach Punkt 3 des mit Ihnen abgeschlossenen Vertrages vom 30. November 1916 soll die Stadt in der Weise an dem Gasgeschäft beteiligt werden, daß Sie sich verpflichteten, von dem innerhalb des Stadtbezirks verkauften Gase der Stadt zu zahlen:

a) 15% der Einnahme aus der Straßenbeleuchtung,

b) 30% der übrigen Gaseinnahme.

Bei den bisher von Ihnen geleisteten Zahlungen haben Sie, entgegen dem Wortlaute des Vertrages, die Stadt nicht in vollem Umfange an den Gaseinnahmen beteiligt. Wir haben Ihnen in mehreren Briefen unseren Standpunkt mitgeteilt, den Sie nicht teilen wollen und nur die Barabgabe auf den Vertragspreis beziehen wollen. Wir können diesen Standpunkt nicht anerkennen und berufen hiermit ein Schiedsgericht nach Punkt 16 des Vertrages. Als unseren Schiedsrichter ernennen wir hiermit Herrn . . Wir ersuchen um Bekanntgabe Ihres Schiedsrichters innerhalb 14 Tagen und bitten noch um Mitteilung, ob Sie vor Eröffnung des Schiedsgerichtes die Wahl eines Obmannes wünschen."

Vor dem Schiedsgericht, das nur aus den beiden von den Parteien ernannten Schiedsrichtern bestand, hat die Stadt Klage erhoben mit dem Antrage:

Das Schiedsgericht möge dahin erkennen, daß die Beklagte verpflichtet ist, die Barabgaben von den Bruttoeinnahmen für Straßenbeleuchtung und Gaseinnahme zu entrichten und die rückständigen Zahlungen mit Zinsen der Klägerin zu leisten.

Das Schiedsgericht hat nach einer Verhandlung vom 10. Mai 1924 in einer Sitzung vom 10. August 1924, zu der die Klägerin nicht geladen und nicht erschienen war, einen Schiedsspruch dahin gefällt, daß die Klägerin mit ihren Ansprüchen abgewiesen werde und darüber hinaus die prozentuale Abgabe überhaupt zu beseitigen sei. Der Spruch ist damit begründet, daß der Streit nach der Verordnung vom 1. Februar 1919/9. Juni 1922 entschieden werden müsse und bei dem jetzigen Gaspreise von 28 ₰ für 1 cbm die Beklagte im Hinblick auf die von ihr dargelegten Selbstkosten neben dem jährlichen Pauschale von 3000 ℳ, zu dessen Zahlung sie für die Zukunft bereit sei, ohne Verlust prozentuale Abgaben nicht leisten könne, daß es der Beklagten aber auch nicht zuzumuten sei, das Pauschale rückwirkend für die Inflationszeit zu zahlen. Einen Obmann zu wählen, sei nach dem Vertrage dem Ermessen der Schiedsrichter anheimgestellt; da sie sich über den Streitfall einig seien, hätten sie von der Wahl eines Obmannes abgesehen.

Gegen den nicht verkündeten Schiedsspruch hat die Klägerin Berufung eingelegt.

Der von der Klägerin ernannte Schiedsrichter hat das an ihn ergangene Ersuchen um Übersendung der schiedsgerichtlichen Vorgänge abgelehnt mit der Begründung, der Schiedsspruch unterliege nicht der Nachprüfung durch das Reichswirtschaftsgericht, weil es sich nicht um den Spruch eines Verordnungsschiedsgerichts, sondern eines Vertragsschiedsgerichts handele, was schon daraus hervorgehe, daß die Schiedsrichter ohne Obmann gearbeitet hätten, was nur nach dem Vertrage zulässig sei.

Die Klägerin beantragt, den Schiedsspruch aufzuheben und die Sache auf Grund des § 36b der Verordnung über das Reichswirtschaftsgericht zurückzuverweisen.

Sie führt um die Zulässigkeit der Berufung zu begründen, im wesentlichen folgendes aus:

Es sei richtig, daß sie ihren Anspruch vor ein Vertragsschiedsgericht gebracht habe. Ihr Anspruch sei aus dem Vertrage, wonach die Abgabe unzweifelhaft von den Bruttoeinnahmen zu zahlen war, ohne weiteres schlüssig gewesen. Die Beklagte habe den Anspruch mit der Begründung bestritten, daß die Strompreise eine solche Berechnung nicht vertragen und die Abgaben auf die ursprünglichen Strompreise gezahlt werden könnten. Das Vorbringen der Beklagten enthalte das Verlangen nach einer teilweisen Befreiung von vertraglichen Abgaben. Eine solche Vertragsänderung sei aber nur auf Grund der Verordnung vom 1. Februar 1919/9. Juni 1922 möglich gewesen. Das Schiedsgericht erkläre die Berechtigung seiner Entscheidung, die über den Antrag der Beklagten hinaus die prozentuale Abgabe völlig beseitigt, selbst als auf Grund der Verordnung gegeben. Soweit der Schiedsspruch den Vertrag ändere, handele es sich um einen Spruch auf Grund der Verordnung, der mit der Berufung anfechtbar sei. Zweifelhaft sei, ob dies bezüglich der ursprünglichen Klage ebenfalls zutreffe, da diese scheinbar ein Vertragsrecht vor dem Vertragsschiedsgericht habe geltend machen wollen. Tatsächlich habe sich aber doch der Streit um die Frage gedreht, ob die Berechnung der prozentualen Abgabe von den Gesamteinnahmen oder nur von den dem Friedenspreise entsprechenden Einnahmen gezahlt werden sollte. Von diesem Gesichtspunkt aus würde sich die Klage als eine negative

Feststellungsklage ansehen lassen, mit der die Klägerin die Gegenpartei vor das Forum ziehe, um sie zum Nachweis ihrer Berechtigung zu veranlassen. Verfahren sei das Schiedsgericht auch in dieser Weise, indem es die Selbstkostenberechnung der Beklagten eingefordert und nachgeprüft habe. Gegen die Zulässigkeit einer negativen Feststellungsklage seien aus der Verordnung Bedenken nicht herzuleiten. Die vom Schiedsgericht ausgesprochene Klageabweisung erscheine ebenfalls nur auf Grund der Verordnung denkbar. Habe aber das Schiedsgericht, als Verordnungsschiedsgericht entschieden, so leide sein Verfahren an so schweren Mängeln, daß eine Zurückverweisung angebracht erscheine.

Das Reichswirtschaftsgericht hat die Berufung als unzulässig verworfen mit folgender

Begründung:

Berufung an das Reichswirtschaftsgericht gemäß § 2 Ziff. 4 der Verordnung vom 1. Februar 1919/9. Juni 1922 ist nur gegen den Spruch eines Verordnungsschiedsgerichts zulässig. Der Verordnung unterliegen nur Ansprüche auf A b - ä n d e r u n g von Verträgen. Die Klägerin hat keinen Anspruch auf Abänderung des Vertrages erhoben, sondern die Erfüllung des Vertrages verlangt. Die Klägerin hat deshalb mit Recht durch ihren Brief vom 12. Dezember 1922 nach Punkt 16 des Vertrages, der den ordentlichen Rechtsweg ausschließt, das Vertragsschiedsgericht berufen. Vor dem Vertragsschiedsgericht hat die Beklagte die ihr durch die Gaslieferung erwachsenen Selbstkosten dargelegt und geltend gemacht, daß sie bei dem Gaspreise von 28 ₰ für 1 cbm ohne Verlust Abgaben in dem von der Klägerin verlangten Umfange nicht leisten könne. Mit diesem Vorbringen hätte die Beklagte auf Grund des § 1 der Verordnung Klage auf Abänderung des Vertrages vor dem Verordnungsschiedsgericht erheben können. Das Schiedsgericht hat die Ansprüche der Klägerin abgewiesen und den Punkt 3 des Vertrages durch Befreiung der Beklagten von prozentualen Abgaben abgeändert. Es hat damit über Ansprüche entschieden, für die eine Zuständigkeit des Verordnungsschiedsgerichts gegeben war. Es ist, wie sich aus der Begründung des Schiedsspruchs ergibt, zu dieser Entscheidung gekommen, indem es die materiellen Vorschriften der Verordnung angewandt hat. Es hat aber durch Erlaß dieser Entscheidung nicht sein Wesen als Vertragsschiedsgericht ändern und ein Verordnungsschiedsgericht werden wollen. Das ergibt sich aus den in der Schiedsspruchsbegründung enthaltenen Darlegungen, weshalb die beiden Schiedsrichter von der Zuziehung eines Obmannes abgesehen haben. Es ergibt sich weiter aus der Erklärung, mit der der von der Klägerin ernannte Schiedsrichter das Ersuchen des Senatsvorsitzenden um Aktenübersendung abgelehnt hat, es ergibt sich namentlich aus dem Umstande, daß das Schiedsgericht die wesentlichsten und zwingenden Vorschriften für das Verfahren vor einem Verordnungsschiedsgericht, wie namentlich die Wahl eines Obmannes, die Ladung der Parteien zur Verhandlung, die Verkündung des Schiedsspruchs, bewußt nicht befolgt hat.

1.

Berufung gegen den Spruch eines Vertragsschiedsgerichts, das auch über Ansprüche aus der Verordnung vom 1. Februar 1919/9. Juni 1922 entschieden hat, ist unzulässig.

Entscheidung vom 15. Dezember 1924.

XXII[1]. A. V. 38. 24.

Die Parteien haben am 30. November 1916 einen Vertrag geschlossen, aus dem für das gegenwärtige Verfahren folgende Bestimmungen wesentlich sind:

Punkt 1.

Vom 1. Dezember 1916 an überträgt die Stadt der Gesellschaft als ihrer Geschäftsführerin die Versorgung der Stadt mit Gas und überläßt ihr hierzu auf die Dauer des Vertrages ihr Gaswerk mit den bisher dazu benutzten Grundstücken und Gebäuden mit allen Einrichtungen, dem Inventar und den Werkzeugen, sowie die gesamten Rohrleitungen und alles sonstige Zubehör.

Punkt 2.

Die Dauer des Vertragsverhältnisses wird auf 25 Jahre festgesetzt.

Punkt 3.

Als Entgelt für alle der Gesellschaft durch diesen Vertrag eingeräumten Rechte zahlt diese an die Stadt jährlich 3000 ℳ. Weiter beteiligt die Gesellschaft die Stadt an dem Gasgeschäft in der Weise, daß sie von dem innerhalb des Stadtbezirkes verkauften Gas an die Stadt zahlt:

a) 15% der Einnahme aus der Straßenbeleuchtung,
b) 30% der übrigen Gaseinnahmen.

Punkt 9.

Der Gaspreis für die Verbraucher beträgt einheitlich 18 ₰ für 1 cbm.

Punkt 16.

Die aus den Bestimmungen dieses Vertrages entstehenden Streitigkeiten werden durch ein Schiedsgericht erledigt. Zu dem Schiedsgericht ernennen die Stadt und die Gesellschaft je einen Schiedsrichter .... Falls die Schieds-

schließliche Recht, innerhalb der Gemeinde elektrische Energie für Licht- und Kraftzwecke abzugeben und durchzuleiten. Während der Dauer der Konzession darf die Gemeinde weder selbst ein eigenes Elektrizitätswerk errichten, noch einem Dritten die in § 1 gedachte Erlaubnis erteilen (§ 7 des Vertrages). „Die Genossenschaft verpflichtet sich, nach Maßgabe ihrer Stromlieferungsbedingungen der Gemeinde und ihren Einwohnern zu jeder Zeit elektrische Energie für Licht- und Kraftzwecke in beliebiger Weise zu liefern." (§ 8). „Das Verhältnis zwischen der Genossenschaft und den Stromkonsumenten wird durch die Stromlieferungen geregelt. Die Gemeinden, welche mit Strom versorgt werden und Mitglied der Genossenschaft sind, erhalten den Strom für Beleuchtung der Straßen und öffentlichen Gebäude zum Preise von 30 ₰ für die kWh von der Genossenschaft geliefert" (§ 10). „Sollten in Bezug auf diesen Vertrag und die darin bedingten Rechtsverhältnisse Streitigkeiten irgend welcher Art zwischen der Gemeinde und der Genossenschaft entstehen, so sollen sie durch ein Schiedsgericht beseitigt werden. Zu diesem Zwecke ernennen die Gemeinde und die Genossenschaft je einen Schiedsrichter, welcher auf Aufforderung der einen Partei binnen 14 Tagen der anderen Partei schriftlich namhaft zu machen ist, widrigenfalls das Ernennungsrecht auf die andere Partei übergeht. Falls die Schiedsrichter sich nicht einigen können, so wählen sie einen Obmann, welcher die Entscheidung zu treffen hat. Kommt über die Person des Obmanns keine Einigung zustande, so soll der Regierungspräsident zu Merseburg um dessen Ernennung ersucht werden. Das Schiedsgericht entscheidet etwaige Streitfälle zwischen der Gemeinde und der Genossenschaft endgültig unter Ausschluß des Rechtsweges und haben beide Teile sich dessen Spruch zu unterwerfen. Im übrigen greifen die Bestimmungen der Zivilprozeßordnung über das schiedsgerichtliche Verfahren Platz" (§ 11).

Die Rechte und Pflichten der Genossenschaft aus diesem Vertrage sind auf die Klägerin übergegangen.

Bisher hat die Klägerin den Anschluß der Beklagten an das Netz der Überlandzentrale noch nicht vorgenommen; sie hat vielmehr — nach ihrer Behauptung wegen der Kriegsverhältnisse und der Materialnot in der Nachkriegszeit — den Ausbau unterlassen und nach langwierigen Verhandlungen, in denen sie den Standpunkt vertrat, daß die Beklagte an den gegenüber der Vorkriegszeit erheblich verteuerten Baukosten teilnehmen müsse, durch ein Schreiben vom 27. August 1924 der Beklagten mitgeteilt, daß der aufzubringende Baukostenzuschuß für die Hochspannungsleitung, die Transformatorenstation und das Ortsnetz sich auf 29 000 ℳ stelle. Die Gemeinde hat es abgelehnt, einen Baukostenzuschuß zu zahlen, und hat durch Schreiben vom 17. Dezember 1924 die Klägerin aufgefordert, den Anschluß kostenlos vorzunehmen, und in diesem Schreiben eine Frist gesetzt von einer Woche zum Beginn der Arbeit und eine weitere Ausführungsfrist von drei Monaten mit dem Bemerken, daß sie nach Ablauf der Fristen den Vertrag als gelöst betrachte. Die Klägerin hat durch

Schreiben vom 29. Dezember 1924 die Fristsetzung zurückgewiesen unter Hinweis darauf, daß die Vornahme des Anschlusses nur gefordert werden könne gegen Zahlung des bereits erwähnten Baukostenzuschusses, den sie nunmehr auf 18 000 ℳ beziffere.

Die Klägerin hat darauf auf Grund des § 11 des Vertrages einen Schiedsrichter ernannt und durch Schreiben vom 2. Januar 1925 unter Benennung ihres Schiedsrichters die Beklagte aufgefordert, binnen 14 Tagen einen Schiedsrichter zu ernennen. Die Beklagte ist der Aufforderung gefolgt, worauf die Klägerin mit Schriftsatz vom 24. Februar 1925 die Klage bei den Schiedsrichtern eingereicht hat mit dem Antrage, festzustellen:

1. daß der Vertrag vom 28. Februar/21. März 1914 zu Recht bestehe, die Gemeinde daher, falls sie insbesondere gegen die §§ 1 und 7 des Vertrags verstoße, der Klägerin schadensersatzpflichtig sei;
2. daß erst nach Erhalt eines Baukostenzuschusses in Höhe von 18 000 GM. von der Gemeinde die Klägerin verpflichtet sei den Anschluß der Gemeinde zu bewirken.

In der Klageschrift und dem Nachtrage vom 27. Februar 1925 führt die Klägerin aus, daß ihre Forderung auf Zahlung eines Baukostenzuschusses aus der Verordnung vom 1. Februar 1919 in der Fassung vom 16. Juni 1922 begründet sei.

Die Beklagte hat Widerklage erhoben mit dem Antrage, festzustellen, daß der Konzessionsvertrag durch Ablauf der gemäß § 326 BGB. der Klägerin gesetzten Frist unwirksam geworden sei.

In der Verhandlung vor den beiden Schiedsrichtern vom 14. März 1925 sind, „nachdem festgestellt worden war, daß gegen die Zusammensetzung und die Zuständigkeit des Schiedsgerichtes keine Einsprüche erhoben würden", die Anträge der Klageschrift und der Widerklage verlesen worden. Nach streitiger Verhandlung hat das aus den beiden Schiedsrichtern bestehende Gericht den Parteien einen Vergleichsvorschlag gemacht, der später von der Beklagten abgelehnt worden ist.

Bei der Verhandlung vom 14. März 1925 war ein Schriftführer nicht zugezogen.

Unterm 16. Juni 1925 schreibt die Klägerin an die beiden Schiedsrichter, sie könne sich nicht damit einverstanden erklären, daß über ihre Ansprüche auf Zahlung eines Baukostenzuschusses das Vertragsschiedsgericht entscheide. Diese Entscheidung müsse vielmehr einem nach der Verordnung vom 1. Februar 1919 in der Fassung vom 16. Juni 1922 zu bildenden Schiedsgerichte vorbehalten bleiben. Das Vertragsschiedsgericht könne nur entscheiden über ihren Antrag auf Feststellung der Wirksamkeit des Konzessionsvertrages und der Schadensersatzpflicht der Beklagten bei Zuwiderhandlungen auf diesen Vertrag. Der lediglich auf die Verordnung gestützte Anspruch auf einen Baukostenzuschuß werde daher vor dem Vertragsschiedsgericht nicht mehr erhoben.

Die Beklagte vertrat demgegenüber in einem Schriftsatz vom 22. Juni 1925 den Rechtsstandpunkt, daß der Anspruch auf Zahlung eines Baukostenzuschusses nicht unter die Verordnung falle und daß überdies die beiden Parteien in der Verhandlung vom 14. März 1925 die Zuständigkeit des Schiedsgerichts anerkannt hätten. Sie stellt hilfsweise den Antrag, festzustellen, daß die Klägerin zum völlig kostenlosen Anschluß der Beklagten verpflichtet sei.

Auf Antrag der Schiedsrichter wurde durch Verfügung des Regierungspräsidenten in Merseburg vom 1. Juli 1925 ein Obmann ernannt.

Die Klägerin teilte darauf durch Schriftsatz vom 11. August 1925 mit, daß sie die Tagung des Verordnungsschiedsgerichts zur Entscheidung über ihren Anspruch auf Zahlung eines Baukostenzuschusses in die Wege geleitet habe. Sie beantragte gemäß § 6 der Verordnung die Aussetzung des vertragsschiedsgerichtlichen Verfahrens bis zur Entscheidung des Verordnungsschiedsgerichts.

In der schiedsgerichtlichen Verhandlung vom 17. August 1925 wurde der Antrag der Klägerin auf Aussetzung der Verhandlung durch Beschluß abgelehnt und nach streitiger Verhandlung, in der die Klägerin nur den Antrag auf Feststellung der Wirksamkeit des Vertrages und der Schadensersatzpflicht der Beklagten verlas, der Schiedsspruch verkündet:

> Unter Abweisung der Klage wird auf die Widerklage festgestellt, daß der Klägerin aus dem Konzessionsvertrage vom 28. Februar/21. März 1914 keinerlei Rechte gegen die Beklagte zustehen. In den Gründen soweit sie für die Berufung in Frage kommen, wird ausgeführt:

Die Parteien begehrten die Feststellung der Wirksamkeit bzw. Unwirksamkeit des Konzessionsvertrages. Sie seien sich darüber einig, daß der Vertrag gemäß § 326 BGB. keine Wirksamkeit mehr habe, falls eine Verpflichtung der Klägerin zum Anschluß der Beklagten ohne Zahlung eines Baukostenzuschusses bestanden habe. Das Schiedsgericht sei zur Entscheidung dieser Frage von der Klägerin angerufen worden und beide Parteien hätten in der Verhandlung vom 14. März 1925 ausdrücklich vereinbart, daß sie gegen die Zuständigkeit und Zusammensetzung des Schiedsgerichts keinen Einspruch erhöben. Damit hätten beide Parteien übereinstimmend dem nach § 11 des Vertrags berufenen Schiedsgericht die Entscheidung der Verpflichtung der Beklagten zur Zahlung eines Baukostenzuschusses unterbreitet. Wenn also der Anspruch auf den Baukostenzuschuß unter den § 1 der Verordnung falle, so ergebe sich die Zuständigkeit des jetzt angerufenen Schiedsgerichts aus § 12 der Verordnung vom 16. Juni 1922, denn das Schiedsgericht sei auf Grund der Vereinbarung der Parteien zusammengetreten. Für eine Aussetzung gemäß § 6 der Verordnung vom 1. Februar 1919—9. Juni 1922 sei danach kein Raum. In der weiteren Begründung des Schiedsspruchs bleibt die Frage, ob der Anspruch auf den Baukostenzuschuß unter die Verordnung falle, dahingestellt. Es wird ausgeführt, daß der Anspruch sachlich weder auf Grund der neueren Rechtsprechung des Reichsgerichts über die clausula rebus sic stantibus, noch auf Grund des § 1 der Verordnung begründet sei, weil eine Verteuerung der Herstellungskosten um etwa 29,5% nicht so erheblich sei, daß billigerweise die Tragung der Mehrkosten dem Lieferer allein nicht zugemutet werden könnte; vielmehr müsse man eine Verteuerung in diesem Umfange als das vom Unternehmer zu tragende Geschäftsrisiko noch anerkennen. Außerdem werde beim Durchdringen der Beklagten mit ihrem Prinzipalantrage die Last der Kapitalbeschaffung der Klägerin nicht aufgebürdet. Ausschlaggebend sei aber der Gesichtspunkt, daß die Klägerin in der Lage sei, durch Erhöhung der Strompreise einen Ausgleich für die erhöhten Anschlußkosten zu schaffen.

Der Obmann hatte die Schiedsgerichtsakten gemäß § 24 der Verordnung vom 16. Juni 1922 der zuständigen Gemeindebehörde zur Aufbewahrung übersandt. Er hat ferner gemäß § 1039 ZPO. eine Ausfertigung des Schiedsspruches bei der Gerichtsschreiberei des zuständigen Gerichts niedergelegt.

Die Klägerin hat gegen den Schiedsspruch Berufung eingelegt. Sie beantragt unter Abänderung des Schiedsspruchs festzustellen, daß sie erst nach Erhalt eines Baukostenzuschusses in Höhe von 18 000 Goldmark verpflichtet sei, den Anschluß der beklagten Gemeinde zu bewirken. Die Beklagte beantragt Zurückweisung der Berufung.

Die Berufung ist unzulässig.

Das Schiedsgericht ist auf Grund des § 11 des Vertrages, also als Vertragsschiedsgericht einberufen. Der in der Schlußverhandlung gestellte Antrag der Klägerin ging auf Feststellung, daß der Konzessionsvertrag zu Recht bestehe und die Beklagte schadensersatzpflichtig sei, wenn sie dem Vertrage zuwiderhandele, der Antrag der Beklagten auf Feststellung, daß der Vertrag unwirksam sei. Daß diese Anträge, die in der Schlußverhandlung allein der Entscheidung des Schiedsgerichts unterbreitet waren, nicht unter die Verordnung fallen, die doch nur Ansprüche auf Abänderung von Abmachungen betrifft, bedarf keiner weiteren Ausführung. Das Schiedsgericht hat im entscheidenden Teil seines Spruches nur über diese Anträge erkannt. Die hier ausgesprochene Abweisung der Klage betrifft nicht den Anspruch auf Zahlung eines Baukostenzuschusses, der in der Schlußverhandlung nicht mehr gestellt war.

Bei dieser Sachlage kann aber keine Rede davon sein, daß ein der Berufung an das Reichswirtschaftsgericht unterliegender Verordnungsschiedsspruch vorhanden sei. In den Gründen des Schiedsspruchs ist auch nirgends zum Ausdruck gebracht, daß das Schiedsgericht über die ihm unterbreiteten Anträge als Verordnungsschiedsgericht entscheide. Der Vertragsschiedsspruch erhält auch nicht dadurch die Eigenschaft eines Verordnungsschiedsspruchs, daß der Obmann die Akten der Gemeindebehörde zur Aufbewahrung übersandt hat.

An dieser klaren Sachlage wird dadurch nichts geändert, daß das Schiedsgericht „incidentor“, d. h. nicht im entscheidenden Teil, sondern in den Gründen einen Anspruch der Klägerin als sachlich ungerechtfertigt verneint hat, der auf § 1 der Verordnung vom 1. Februar 1919/9. Juni 1922 gestützt war. Das Vertragsschiedsgericht verkennt nicht, daß es als solches nach der gleichmäßig für die ordentlichen Gerichte wie für die Vertragsschiedsgerichte geltenden zwingenden Vorschrift des § 6 der Verordnung dem Aussetzungsantrage der Klägerin hätte stattgeben müssen. Es lehnt den Aussetzungsantrag ab, weil nach seiner Auffassung die Parteien sich in der Verhandlung vor den beiden Schiedsrichtern vom 14. März 1925 gemäß § 4 Abs. 1 der Verordnung vom 1. Februar 1919/9. Juni 1922 dahin geeinigt hätten, daß das Vertragsschiedsgericht, zu dem beide Parteien bereits einen Schiedsrichter ernannt hatten und welches sich gegebenenfalls durch Antrag auf Ernennung eines Obmanns beim Regierungspräsidenten in Merseburg vervollständigen sollte, bezüglich des damals geltend gemachten Anspruchs der Klägerin auf einen Baukostenzuschuß auch als Verordnungsschiedsgericht in Funktion treten solle. Auch wenn diese Auffassung des Schiedsgerichts richtig wäre, würde dadurch an dem Wesen des Schiedsspruchs als eines Vertragsschiedsspruchs nichts geändert, weil ja, wie hervorgehoben, der Schiedsspruch in seinem entscheidenden Teil, der für die Frage der Zulässigkeit der Berufung allein maßgebend sein kann, nicht über irgendeinen Anspruch aus der Verordnung ergangen ist. Tatsächlich erscheint indessen die Auslegung, die das Schiedsgericht der Erklärung der Parteien vom 14. März 1925 gibt, nicht haltbar. Es ist allgemeiner Brauch, eine Schiedsgerichtsverhandlung mit der Feststellung zu eröffnen, daß gegen die Zusammensetzung und die Zuständigkeit des Schiedsgerichts kein Einspruch erhoben werde. Etwas anderes ist auch hier nicht geschehen. Durch die Einwilligung der Parteien in diese Feststellung ist aber weiter nichts erklärt, als daß das Schiedsgericht den Bestimmungen des § 11 des Konzessionsvertrages und der Zivilprozeßordnung entspreche, und daß es sich um einen Streitfall im Sinne des § 11 des Vertrages handele. Keinesfalls hat aber durch diese Erklärungen insbesondere die Klägerin von den Auswirkungen ihres Willens ausschließlich ein Vertragsschiedsgericht, also ein endgültig unter Ausschluß jedes Rechtsmittels entscheidendes Gericht in Lauf zu setzen, irgend etwas aufgeben wollen. Offenbar sind auch die beiden Schiedsrichter in der Verhandlung vom 14. März 1925 keiner anderen Auffassung gewesen. Denn als Verordnungsschiedsgericht hätten sie die Verfahrensvorschriften der §§ 13 ff. der Verordnung vom 16. Juni 1922, die nach § 12 auch für ein auf Grund der Vereinbarung der Beteiligten zusammengetretenes Schiedsgericht gelten, beachten müssen; sie hätten daher nach der angenommenen Feststellung ihrer Zuständigkeitserweiterung die Verhandlung abbrechen und sich durch Zuziehung eines Obmanns (§§ 14, 15) und eines Schriftführers (§ 21) zunächst vervollständigen müssen.

Statt dessen sind die beiden Schiedsrichter allein ohne Zuziehung eines Schriftführers in die Verhandlung der Sache eingetreten.

Der in der Klage erhobene Anspruch ging auf Abänderung des Konzessionsvertrages dahin, daß an Stelle der ursprünglichen Unentgeltlichkeit die Klägerin erst nach Erhalt eines Baukostenzuschusses von der Beklagten verpflichtet sei, den Anschluß der Gemeinde zu bewirken. Der Anspruch war gemäß § 1 der Verordnung auf die Behauptung gestützt, daß seit Abschluß des Konzessionsvertrags infolge der Kriegsverhältnisse die Höhe der Selbstkosten so gewachsen sei, daß das Anwachsen bei Anwendung der Sorgfalt eines ordentlichen Kaufmanns nicht vorauszusehen gewesen sei, und daß billigerweise die Tragung der Mehrkosten der Klägerin allein nicht zugemutet werden könne. Daß ein so begründeter Anspruch durch den § 1 der Verordnung gedeckt wird, ist von den Verordnungsschiedsgerichten soweit hier bekannt, allgemein und auch vom Reichswirtschaftsgericht in der Entscheidung vom 5. Mai 1924 — XXII[1] A. V. 8/24 — anerkannt worden. Daß in dem Konzessionsvertrag die Strompreise nicht ziffernmäßig bestimmt sind, sondern nur die Verpflichtung der Genossenschaft ausgesprochen ist, „nach Maßgabe ihrer Stromlieferungsbedingungen" der Gemeinde und ihren Einwohnern elektrische Energie zu liefern, ist für die Anwendbarkeit der Verordnung ohne Belang. Auch diese allgemein gehaltene Abmachung ist als eine Preisvereinbarung im Sinne des § 1 der Verordnung anzusehen.

Hiernach waren in der Schlußverhandlung vor dem Schiedsgericht die Voraussetzungen des § 6 der Verordnung vom 1. Februar 1919/9. Juni 1922 gegeben: Die Entscheidung des Vertragsschiedsstreits über die dem Schiedsgericht unterbreiteten Anträge hing von der Entscheidung eines Verordnungsschiedsgerichts ab. Das Vertragsschiedsgericht, dem Befugnisse eines Verordnungsschiedsgerichts nicht zukamen, hätte dem Aussetzungsantrage der Schiedsklägerin stattgeben müssen. Indem es diesen Aussetzungsantrag ablehnte, hat es eine wesentliche Verfahrensvorschrift verletzt. Die Schiedsklägerin kann daher nach der Auffassung des Senats die Aufhebung des Schiedsspruchs nach den Bestimmungen des zehnten Buches der Zivilprozeßordnung herbeiführen. Das Reichswirtschaftsgericht ist hierfür nicht zuständig.

Die Berufung ist danach als unzulässig zu verwerfen.

Bemerkung.

Die Entscheidung stellt sich auf den gleichen und richtigen Standpunkt wie Nr. 1. Wenn der Schluß der Gründe aber zu einer Würdigung des schiedsgerichtlichen Verfahrens des Vertragsschiedsgerichtes übergeht, hat der Senat seine Zuständigkeit überschritten. Mit der Feststellung, daß ein Vertragsschiedsgericht vorgelegen, also die Berufung unzulässig sei, war die Tätigkeit des Senates erledigt. Das Verfahren des Schiedsgerichtes entzog sich damit jeder weiteren Beurteilung. Die Nachprüfung der Zulässigkeit des ersten Schiedsspruches ist Sache des ordentlichen Gerichts nach § 1041 ZPO. auf Grund der Aufhebungsklage. Das ordentliche Gericht ist an die Ansicht des RWG. keineswegs gebunden. Sollte es in einem solchen Falle zu einer anderen Ansicht, wie das RWG. kommen, so ist das mißlich und wäre zu vermeiden gewesen.

Die Auffassung des RWG. ist aber auch unrichtig. Der Vertrag enthält keinerlei Bindung der Parteien an irgend welche Strompreise. Die allgemeinen Lieferungsbedingungen sollten für die Abnehmer gelten. Diese kann das Lieferwerk einseitig gestalten. Der Fall liegt daher ebenso wie in der Entscheidung Band I S. 2 dieser Sammlung, wo das RWG. entschieden hat, daß ein solcher Vertrag nicht unter die Strompreisverordnung fällt.

3.

Zuständigkeit. — „Einigung" im Sinne des § 2 Abs. 1 und 3 der Verordnung vom 1. Februar 1919/9. Juni 1922. — Keine Vertragsverbesserung. — Kapitaldienst.

Entscheidung vom 13. Oktober 1924.

XXII[1]. A.V. 17/24.

Die Parteien haben am 8./10. Juli 1912 einen Vertrag (Vertrag I) geschlossen, durch den der Kläger sich verpflichtete, der Beklagten vom 1. Januar 1914 bis zum 31. Dezember 1928 elektrische Arbeit zur Abgabe an Dritte und zum Betriebe ihrer Straßenbahn zu liefern. Die Lieferung ist fristgemäß begonnen worden und dauert noch jetzt an. In dem Vertrage sind für die Stromabgabe feste Preise (§ 4) vorgesehen, und zwar:

eine Grundgebühr von jährlich 60 ℳ je kWh für die ersten 1000 kWh und jährlich 30 ℳ für jedes über 1000 kW hinausgehende kW, sowie eine Arbeitsgebühr für die erste Million kWh von $2\frac{1}{2}$ ₰ und für die weiteren Mengen von $1\frac{1}{2}$ ₰ je kWh.

Unter dem 20./30. Dezember 1918 wurde zwischen den Parteien ein Nachtragsvertrag zum Vertrage I geschlossen (Vertrag II), durch den der § 4 des Vertrages I dahin geändert wurde, daß mit Wirkung vom 1. April 1919 ein Teuerungsfaktor vereinbart wurde von 0,9775 ₰ je kWh für je volle 50 ₰, um welche sich der jeweilige durchschnittliche Verkaufspreis aller Kohlensorten einschließlich Kohlensteuer beim Vertrauensschacht des Klägers erhöhte oder erniedrigte, bezogen auf einen durchschnittlichen Kohlenverkaufspreis von 14,17 ℳ für eine Tonne im Jahresdurchschnitt 1912.

Durch den „Abänderungs- und Nachtragsvertrag zu den Verträgen I und II vom 15./26. April 1921 (Vertrag III) wurden mit Wirkung vom Tage der Inbetriebnahme des von dem Kläger neu aufzustellenden 6000 Kilowatt-Turbo-Generators, die für den 1. Januar 1922 in Aussicht genommen war, gewisse im Eingang des Vertrages III ausdrücklich einzeln aufgeführte Paragraphen des Vertrages I außer Kraft gesetzt und durch neue Vereinbarungen ersetzt. Über die Aufhebung oder das Weiterbestehen des Vertrages II ist in dem Vertrage III nichts gesagt, jedoch ergibt sich aus dem Inhalt der neuen Abmachungen, daß diejenigen Bestimmungen des Vertrages II, die Bestandteile der Bestimmungen des Vertrages I darstellen, in die neu gefaßten Paragraphen des Vertrages III miteingeführt worden sind.

Die wesentlichsten Änderungen, die durch den Vertrag III eingetreten sind, bestehen in folgendem:

Die Vertragsdauer ist bis zum 31. Januar 1936 verlängert, der Umfang der Stromlieferung wesentlich erhöht worden. Der Kläger ist verpflichtet, eine Erweiterung des Kraftwerks im Vertrauensschacht vorzunehmen, die in zwei Teilen erfolgte (Erweiterung I und Erweiterung II).

Für die Lieferung der elektrischen Arbeit hat die Beklagte dem Kläger folgende Zahlungen zu leisten:

a) Als Kapitaldienst von dem auf die Beklagte entfallenden jeweilig nachgewiesenen anteiligen Kapitalaufwande 10% jährlich bei Erweiterung I und 11% jährlich bei Erweiterung II. **Als anteiliger** auf die Beklagte entfallender Kapitalaufwand sollten 50% des für die Erweiterung I und 60% des für die Erweiterung II gemachten Kapital-Gesamtaufwandes gelten.

b) Als Leistungsgebühr 42 ℳ je kW für die ersten 2000 kW und 15 ℳ für die Mehrbelastung.

c) Als Arbeitsgebühr je kWh $2^1/_2$ ₰ für die ersten 6 000 000 kWh und $1^1/_2$ ₰ für die weiteren kWh.

d) Der Teuerungsfaktor für die Arbeitsgebühr wurde auf 0,055 ₰ je kWh festgesetzt. Die übrigen auf den Teuerungsfaktor bezüglichen Bestimmungen des Vertrages II (Steigen und Fallen für je volle 50 ₰ des durchschnittlichen Verkaufspreises aller Kohlensorten, Basis Verkaufspreis von 1912) blieben unverändert.

e) Auf diese Zahlungen wurde ein gewisser Rabatt gewährt.

Der Kläger erhob im November 1923 auf Grund des § 2 Abs. 3 der Verordnung vom 1. Februar 1919/19. Juni 1920 beim Schiedsgericht Klage auf Abänderung der Abmachungen. Durch einstweilige Anordnung vom 7. Dezember 1923 in der Fassung vom 17. Januar 1924 wurde in Verfolg der vom Kläger zunächst gestellten Anträge mit Wirkung vom 10. Dezember 1923 ab der Preis für 1 kWh, unter Wegfall des Kapitaldienstes, der Leistungsgebühr, der Arbeitsgebühr, des Teuerungszuschlages und des bisherigen Rabatts auf den jeweiligen am Tage der Zahlung des Strompreises geltenden Gegenwert von 2 kg Waschklarkohle Ia des Vertrauensschachtes einschließlich aller Steuern und Abgaben festgesetzt. In dem weitern schiedsgerichtlichen Verfahren verlangte der Kläger in Abänderung seiner bisherigen Anträge, daß die im § 4 Ziff. 2 des Vertrages III festgesetzten Strompreise in Goldmark berechnet würden mit der Maßgabe, daß das Kapital für die Erweiterung I 1 229 893 Goldmark, für die Erweiterung II 761 797 Goldmark, die Leistungsgebühr bis 2500 kVA 42×0,8=33,60 Goldmark, über 2500 kVA 15×0,8= 12 Goldmark, die Arbeitsgebühr 2,5 bzw. 1,5 Goldpfennig je kWh betrage und der Teuerungsfaktor von 0,055 auf den jeweiligen durchschnittlich jährlich erzielten Kohlenverkaufspreis für 1 Tonne in Goldmark im Verhältnis zu dem Friedens-Kohlenverkaufspreis von 14,17 ℳ bezogen werde. Der Kläger führte aus, daß die Preise des Vertrages III als Goldmarkpreise gemeint gewesen seien und daher heute auf Goldmark umgestellt werden müßten; das Kapital für die Erweiterung I und II berechnete er nach den fiktiven Herstellungskosten des Jahres 1913. Die Beklagte führte demgegenüber aus, daß der Vertrag III, weil er nach dem 4. Februar 1919 abgeschlossen sei und tatsächlich keine Abänderung der früheren Verträge darstelle, sondern das Stromlieferungsverhältnis von Grund auf neu gestalte, nicht unter die Verordnung vom 1. Februar 1919/9. Juni 1922 falle, daher eine Zuständigkeit des Schiedsgerichts nicht gegeben sei. In sachlicher Beziehung verlangte sie, da die Preise des Vertrages III Papiermarkbeträge gewesen seien, daß der Kläger seine Selbstkosten bei Abschluß des Vertrages III nachweise, damit ermittelt werden könne, um welchen Betrag und in welchem Verhältnis die Selbstkosten seit damals gestiegen seien, ferner daß der Kläger entsprechend dem Vertrage den tatsächlichen Kapitalaufwand für die Erweiterung I und II nachweise, da mit dem Kapitalaufwande nicht ein je nach dem Stande der Teuerung verschieden hoch veranschlagter Anlagewert, sondern nur die tatsächlich bezahlten Anlagekosten gemeint seien und gemeint sein könnten. Sie trug ferner vor, daß der Kläger sich auf den Kapitalaufwand auch den Inflationsgewinn durch Entwertung der aufgenommenen Schulden, mindestens den Inflationsgewinn von rd. 400 000 ℳ aus der Rückzahlung des von der Beklagten ihm gewährten Darlehns von 500 000 ℳ anrechnen lassen müsse.

Das Schiedsgericht hat durch Spruch vom 25. März 1924 dahin erkannt, daß bis zum 1. April 1924 die einstweilige Anordnung vom 7. Dezember 1923 in der Fassung vom 17. Januar 1924 in Kraft bleibe und vom 1. April 1924 mittags 12 Uhr ab die im § 4 Ziffer 2 des Vertrages vom 15./26. April 1921 festgesetzten Strompreise in Goldmark berechnet werden sollten mit der Maßgabe, daß das Anlagekapital für die Erweiterung I auf 1 200 000 Goldmark und das der Erweiterung II auf 750 000 Goldmark festgelegt werde, so daß als Kapitaldienst seitens der Beklagten für die Erweiterung II 10% von 50% von 1 200 000 Goldmark = 60 000 Goldmark und für die Erweiterung II 11% von 60% von 750 000 Goldmark = 49 500 Goldmark alljährlich an den Kläger zu entrichten seien.

Nach der Begründung des Spruches hat das Schiedsgericht den Vertrag III von 1921 nicht als eine von Grund auf neue Abmachung angesehen, sondern lediglich als eine Abänderung, Ergänzung und Erweiterung des die Wurzel des Vertragsverhältnisses bildenden Vertrages I von 1912. In sachlicher Beziehung wird ausgeführt, daß die Preise des Vertrages III als Goldmarkpreise gemeint gewesen seien und nur, wenn sie als Goldmarkpreise eingestellt würden, eine den Vorschriften der Verordnung entsprechende Preisbemessung darstellten, daß ferner die für die Erweiterungen I und II vom Kläger aufgewendeten Papiermarkbeträge in Goldmark umgerechnet werden müßten und der vom Kläger hierbei angewandte Schlüssel nicht beanstandet werden könne, weil er Werte ergebe, die zweifellos unter den tatsächlichen Goldwerten lägen, daß ferner die Erneuerung unbedingt in Goldmark erfolgen müsse und die Anlagen des Klägers bei Aufstellung der Goldmarkbilanz in Goldwerte umzurechnen seien, für die auch eine Goldverzinsung erwirtschaftet werden müsse. In Anbetracht dessen, daß unter den heutigen Verhältnissen mit einem Kapitaldienst von 10 und 11% nicht auszukommen sei, könnten die Ansätze des Klägers in Höhe der vertraglichen Sätze von 10 und 11% von 50 bzw. 60% der Anlagekapitalien auf Gold nicht beanstandet werden. Auch die Prüfung der von dem Kläger angegebenen Gesamtkapitalkosten könne nicht zu Einwendungen gegen deren Berechnung führen. Die Leistung des Kraftwerkes betrage 18000 kW. Die Gesamtanlagekosten des Werkes seien vom Kläger auf rd. 3080000 Goldmark angegeben. Das ergebe ein Anlagekapital pro kW der installierten Leistung von rd. 171 ℳ, ein Betrag, der nach der Kenntnis des Schiedsgerichts bei Anlagen dieser Größe nicht erreicht werde. Gegen die hierfür vorgesehene Verzinsung in Höhe von 5% sowie Rücklagen in Höhe von 6% könnten Einwendungen nicht erhoben werden.

Gegen diesen Schiedsspruch, dessen vorgetragener Inhalt im übrigen in Bezug genommen wird, hat die Beklagte Berufung eingelegt mit dem Antrage, den Schiedsspruch aufzuheben und die Klage abzuweisen. Der Kläger beantragt, die Berufung zurückzuweisen.

Der Kläger hat ferner Anschlußberufung erhoben mit dem Antrage, die Bestimmungen des Schiedsspruchs über den Kapitaldienst dahin zu ändern, daß entsprechend den heutigen Werten das Anlagekapital für die Erweiterung I auf 1 800 000 Goldmark und das der Erweiterung II auf 1 100 000 Goldmark festgelegt werde und daß als Kapitaldienst für die Erweiterung I 16% von 50% von 1 800 000 = 144 000 Goldmark und für die Erweiterung II 16% von 60% von 1 100 000 = 105 600 Goldmark jährlich an den Kläger zu zahlen seien. Die Beklagte hat Zurückweisung der Anschlußberufung beantragt.

Das Reichswirtschaftsgericht hat unter Zurückweisung der Anschlußberufung und der Berufung, soweit sie die Arbeits- und Leistungsgebühr betrifft, den Kapitaldienst für die Erweiterungen I und II anderweit geregelt mit folgender

Begründung.

1. Die gegen die Zuständigkeit des Verordnungsschiedsgerichts von der Beklagten erhobenen Einwendungen sind nicht berechtigt. Der Senat trägt kein Bedenken insoweit den Gründen des Schiedsspruches und den ergänzenden Ausführungen des Klägers beizupflichten. Die drei Verträge, nämlich der ursprüngliche Stromlieferungsvertrag von 1912 (I), der „Nachtragsvertrag" von 1919 (II) und der „Abänderungs- und Nachtragsvertrag" von 1921 (III) bilden eine einheitliche Vereinbarung. Die Stromlieferung des Klägers an die Beklagte ist der Gegenstand des Vertrages I. Der Vertrag II von 1919 behandelt die Anpassung der Strompreise an die gestiegenen Kohlenpreise, der Vertrag III von 1921 die weitere Anpassung des bereits 1919 geänderten Vertrages an die veränderten technischen und wirtschaftlichen Grundlagen im Betriebe des Klägers. Die Meinung der Beklagten, daß gerade die Anpassung des Vertragsinhalts an die veränderten technischen und wirtschaftlichen Grundlagen im Betriebe des Klägers den Vertrag III als einen von Grund auf neuen Stromlieferungsvertrag erscheinen lasse, der, weil nach dem 4. Februar 1919 abgeschlossen, nicht unter die Verordnung falle, ist unrichtig. Sie steht auch in Widerspruch zu der Auffassung, die beide Parteien beim Abschluß des Vertrages über dessen Wesen gehabt und durch dessen ausdrückliche Benennung als „Abänderungs- und Nachtragsvertrag" kundgegeben haben. Die Wurzel des Stromlieferungsverhältnisses liegt in dem Vertrage von 1912, einer Abmachung, die vor dem 4. Februar 1919 abgeschlossen ist. Auf Grund dieser Abmachung ist der Kläger zur Lieferung elektrischer Arbeit verpflichtet, die erste Voraussetzung für die Anwendbarkeit der Verordnung vom 1. Februar 1919/9. Juni 1922 ist daher gegeben.

2. Der weitere von der Beklagten gegen die Zulässigkeit des Verfahrens erhobene Einwand geht dahin:

Wenn die Verordnung im § 2 Ziff. 3 dem Lieferer wie dem Abnehmer die Möglichkeit gebe, durch Anrufung des Schiedsgerichts eine nach dem 4. Februar 1919 getroffene Einigung zu revidieren, so müsse es sich dabei um eine Einigung im Sinne des Abs. 1 d. h. um eine Einigung über die Ansprüche des § 1 handeln, also um eine Einigung, durch die dem Lieferer wegen erhöhter Selbstkosten eine Erhöhung der Vertragspreise zugestanden sei. Eine solche Einigung sei aber der Vertrag III nicht. Denn durch Vertrag III seien nicht etwa die Preise des Vertrages I den erhöhten Selbstkosten angepaßt worden — diese Anpassung sei vielmehr durch den Vertrag II von 1919 vorgenommen worden —, sondern es seien im Gegenteil die im Vertrag I und II festgesetzten Preise herabgesetzt worden, wie dies schon in der Herabsetzung des Kohlenklauselfaktors von 0,0775 auf 0,055 zum Ausdruck komme und in den veränderten Betriebsverhältnissen des mit geringeren Selbstkosten arbeitenden erweiterten Kraftwerkes begründet gewesen sei.

Auch dieser Einwand geht fehl. Die Preise des Vertrages I waren feste, in Mark und Pfennig ausgedrückte Beträge. Nach Lage der Gesetzgebung sind aber alle Geldsummen früherer Verträge, die in Mark und Pfennig ausgedrückt sind, Papiermarkbeträge, also praktisch gleich null geworden. Der Vertrag III hat also, indem er der Arbeitsgebühr von 2,5 bzw. 1,5 Pfg. eine Kohlenklausel hinzufügte, die Preise gegenüber dem Vertrage I — bei Ausschaltung des Vertrages II — erhöht. Daß bei Abschluß des Vertrages III bereits ein Preiserhöhungsvertrag — der Vertrag II — vorlag und, wie die Beklagte — übrigens unter Widerspruch des Klägers — behauptet, die Preise des Vertrages III wegen der veränderten Betriebsverhältnisse des mit geringeren Selbstkosten arbeitenden erweiterten Kraftwerkes gegenüber den Preisen des Vertrages II herabgesetzt wurden, kann nicht dahin führen, dem Vertrage III das Wesen einer „Einigung über die Ansprüche des § 1" im Sinne des § 2 Abs. 1 und 3 zu nehmen. Auch bei der Festsetzung der Preise des Vertrages III handelt es sich nicht nur um deren Anpassung an die veränderten technischen und wirtschaftlichen Grundlagen im Betriebe des Klägers, sondern auch um deren Anpassung an die infolge der Markentwertung seit Abschluß des Vertrages I gestiegenen Selbstkosten. Der Standpunkt der Beklagten würde dahin führen, daß in all den Fällen, in denen ein nach dem 5. Februar 1919 zwecks Anpassung der Preise an die Selbstkostensteigerung vereinbarter Kohlenklauselfaktor später auf Antrag des Abnehmers herabgesetzt wurde, mit dieser Herabsetzung die Anwendbarkeit der Verordnung für alle Zukunft ausgeschlossen, den Lieferer wie dem Abnehmer also keine Möglichkeit mehr gegeben wäre, das Schiedsgericht noch einmal anzurufen. Daß die Heranziehung des Abs. 1 im Abs. 3 des § 2 der Verordnung bestimmt nicht so gemeint war, unterliegt keinem Zweifel.

3. Ist hiernach der Vertrag III als eine Einigung im Sinne des § 2 Abs. 3 der Verordnung anzusehen, so hat der vom Kläger erhobene Anspruch auf Abänderung der Abmachungen nur noch zur Voraussetzung, daß gegenüber dem zur Zeit des Abschlusses des Vertrages III, also im April 1921, vorliegenden Tatbestande eine erhebliche Änderung eingetreten ist, der auch die Kohlenklausel des Vertrages III keine Rechnung trägt. Die völlige Umwälzung aller Wirtschaftsgrundlagen, der Übergang aus dem Zustande fortschreitender Geldentwertung in den heutigen Zustand, in dem mit der Stetigkeit der deutschen Währung zu rechnen ist, stellt, was auch von der Beklagten nicht bezweifelt wird, eine erhebliche Änderung gegenüber dem im April 1921 vorliegenden Tatbestande dar; die Kohlenklausel des Vertrages III trägt dieser Veränderung keine Rechnung, weil die Geldsummen, die nach dem Vertrage neben dem Kohlenklauselfaktor als Preiskomponenten in Ansatz kommen, Papiermarkbeträge sind und daher keinen Wert mehr haben.

Danach ist aber die Klage auf Abänderung der Abmachungen schlüssig und nur noch zu untersuchen, in welchem Ausmaße eine Änderung der Verträge herbeizuführen ist. Das Gericht ist hier an Rechtsnormen nicht gebunden; es hat nach freiem Ermessen unter Beachtung des Endzweckes der Verordnung, nämlich der Erhaltung der Lebensfähigkeit des Lieferwerks und unter weitgehender Berücksichtigung der Interessen der Beklagten, soweit dadurch der Zweck der Verordnung nicht beeinträchtigt wird, zu entscheiden. Bei dem Anspruch aus § 2 Abs. 3 der Verordnung brauchen insbesondere die Voraussetzungen des § 1 nicht vorzuliegen und es ist daher rechtsirrtümlich, wenn die Beklagte lediglich von dem Vertrage III ausgehen den Nachweis erfordert, in welchem Umfange seit April 1921 die Selbstkosten des Lieferwerks gewachsen sind. Abgesehen davon, daß ein Vergleich der heutigen Selbstkosten des Klägers mit denjenigen vom April 1921 zwecklos wäre, weil eine Umrechnung der damals gebräuchlichen Papiermarkwerte in Goldmark kein richtiges Bild ergeben würde, darf doch auch nicht vergessen werden, einmal daß der Vertrag III zu einer Zeit geschlossen ist, wo eine auch nur einigermaßen sichere Kalkulation unmöglich war, und sodann, daß bei Abschluß des Vertrages die Absicht der Parteien nicht dahin ging, die Lage des Klägers gegenüber derjenigen, wie sie vor dem Kriege nach Maßgabe des Vertrages I sich gestaltet hatte, zu verschlechtern. Die Beklagte hat in der Verhandlung die an sie gerichtete Frage, ob die Parteien bei Abschluß des Vertrages III gewollt haben, daß lediglich die Kohlenkosten des Lieferwerks gedeckt werden sollte, verneint und zugegeben, daß die Absicht bestanden hat, einen angemessenen Preis festzusetzen. Eine Schranke für die vom Kläger begehrte Abänderung der Abmachungen setzt lediglich die Richtlinie A I 4: Eine Änderung der Verträge darf nicht in einem Ausmaße herbeigeführt werden, durch die eine Verbesserung der Lage des Lieferwerks im Vergleich zu derjenigen eintritt, wie sie ohne die Wirkung des Krieges sich ergeben haben würde. Aus Verträgen, die vor dem Kriege verlustbringend waren, kann ein Anspruch auf einen Preis, der Gewinn bringt, nicht hergeleitet werden.

Der Vertrag I vom Jahre 1912 enthält, wie für den Senat ohne weiteres ersichtlich ist, angemessene Preise. Das durch den Vertrag I festgelegte Verhältnis der Selbstkosten zum Lieferpreise war derart, daß der Kläger gut dabei bestehen konnte. Es lag niemals in der Absicht der vertragschließenden Parteien, dieses Verhältnis zu Ungunsten des Klägers zu verschieben. Betrachtet man die Verträge aus dem Jahre 1912, 1919 und 1921 als ein einheitliches Ganzes, so muß zwangsläufig gefolgert werden, daß die Parteien bei Abschluß der Verträge aus dem Jahre 1919, bei diesem ganz besonders, und 1921 beabsichtigt haben, daß, wenn Friedensverhältnisse wieder eintreten würden, auch die vereinbarten Friedenspreise mit den Modifikationen aus dem Vertrage 1921 Geltung haben sollten. Daraus und aus der Fassung des ersten Absatzes des § 1 des Vertrages von 1919 geht folgerichtig hervor, daß die Grundpreise als Goldpreise gemeint waren. Daß der Kläger während der Inflationszeit immer nur die Leistungsgebühr und die Arbeitsgebühr mit den vereinbarten festen Beträgen in Rechnung gestellt hat und daß gegen Ende der Inflationszeit diese kleinen Beträge technisch überhaupt nicht mehr in Rechnung gestellt werden konnten, ist kein Beweis dafür, daß der Kläger beim Vertragsabschlusse beabsichtigt habe, Vereinbarungen mit dem Grundsatz Mark = Mark zu treffen.

Das Schiedsgericht ist hiernach durchaus richtig verfahren, indem es untersuchte, ob die im Vertrag III genannten Beträge, wenn sie als Goldmarkwerte eingesetzt worden, eine den Vorschriften der Verordnung entsprechende Preisbemessung darstellen. Der Senat tritt der Entscheidung des Schiedsgerichts über die Leistungs- und Arbeitsgebühr ohne Bedenken bei.

Was die Entscheidung des Schiedsgerichts über den Kapitaldienst für die Erweiterungen I und II betrifft, so ist der Standpunkt des Schiedsgerichts zutreffend, daß, soweit es sich in den vereinbarten Zinssätzen von 10 und 11% um Rücklagen für Erneuerungen handelt, hierfür die heutigen Werte der Anlagen zugrunde zu legen sind, da den heutigen Werten entsprechend die alljährlichen Erneuerungsrücklagen bemessen werden müssen.

Soweit es sich jedoch um die Verzinsung des angelegten Kapitals handelt, erschien die Berufung der Beklagten begründet. Hier können nur die Zinsen des tatsächlich aufgewandten Kapitals in Betracht kommen.

Für die Erweiterung I sind 10% Kapitaldienst vorgesehen, für die Erweiterung II 11% und zwar ist dieser Unterschied wohl aus dem Grunde gemacht, weil sich die Anlagen aus Erweiterung II rascher abnutzen als die Anlagen aus Erweiterung I. Angemessen sind für Erneuerung der Erweiterung I 5%, der Erweiterung II 6%, so daß für Zinsen für das Anlagekapital 5% sich ergeben. Die Anschlußberufung des Klägers, mit der eine Erhöhung der Zinssätze erstrebt wird, ist unbegründet. Das Elektrizitätswerk des Klägers ist nur ein Nebenbetrieb des Gesamtunternehmens, durch welches der Kläger minderwertige sonst nicht verwendbare Brennstoffe in Form von Elektrizität wirtschaftlich absetzt. Diese Möglichkeit auszunutzen ist Hauptzweck des Elektrizitätsunternehmens des Klägers und hat für den Gesamtbetrieb eine wirtschaftlich so hervorragende Bedeutung, daß sich der Kläger mit der Verzinsung des investierten Kapitals in Höhe von 5%, besonders neben den reichlich bemessenen Rücklagen für Erneuerungen bescheiden kann.

Die vom Schiedsgericht für die Erweiterungen I und II festgestellten Werte in Höhe von 1 200 000 bzw. 750 000 Goldmark entsprechen den tatsächlichen Friedenspreisen, zu denen noch 30 % zuzuschlagen sind für die inzwischen eingetretene Minderung der Kaufkraft der Mark. Wenn man diese Zahlen zugrunde legt, so ergibt sich folgende Rechnung:

Erweiterung I:

Aufzuwendendes Friedenskapital	G.M. 1 200 000	
Zuschlag von 30%	360 000	
Summe	G.M. 1 560 000	
hiervon 50% zu Lasten der Beklagten	G.M. 780 000	
hiervon 5% für Erneuerung		G.M. 39 000

Erweiterung II:

Aufzuwendendes Friedenskapital	G.M. 750 000	
Zuschlag von 30%	G.M. 225 000	
Summe	G.M. 975 000	
hiervon 60% zu Lasten der Beklagten	G.M. 585 000	
hiervon 6% für Erneuerung		G.M. 35 100
	Summe	G.M. 74 100

Dieser Betrag ist angemessen für die alljährlich seitens der Beklagten für die Erneuerung zu zahlende Pauschale.

Für die Verzinsung in Höhe von 5% muß der Kläger das für die Erweiterungen I und II tatsächlich aufgewandte Kapital nachweisen. Zu dem tatsächlich aufgewandten Kapital gehören nicht nur diejenigen Aufwendungen, die der Kläger zur betriebsfertigen Herstellung der Erweiterungen I und II für Lieferungen und Leistungen fremder Firmen bezahlt hat, sondern auch die Aufwendungen, die er für die Herstellung der Erweiterungen I und II aus seinem eigenen Betriebe z. B. mit eigenem Personal oder aus eigenem Material bewirkt hat. Die zahlenmäßige Erechnung dieses Kapitalaufwandes hat in der Weise zu geschehen, daß jede einzelne Papiermarkbezahlung an dem Tage, an dem sie erfolgte, unter Zugrundelegung des amtlich notierten Dollarmittelkurses der Berliner Börse in Goldmark umgerechnet wird. Von der hiernach sich ergebenden Goldmarksumme für Erweiterung I sind 50%, von der Goldmarksumme für Erweiterung II sind 60% je mit 5% zu verzinsen.

Bemerkung.

Die Gründe zu 1 und 2 sind bedenkenfrei, zu 3 entspricht der ständigen Rechtsprechung. Mit völliger Klarheit ist hier der Gedanke des großen Senates in der Entscheidung vom 18. August 1923 Bd. I S. 27 dieser Sammlung ausgesprochen, daß bei der neuen Entscheidung eine Bindung an irgend welche Rechtsnormen nicht vorliege, Schiedsgericht und RWG. also völlig frei in der Gestaltung der neuen Preisgrundlage sei. Auch gegen den Ansatz von Rücklagen für Erneuerungen nach dem heutigen Werte, bei der Verzinsung des angelegten Kapitals nach dem tatsächlich aufgewandten Kapital ist nichts einzuwenden.

Der Zinssatz für Verzinsung des Anlagekapitals (5%) weicht von den Entscheidungen S. 47 (8%) und S. 87 und 110 ($8^1/_2$%) ab, weil hier ein Nebenbetrieb angenommen wird. S. 71 ist bei einem Wasserwerk gar nur eine Verzinsung von $3^1/_2$% zugebilligt.

4.

Übertragung des Lieferbetriebes auf einen anderen ohne Genehmigung des Abnehmers. — Wiederinkraftsetzung der Strompreise des Vorkriegsvertrages mit der Maßgabe, daß sich diese Preise als Goldpreise verstehen. Erhöhung durch Hinzufügung einer Kohlenklausel wegen der gegenüber den Friedensselbstkosten (in Gold) eingetretenen Steigerung der Selbstkosten (in Gold).

Entscheidung vom 30. Oktober 1923.

XXII[1]. A. V. 29/23.

Die Klägerin hat mit dem Kreise S. am 26. April 1912 auf die Dauer von 30 Jahren einen Vertrag abgeschlossen, laut welchem sie dem Kreise elektrische Arbeit zu Preisen zu liefern hatte, welche je nach der Benutzungsstundendauer zwischen 9 und 4 ₰ für eine kWh schwankten. Der gesamte Jahresdurchschnittspreis durfte ohne Zustimmung des Werkes nicht unter 4 ₰ für 1 kWh sinken und ohne Zustimmung des Kreises nicht über 6 ₰ für 1 kWh steigen. Auf Grund der Verordnung vom 1. Februar 1919 wurde durch Schiedsspruch vom 27. April 1921 der den Strompreis regelnde § 5 des Vertrages vom 26. April 1912 durch folgende Bestimmungen ersetzt:

„Die gelieferte elektrische Arbeit wird hochspannungsseitig in der Zentrale des Werkes gemessen.

Der Preis wird festgesetzt auf 67 ₰ pro kWh. Der Preis von 67 ₰ beruht auf einem Kohlenpreis von 76,10 p. t Verkaufspreis der Forster-Verkaufsgruppe des Ostelbischen Braunkohlen-Syndikats. Mit jeder Marksteigerung bzw. Verminderung des Syndikatspreises p. t steigt bzw. fällt der Kilowattstundenpreis um 0,6 ₰."

Nach dem Ausgange dieses ersten Schiedsstreits hat der Kreis S. seine Rechte und Pflichten aus dem Vertrage unter Zustimmung der Klägerin auf die Beklagte übertragen. Die Klägerin ihrerseits hat den Betrieb ihres Elektrizitätswerks an die K.-Werke übertragen, die Beklagte hat indessen den Übergang der Rechte und Pflichten aus dem von ihrem Rechtsvorgänger, dem Kreise S. mit der Klägerin geschlossenen Vertrage auf die K.-Werke nicht genehmigt.

Im Jahre 1922 hat die Klägerin auf Grund des § 2 Abs. 3 der Verordnung vom 16. Juni 1922 erneut das Schiedsgericht angerufen. Dieses hat am 16. November 1922 folgende einstweilige Anordnung erlassen:

„1. Der Kohlenklauselfaktor 0,6 des Schiedsspruches vom 27. April 1921 wird mit Wirkung ab 20. November 1922 auf 0,75 erhöht.

2. In Abänderung des § 7 des bestehenden Lieferungsvertrages hat Beklagte die Rechnungen der Klägerin binnen 5 Tagen nach Eingang der Rechnung zu begleichen. Ist die Begleichung innerhalb dieser Frist nicht erfolgt, so ist die Klägerin berechtigt, der Beklagten für den Rechnungs-

betrag Zinsen in Höhe von 2% über den jeweiligen Reichsbankwechseldiskont für die Zeit vom Ablaufe der Frist bis zur Zahlung in Rechnung zu stellen.

3. Im übrigen wird angeordnet, daß der künftige Schiedsspruch vom Tage des Erlasses dieser einstweiligen Anordnung an Wirkung haben soll."

Das Schiedsgericht hat alsdann ein Gutachten über die Kohlenselbstkosten der Klägerin sowie ein Gutachten über die Betriebsverhältnisse des Elektrizitätswerks der Klägerin eingeholt und am 28. April 1923 den folgenden Schiedsspruch erlassen:

„1. Die in dem Schiedsspruch vom 27. April 1921 festgesetzte Kohlenklausel wird von 0,6 auf 1,0 erhöht.

2. Die der Beklagten zustehende Höchstleistung wird auf 2000 kW festgesetzt. Will sie mehr beanspruchen, so entscheidet, wenn eine Verständigung über die Aufbringung der etwa erforderlichen Mittel und die zu zahlenden Strompreise nicht zustande kommt, das Schiedsgericht.

3. Die Beklagte ist verpflichtet, spätestens zu Anfang des kommenden Monats 25% der letzten Stromrechnung als Abschlagszahlung zu leisten. Die Begleichung des Rechnungsbetrages, soweit er nicht strittig ist, hat innerhalb 8 Tagen nach Rechnungseingang unter Aufrechnung der erfolgten Anzahlung zu erfolgen. Bei verspäteter Zahlung ist Klägerin berechtigt, Verzugszinsen in Höhe von 2% über dem jeweiligen Reichsbankdiskont zu erheben.

4. Nach Ablauf von 2 Jahren nach Rechtskraft des Schiedsspruchs kann die Beklagte unabhängig von dem Vorliegen der Voraussetzungen des § 2 Abs. 3 der Verordnung vom 1. Februar 1919/9. Juni 1922 eine Herabsetzung der Kohlenklausel zu 1 wegen der wärmewirtschaftlichen Verhältnisse der Klägerin begehren.

5. Die weitergehenden Anträge der Klägerin werden abgewiesen, ebenso der Antrag der Beklagten, die Strompreiserhöhung von der Einräumung eines Kündigungsrechtes abhängig zu machen."

Gegen diesen Schiedsspruch haben beide Parteien Berufung eingelegt.

In der Berufungsinstanz sind zwei einstweilige Anordnungen des aus den Beschlüssen vom 11. und 19. Oktober 1923 ersichtlichen Inhalts erlassen.

Im Verhandlungstermin hat die Klägerin gebeten, folgenden Anträgen zu entsprechen:

1. Der § 5 des mit der Klägerin geschlossenen Vertrages vom 26. April 1912/21. August 1912 wird wie folgt abgeändert:

„Die gelieferte elektrische Arbeit wird hochspannungsseitig an der 20 000-Volt-Seite gemessen und wie folgt berechnet:

Der Stromgrundpreis pro kWh beträgt 6,5 Goldpfennig und bezieht sich auf einen Kohlengrundpreis von 3 Goldmark pro Tonne Förderbraunkohle des Ostelbischen Braunkohlensyndikates der Forstergruppe.

Der Grundpreis von 6,5 Goldpfennig pro kWh gilt als Mindestpreis. Für je angefangene Mark Kohlenpreiserhöhung über 3 Goldmark erhöht sich der kWh-Preis um 1,2 Goldpfennig.

2. Für jedes von der Beklagten in Anspruch genommene kW-Maximum gemessen im Kraftwerk der Gewerkschaft zahlt diese eine Leistungsgebühr von 80 Goldmark pro Jahr und garantiert der Klägerin die Zahlung des Betrages, der sich aus der in Anspruch genommenen Maximalleistung in kW, multipliziert mit der Leistungsgebühr, ergibt.

Die Leistungsgebühr wird ratierlich gleichzeitig mit der Monatsstromrechnung bezahlt vorbehaltlich der endgültigen Abrechnung am Jahresschluß. Als Maximum für die Jahresabrechnung gilt das arithmetische Mittel aus dem Maximum dreier Monate des Jahres mit der höchsten Belastung. Das Maximum wird viertelstündlich durch Maximalanzeiger ermittelt.

3. In Abänderung des § 3 des oben erwähnten Vertrages steht der Beklagten ein Anspruch auf eine gleichzeitige Energielieferung bis maxima 1500 kW bei cos φ 0,75 zu.

4. Zu einer größeren Energielieferung, als der unter Ziff. 3 vorgesehenen Maximalleistung, ist Klägerin nur dann verpflichtet, wenn eine Verständigung über die Strompreise und Aufbringung der Mittel für die erforderliche Mehrleistung mit der Beklagten erzielt ist. Im Nichteinigungsfalle entscheidet ein Schiedsgericht auf Grund der Verordnung vom 9. Juni 1922.

5. Beklagte ist verpflichtet, für jedes kW der gleichzeitigen Energieentnahme eine Benutzungsdauer von 2000 Stunden jährlich zu garantieren, und den entsprechenden Betrag der Klägerin zu zahlen.

6. Beklagte ist verpflichtet, die Energie mit einem cos φ nicht unter 0,75 abzunehmen. Bei einer Phasenverschiebung unter 0,75 vergütet Beklagte an Klägerin nachstehende Zuschläge, die sich aus dem jeweiligen Gesamtstrompreis ermitteln, und zwar:

für jedes 0,02 zwischen 0,75 bis 0,6 cos φ 1½%,
für jedes 0,01 unter 0,6 cos φ 3%.

Klägerin vergütet der Beklagten bei einer dauernden Verbesserung der Phasenverschiebung über 0,75 folgende Sätze:

für jedes 0,02 zwischen 0,75 und 0,85 cos φ 1%,
für jedes 0,02 über 0,85 1½%.

7. Bis zum Eintritt stabiler Wirtschafts- und Währungsverhältnisse erfolgt die Ablesung der Zähler und die Zahlung der Stromrechnung wöchentlich mit folgender Maßgabe:

Die Elektrizitätszähler, die die Stromlieferung an Beklagte anzeigen, werden am Sonnabend einer jeden Woche abgelesen. Bis Mittwoch der darauffolgenden Woche erhält MEW. die Stromrechnung.

Die Strompreisberechnung erfolgt auf Grund des am Tage der Rechnungsausstellung gültigen Kohlenpreises in Goldmark (Syndikatspreis des Ostelbischen Braunkohlensyndikats für Förderbraunkohle Forstergruppe). Sollte dieser für die betreffende Ableseperiode erst nachträglich bekannt werden, so sind die L. Werke berechtigt, eine entsprechende Nachzahlung von MEW. zu erheben.

8. Die Zahlung kann erfolgen a) in wertbeständigen Zahlungsmitteln, (z. B. Goldanleihe und Dollarschatzanweisungen) spesenfrei zum Nennwert, b) in etwa künftig zur Ausgabe gelangenden neuen gesetzlichen Zahlungsmitteln, c) in Papiermark, solange dieses als gesetzliches Zahlungsmittel gilt. Die Papiermark wird zum Kurs des Tages, an dem Klägerin über die Zahlung verfügen kann, gutgeschrieben. Für die Kursberechnung gilt der amtliche Berliner Dollarkurs (Mittel zwischen Brief und Geldkurs 1 Dollar = 4,20 Goldmark).

Die Gutschrift der geleisteten Abschlagszahlungen sowie der Monatsausgleichszahlungen erfolgt in Goldmark.

Die Zahlung muß spätestens innerhalb 48 Stunden nach Rechnungsausstellung in bar ohne Abzug spesenfrei erfolgen.

Bei Zahlungen in Schecks wird für die Gutschrift der Tag der Einlösung des Schecks gerechnet.

Banken-, Porto und sonstige Spesen, die mit der Einlösung des Schecks verbunden sind, gehen zu Lasten des EW.

Bei Überschreitung der Zahlungsfrist sind Zinsen in Goldmark bis auf weiteres in Höhe von 10 v. H. jährlich zu zahlen. Im Falle der Überschreitung der Zahlungsfrist gilt als Umrechnungskurs der Goldmark der amtliche Dollarkurs des Tages, an dem Klägerin über die Zahlung verfügen kann, mindestens aber derjenige Kurs, welcher am Tage des Fristablaufes gültig war; außerdem können die LW. die jeweiligen Geldbeschaffungskosten MEW. in Rechnung stellen.

Die Geltendmachung eines weiteren Schadensersatzanspruches wegen Zahlungsverzuges bleibt ausdrücklich vorbehalten.

Die Klägerin ist berechtigt, die Stromlieferung an Beklagte bis zur Abdeckung der Schuld einzustellen, sofern die Aufforderung der Klägerin zur Zahlung innerhalb 3 Tage fruchtlos verlaufen ist.

9. Die Beklagte ist auf Grund er einstweiligen Anordnung vom 16. November 1922 und der Entscheidung vom 28. April 1923 des erstinstanzlichen Schiedsgerichts zur Nachzahlung der von der Klägerin für die Zeit vom 16. November 1922 bis 28. April 1923 gelieferten elektrischen Energie unter Aufrechnung der der Klägerin durch die Geldentwertung entstandenen Verluste verpflichtet. Hinsichtlich dieser Zahlung gelten gleichfalls die Bedingungen unter Ziff. 8.

10. Die Anträge der Beklagten werden zurückgewiesen."

Die Beklagte hat beantragt:

1. Die Ablehnung sämtlicher Anträge der Gewerkschaft,
2. Aufhebung der einstweiligen Anordnungen,
3. jegliche Preisfestsetzungen, welche einen Gegenwert von 6 kg Forster Rohbraunkohle, berechnet nach dem Syndikatspreis, überschreiten, nur unter der Bedingung zu gewähren, daß ihr ein Rücktrittsrecht vom Vertrage zugebilligt wird.

Das Reichswirtschaftsgericht hat folgendes Urteil erlassen:

1. Die Berufung der Beklagten wird zurückgewiesen.
2. Auf die Berufung der Klägerin wird unter Zurückweisung der weitergehenden Anträge der Schiedsspruch vom 28. April 1923 in folgender Weise abgeändert:
   a) Die im Vertrage vom 26. April 1912 in § 5 genannten Strompreise treten wieder in Kraft und verstehen sich, solange eine stabile Reichswährung nicht besteht, als Goldpreise (eine Goldmark = 100 Goldpfennige = L : 4,2 Dollar U.S.A.-Währung) in Papiermark.

      Die vorstehenden Strompreise gelten für einen Kohlenpreis der Forster-Gruppe des Ostelbischen Braunkohlen-Syndikates von 3 ℳ für eine Tonne Förderrohbraunkohle. Erhöht oder ermäßigt sich dieser Preis, so erhöht oder ermäßigt sich der Strompreis für je volle 10 ₰. Änderung des Kohlenpreises um 0,1 ₰. Als Kohlenpreis gilt der veröffentlichte Syndikatspreis, und zwar der Mittelpreis des Ablesungszeitraumes. Eine etwa von der Klägerin zu zahlende Kohlensteuer wird der Beklagten anteilig im Verhältnis der abgegebenen Kilowattstunden ohne Aufschlag in Rechnung gestellt.
   b) Die Zahlung der Stromrechnungen erfolgt bis zum Eintritt stabiler Währung wöchentlich. Die Ablesung erfolgt am Sonnabend jeder Woche, die Zustellung der Rechnung an die Beklagte spätestens bis zum Mittwoch der darauffolgenden Woche. Die Zahlung hat bis zum übernächsten Tage nach Eingang der Stromrechnung zu erfolgen; Vorauszahlungen bis zum Höchstbetrage

einer Wochenrechnung sind zulässig. Maßgebend für die Umrechnung der Goldmark in Papiermark ist der amtliche Berliner Mittelkurs, für Auszahlung New York an dem dem Zahlungseingang vorhergehenden Wochentage; bei verspäteter Zahlung gilt mindestens der Umrechnungskurs des Fälligkeitstages.

c) Die der Beklagten zustehende Höchstleistung wird auf 2000 kW festgesetzt. Beansprucht die Beklagte mehr, so entscheidet, wenn eine Verständigung über die Aufbringung der etwa erforderlichen Mittel und die zu zahlenden Strompreise nicht zustande kommt, das Schiedsgericht.

d) Vom 1. Oktober 1926 an kann die Beklagte unabhängig von dem Vorliegen der Voraussetzungen der Verordnung vom 1. Februar 1919/9. Juni 1922 eine Herabsetzung der zu a) genannten Kohlenklausel mit Rücksicht auf die notwendige Verbesserung der wärmewirtschaftlichen Verhältnisse der Klägerin verlangen.

e) Dieser Schiedsspruch hat Wirkung vom 11. Oktober 1923. Bis zu diesem Zeitpunkt hat der Schiedsspruch vom 28. April 1923 Geltung.

Gründe.

Der Berufung der Beklagten war der Erfolg zu versagen. Die Berufung der Klägerin erscheint nur teilweise begründet.

Das Schiedsgericht geht zutreffend davon aus, daß — nachdem die Beklagte den Eintritt der K.-Werke in die Vertragsstellung der Klägerin nicht genehmigt hat — der Fall so zu behandeln ist, als ob der Betriebsführungsvertrag zwischen der Klägerin und den K.-Werken nicht bestände, sondern die Klägerin nach wie vor den Betrieb selbst weiter führte. Das Schiedsgericht hat daraus die richtige Folgerung gezogen, daß soweit von der Klägerin Objekte in dem Schiedsstreit eingeführt waren, die nicht ihr, sondern ihrer Betriebsführerin den K.-Werken gehören, diese Objekte für die Beurteilung der Verhältnisse zwischen den Parteien und insbesondere bei der Berechnung der Selbstkosten des von der Klägerin gelieferten Stroms auszuscheiden hatten. Der Senat hat auch ohne Bedenken aus den zutreffenden Gründen des Schiedsspruchs die Frage bejaht, daß die Voraussetzungen des § 2 Abs. 3 der Verordnung gegeben sind, also gegenüber dem in dem Schiedsspruche vom 27. April 1921 berücksichtigten Tatbestande eine erhebliche Änderung eingetreten ist. Das Schiedsgericht hat in überaus eingehender Weise die Verhältnisse des Stromlieferers, und zwar nicht nur hinsichtlich der eigentlichen Krafterzeugung, sondern auch hinsichtlich der eigenen Förderung der zur Krafterzeugung dienenden Rohkohle erforscht und umfangreiche Gutachten unparteiischer Sachverständiger eingeholt. Das Schiedsgericht hat auch entsprechend dem Antrage der Beklagten pflichtgemäß geprüft, ob die

Beklagte die aus einer Erhöhung der Preise ihr entstehenden Lasten tragen kann, und diese Frage bejahend entschieden. Der für die Zeit seines Erlasses im wesentlichen richtige Schiedsspruch bedarf indessen wegen der inzwischen eingetretenen vollständigen Umwälzung der wirtschaftlichen Verhältnisse einer Abänderung.

Seit Mitte September erfolgt durch die Syndikate mit Genehmigung des Reichskohlenrats und des Reichswirtschaftsministeriums die Preisstellung der Kohle in Goldmark. Die Ausgaben für Kohle bilden den wesentlichsten Bestandteil der Stromerzeugungskosten des Lieferers. Der vollständige Übergang zur Goldmark — oder Festmarkrechnung ist in absehbarer Zeit zu erwarten. Es erschien deshalb dem Senat zweckmäßig, die Strompreise in Goldmark festzusetzen. Hierdurch ergab sich die Möglichkeit, auf den ursprünglichen Vertrag zwischen der Klägerin und dem Rechtsvorgänger der Beklagten zurückzugreifen, da alle Änderungen dieses Vertrages, die auf gütlichem Wege oder durch Schiedsspruch erfolgt sind, nur deswegen notwendig gewesen sind, weil die ursprünglichen Goldmarkpreise in eine schlechtere Papiermark umgewertet wurden.

Eine Änderung der vertraglichen Goldmarkstrompreise ist dann nur deswegen notwendig, weil zur Zeit des Vertragsabschlusses mit stabilen Kohlenpreisen gerechnet werden konnte, was heute nicht mehr der Fall ist. Vor dem Kriege war der Preis der Forster Rohbraunkohle nach einer von der Lausitzer Braunkohlen-Verkaufs-Gesellschaft m. b. H. in Forst eingezogenen Auskunft 3 *M* für 1 t. Bis zu einem Kohlenpreise von *M* 3 je t müssen daher die genannten Stromerzeugungskosten mit dem vertraglichen Strompreise gedeckt sein, sofern nicht für eine Veränderung des Kapitaldienstes andere Festsetzungen nötig sind, was später erörtert werden wird. Zum Ausgleich der Mehrkosten der Kohle über 3 *M* ist die Einführung einer Kohlenklausel erforderlich, da die vertragschließenden Parteien im Jahre 1912 unmöglich mit einer wesentlichen Veränderung der Kohlenpreise rechnen konnten. Die Klägerin hat, wie von dem Schiedsgericht anerkannt und von dem Senat nachgeprüft wurde, einen Kohlenverbrauch von rd. 6 kg für die erzeugte kWh. Die Selbstkosten der Kohlenförderung sind, wie durch das Gutachten bewiesen ist, zumal jetzt nach Fortfall der Kohlensteuer, so hoch, daß sie durch den veröffentlichten Syndikatspreis der Forster Gruppe des Ostelbischen Braunkohlen-Syndikats nicht ganz gedeckt werden, so daß die durch das Absieben der stückigen Kohle verursachte Minderwertigkeit der zur Dampfkesselfeuerung benutzten Kohle durch die den Syndikatspreis übersteigenden Selbstkosten als etwa ausgeglichen angesehen werden kann. Eine genaue Nachrechnung, die aber nur unwesentliche Abänderungen ergeben könnte, erscheint bei dem ständigen Wechsel in der Höhe der Syndikatspreise und der die Förderungskosten beeinflussenden Faktoren ausgeschlossen. Aus einem Kohlenverbrauch von 6 kg ergibt sich nach den Ausführungen der Begründung des Schiedsspruchs zwangsläufig eine Kohlenklausel von 0,1.

Es erscheint billig, die Kohlenklausel auch auf eine etwaige Kohlenpreisermäßigung unter 3 ℳ abzustellen, um den Interessenten der Beklagten Rechnung zu tragen.

Der ursprüngliche Vertragspreis stellt den Gegenwert von mehr als 20 kg Rohkohle dar. Er enthällt den vollständigen Kapitaldienst, da eine Grundgebühr für die abzugebende Höchstleistung nicht festgesetzt ist. Der an den Vertragspreis anzuschließende Zuschlag für die allgemeine Preissteigerung (Kohlenklausel) hat auch die Veränderungen am Kapitaldienst zu berücksichtigen. Diese Änderungen sind:

1. Die Erneuerung des Kraftwerkes wird einem neuzeitlichen Umbau gleichkommen, also an sich pro Leistungseinheit in Kilowatt geringere Baukosten und Kapitaldienst erfordern, als auf der allmählich entstandenen Grubenzentrale.

2. Dieser Vorteil wird aber dadurch wieder aufgehoben, daß die heutigen Baukosten für Kraftwerke mindestens 75% höher sind als vor dem Kriege. Wenn auch vielleicht diese Steigerung sich verringert, so ist doch anzunehmen, daß die Vorkriegspreise zur Zeit der Erneuerungsbedürftigkeit des Kraftwerkes wieder maßgebend sein werden.

Es erübrigt sich daher, mit Rücksicht auf eine etwaige Änderung des Kapitaldienstes, eine Änderung des Vertragspreises oder des Kohlenklauselfaktors vorzunehmen.

Die vom Senat festgesetzten Zahlungsbedingungen bedürfen, soweit die Zahlung in Goldmark erfolgt, keiner besonderen Erläuterung; bezüglich Bezahlung in Papiermark entsprechen sie dem in der heutigen Übergangszeit von Papiermark zu Festmark im Verkehr zwischen Stromerzeuger und Stromverbraucher üblichen. Die vom Reichswirtschaftsministerium genehmigten Zahlungsbedingungen für den Verkauf von Kohle sind erheblich schärfer.

Klägerin hat in ihrem Schriftsatz vom 23. Oktober der Beklagten nur einen Strombezug von 1500 kW zugestehen wollen und für Mehrlieferungen höhere Preise verlangt. Im Gegensatz hierzu hat Beklagte die Auflösung des Vertrages gefordert. Der Senat hat einen Mittelweg einschlagen zu müssen geglaubt, zumal aus der mündlichen Verhandlung hervorging, daß die Beklagte heute bereits eine Leistung von über 1700 kW beansprucht. Die aus der bestehenden Anlage abzugebende Höchstleistung wurde deshalb auf 2000 kW festgesetzt, der Beklagten aber das Recht zugebilligt, unabhängig von den durch die Verordnung vom 1. Februar 1919/9. Juni 1922 gegebenen Voraussetzungen eine Herabsetzung der oben genannten Kohlenklausel mit Rücksicht auf die einer Verbesserung bedürftigen wärme-wirtschaftlichen Verhältnisse der Klägerin vom 1. Oktober 1926 an zu fordern, da bis dahin nach der Überzeugung des Senats durch die auf Grund dieses Urteils der Klägerin zufließenden Geldmittel die Verbesserungen durchgeführt werden können. Die Ablehnung der Forderung der Beklagten auf Aufhebung des Vertrages war, abgesehen von den bereits vom

Schiedsgericht aufgeführten Gründen, schon deswegen notwendig, weil dieses Urteil den ursprünglichen Vertrag im wesentlichen wieder herstellt, eine Verschlechterung der Wirtschaftslage der Beklagten durch den veränderten Strombezugspreis also nicht vorliegt.

Die von der Klägerin neben dem Strompreise geforderten Leistungsgebühren waren abzulehnen, weil der vertragliche Strompreis bei einem Gegenwert von mehr als 20 kg Kohle die Leistungsgebühr bereits enthält.

Die von der Klägerin geforderte Gewähr der Beklagten für eine Mindestbenutzungsdauer von 2000 Stunden hat der Senat gleichfalls nicht bewilligen können, weil kein Anlaß dazu vorliegt, in diesem Punkte den Vertrag zu ändern. Das Gleiche gilt von der Forderung der Einführung einer Mindesthöhe des Leistungsfaktors (cos φ).

Durch die einstweilige Anordnung des Schiedsgerichts vom 16. November 1922 wurde der Kohlenklauselfaktor 0,6 des Schiedsspruches vom 27. April 1921 mit Wirkung vom 20. November 1922 auf 0,75 erhöht und ausgesprochen, daß der künftige Schiedsspruch vom Tage des Erlasses der einstweiligen Anordnung an Wirkung haben sollte. Der Schiedsspruch vom 28. April 1923 erhöhte den Kohlenklauselfaktor auf 1,0. Daraus, daß der Schiedsspruch vom Tage des Erlasses der einstweiligen Verfügung an Wirkung haben sollte, ergab sich, daß die Beklagte entsprechend der Erhöhung der Kohlenklausel für die Zeit vom 20. November 1922 bis 28. April 1923 Nachzahlungen zu leisten hatte. Der Schiedsspruch spricht unter Ziff. 5 der Gründe aus, daß bei den Nachzahlungen die „inzwischen", also bis zur Verkündung des Schiedsspruchs eingetretene Geldentwertung unberücksichtigt bleiben solle, weil die Berücksichtigung der Geldentwertung in der einstweiligen Anordnung nicht vorgesehen gewesen sei und sonstige Rechtsgründc einem solchen Verlangen nicht zur Seite ständen. Der Senat tritt dieser Entscheidung bei. Sollte die Beklagte mit der Leistung der Nachzahlungen in Verzug geraten sein, so würde der Streit über den der Klägerin etwa erwachsenen Verzugsschaden im ordentlichen Rechtswege auszutragen sein. Eine Zuständigkeit des Reichswirtschaftsgerichts ist insoweit nicht gegeben, woraus die Ablehnung des unter Ziff. 9 gestellten Antrages der Klägerin folgt.

Die Abweisung der Anträge der Beklagten ergibt sich aus der vorstehenden Begründung.

Die Wirkung des Urteils war zweckmäßig auf den 11. Oktober 1923, den Tag des Erlasses der ersten einstweiligen Anordnung des Senats zurückzudatieren. Bis zu diesem Zeitpunkte hat der Schiedsspruch vom 28. April 1923 Geltung.

Bemerkung:

Die Entscheidung entspricht den Anschauungen, wie sie damals (Oktober 1923 und auch später) als richtig vom Senat angenommen worden sind. Sie gewährt dem Lieferwerk denselben Goldverdienst, wie er im Frieden bestanden hat. Auf die heutigen Verhältnisse der Industrie übertragen, wird man so weit nicht mehr gehen können, denn die Industrie verdient im allgemeinen den Friedenssatz nicht mehr (vgl. die Dividenden einwandfreier Gesellschaften trotz ausreichender Beschäftigung). Die El.-Werke haben aber keinen Anspruch besser gestellt zu werden, als andere Industrien.

5.

§ 2 Ziff. 3 in Verbindung mit § 1. — Die Umstellung auf Goldmark bietet stets eine Grundlage für § 2 Ziff. 3 — Noch keine Vorkriegspreise. — Vertragliche Grenzen sind möglichst zu wahren, insbesondere die Vorzugsstellung eines Abnehmers. — Vorbesprechungen vor Vertragsschluß. — Wert der Selbstkostenberechnung des Werkes. — Bedeutung der Gold- und Steuerbilanz. — Abschreibungen und Zinsen. — Höhe der anzusetzenden Kohlenkosten bei eigenen Kohlengruben. — Umsatzsteuer und eine künftig mögliche Elektrizitätssteuer. — Billigere Preise anderer Werke. — Elektrizitätslieferungsbetrieb der weiterveräußernden Stadtgemeinde. — Kündigungsrecht nach Ziffer A IX der Richtlinien. — Erweiterungen, Beziehung auf die Friedensbaukosten und die Friedenswirtschaftlichkeitsgarantie. — Keine Entscheidung über jetzt nicht bestimmbare, künftige Mehrkosten einer Erweiterung. — Meistbegünstigungsklausel.

Entscheidung vom 17. September 1924.

XXII[1]. A. V. 15./22.

Das R.-Werk versorgt eine große Anzahl Gemeinden mit Strom, den es in der Hauptsache im eigenen, neben einer Grube gelegenen und mit dort geförderter Braunkohle gespeisten G.-Werk, zum kleineren Teil in seinen mit Steinkohlenfeuerung arbeitenden übrigen Kraftwerken erzeugt und in verhältnismäßig geringer Menge von dritter Seite bezieht. Es hat mit den Gemeinden teils selbst, teils durch die zu seinem Konzern gehörenden, aber selbständige Rechtspersönlichkeit besitzenden Tochtergesellschaften vor dem 1. Februar 1919 Stromlieferungsverträge abgeschlossen, welche im Laufe der Kriegs- und Nachkriegszeit verschiedentlich geändert worden sind. Der Abschluß dieser Verträge ist in dem gesamten Konzern nach einheitlichen Grundsätzen erfolgt. Dabei sind 3 Vertragsgruppen entstanden:

1. A-Verträge mit den Gemeinden, welche den gelieferten Strom als Zwischenhändler an die Einzelabnehmer weiter verkaufen,
2. B-Verträge mit den Gemeinden, welche sich lediglich als Vertreter der Einzelabnehmer die für diese gültigen Strompreise zusichern lassen,

3. Großabnehmerverträge (Messung in Hochspannung), bei welchen die Preisvereinbarung zumeist auf einem einheitlichen, nach der Benutzungszeit gestalteten Krafttarif beruht.

Der im vorliegenden Fall zwischen den Parteien aus Anlaß ihrer vertraglichen Beziehungen entstandene Streit, auf dessen Grundlagen in dem Zwischenurteil des Senats vom 22. Mai 1924 hingewiesen ist, betrifft in erster Linie die Höhe des von der beklagten Stadtgemeinde zu zahlenden Strompreises. Die sonstigen Streitpunkte erstrecken sich im wesentlichen auf die Verzinsung und Tilgung der Kosten für Erweiterungen des Stromnetzes, auf die mit der Verlegung eines 25 000 Volt-Kabels zusammenhängenden Mehrkosten, auf die Meistbegünstigungsklausel, auf die Regelung der Großabnehmerpreise sowie auf die Bereitstellungsgebühren und Überteuerungskosten. Als Klägerin hat vornehmlich das R.-Werk zu gelten, ihre mitklagende Tochtergesellschaft, die B.-Werke bedarf deshalb im folgenden keiner besonderen Erwähnung. Den Ausgangspunkt für die Berechnung des Strompreises bilden § 6 des an die Stelle früherer Abmachungen getretenen Hauptvertrages vom September 1915 in Verbindung mit den §§ 1 und 2 des zweiten Nachtragsvertrages vom August Oktober 1919. Die Klägerin verlangt eine weitere Erhöhung des durch die letzte Vereinbarung gegenüber dem Inhalt des Hauptvertrages bereits heraufgesetzten Strompreises, indem sie behauptet, daß die seit dem Zeitpunkt dieser Einigung eingetretene Änderung der wirtschaftlichen Verhältnisse im allgemeinen und das Anwachsen ihrer Selbstkosten im besonderen eine erneute Steigerung des Strompreises bedinge. Das Schiedsgericht in seinem Spruch vom 28. Oktober 1922 und das Reichswirtschaftsgericht in seinen einstweiligen Anordnungen vom 14. September/7. Dezember 1923 und 22. Mai 1924 haben dem Klagebegehr in gewissem Umfange stattgegeben.

Die Beklagte, welche den gegenwärtigen Rechtsstreit zugleich im zwar nicht ausdrücklich erklärten Auftrage, aber in Wahrnehmung der Belange einer Reihe anderer, in ähnlichem Vertragsverhältnis zu der Klägerin stehender Abnehmer führt, bestreitet die Berechtigung des Verlangens der Klägerin. Sie macht geltend daß ein etwa seit der Zeit der letzten Preisvereinbarung eingetretenes Anwachsen der Selbstkosten der Klägerin, welches zur Zeit des erstinstanzlichen Verfahrens vielleicht noch bestanden haben möge, durch die inzwischen erfolgte Festigung der deutschen Währung und die damit zusammenhängende Umstellung der Wirtschaft auf Goldmark nahezu ausgeglichen sei, und hält ihrerseits den Zeitpunkt für gekommen, um wieder auf den vertraglich festgesetzten Strompreis zurückzugreifen. Dabei sei zu beachten, daß bei den Verhandlungen welche den Abschluß der zwischen den Parteien getätigten Verträge vorausgingen, ausdrücklich erwähnt worden sei, es solle die Beklagte wie ein bevorzugter Großabnehmer behandelt werden. Dementsprechend sei die Beklagte auch in den 1915 und vorher geschlossenen Verträgen hinsichtlich der Strompreise um 15—16% günstiger gestellt gewesen als Großabnehmer mit einer jährlichen Benutzungszeit von 6000 Stunden. Zur Zeit weise sie bei einer nicht geringeren Benutzungszeit als im Frieden eine Jahresentnahme von 15 000 000 kWh auf. Sie habe also ein Recht darauf als bevorzugter Großabnehmer behandelt zu werden, die Klägerin aber legte es jetzt darauf ab, sie vertragswidrig den A-Vertragsgemeinden gleichzustellen.

Die Klägerin hat auf das Vorbringen der Beklagten erwidert:

Es sei unrichtig, daß die Strompreise der Beklagten nach Maßgabe der Verträge von 1915 (ältere Verträge beständen nicht mehr) um 15—16% günstiger als bei Abnehmern von 6000 Benutzungsstunden im Jahre gewesen seien. Die Benutzungszeit habe bei Vertragsabschluß überhaupt keine Rolle gespielt. Damals habe der Stromverbrauch der Beklagten rd. 8 000 000 kWh jährlich betragen. Man sei davon ausgegangen, daß er sich im Laufe der Vertragszeit erheblich erhöhen werde, und habe daher der Beklagten einen festen Preis nach der untersten Stufe des Walzwerktarifs für Großabnehmer mit durchgehenden Tag- und Nachtbetrieb und einem Jahresstromverbrauch von über 1 000 000 kWh eingeräumt. Dabei sei auch berücksichtigt worden, daß die Beklagte den größten Teil des bezogenen Stroms weiter verkaufe, also einen Wiederverkaufsrabatt haben müsse. Abweichend von den A-Verträgen sei ferner der Beklagten mit ihrem Vertrage die besondere Vergünstigung eingeräumt worden, alle Großabnehmer zwischen 50 000 und 200 000 kWh Jahresstromabnahme selbst beliefern zu dürfen. Niemals sei sie wie ein bevorzugter Großabnehmer behandelt, noch sei ihr etwas derartiges zugesichert worden. Selbst die in § 3 des Nachtragsvertrages von 1919 auf ausdrücklichen Wunsch der Beklagten eingeführte Meistbegünstigungsklausel ziehe nur Stadt- und Landgemeinden der Klägerin in Vergleich. Wenn die Beklagte jetzt auch mehr als ursprünglich, allerdings nicht wie sie angebe 15 000 000, sondern nur etwas über 13 000 000 kWh im Jahre abnehme, so sei sie doch einem Großabnehmer mit derselben Mengenentnahme nicht gleichzustellen, da ihre Benutzungszeit nur etwa 1500—1600 Stunden im Jahre, ihre Nachtentnahme nur etwa 10% betrage und die Entnahme bei ihr in 50—60 Transformatorenstationen mit 10 000 Volt erfolge, während Großabnehmer der fraglichen Art Benutzungszeiten von über 4000 Stunden im Jahre hätten, etwa 40—50% ihres Strombedarfs in der Nachtzeit bezögen und nur eine Transformatorenstation mit 25 000 Volt hätten. Die Beklagte könne höchstens mit einem Großabnehmer von 1 000 000 kWh verglichen werden. Ein solcher Großabnehmer zahle heute einen höheren Strompreis als den hier geforderten. Die Beklagte aber erziele mit dem Strom, den sie von der Klägerin beziehe, beim Weiterverkauf jetzt einen jährlichen Überschuß von 1 225 000 Goldmark gegenüber 950 000 Goldmark im Frieden. An der vertraglichen Grundlage zu rütteln liege der Klägerin fern, sie verlange nur, daß die von ihr nachgewiesene Verteuerung der Selbstkosten außer den vertraglichen Grundpreisen berechnet werden dürfe.

In Ausführung entsprechender Beschlüsse des Senats vom 23./24. Oktober und 7. Dezember 1923, von denen ersterer zwar in den gleichfalls bei dem Reichswirtschaftsgericht schwebenden Berufungssachen des Elt.-Werkes mit den Stadtgemeinden S., H., C. usw. ergangen, jedoch für dieses Verfahren mitbestimmt ist, hat die Klägerin zunächst am 10. November 1923 eine vorläufige Aufstellung und dann am 17. April 1924 eine Berechnung ihrer Selbstkosten in Goldmark aufgemacht. Da die erstere durch die letztere in wesentlichen Punkten überholt ist, kann von einem näheren Eingehen auf sie hier abgesehen werden. Die Berechnung vom 17. April 1924 stellt die Zeitspanne 1913/15 dem Jahre 1924 gegenüber, verteilt die Selbstkosten auf die 3 obengenannten Abnehmergruppen und unterscheidet innerhalb dieser Gruppen zwischen Betriebsausgaben und festen Kosten. Zur Erläuterung der einzelnen Posten hat die Klägerin vorgetragen:

Die Benutzungszeit sei außer Betracht gelassen, die nutzbare Abgabe sei mit 600 000 000 kWh angenommen.

Als ins Netz geschickt seien in der Berechnung für das Jahr 1924

beim G.-Werk	525 000 000 kWh
bei den übrigen Zentralen	140 000 000 kWh
ausgeführt, zusammen:	665 000 000 kWh.

Das entspreche einer durchschnittlichen monatlichen Erzeugung von etwa 55 000 000 kWh. Dabei sei mit zunehmender Beschäftigung gerechnet, denn im Monat Januar 1924 habe die ins Netz geschickte Erzeugung nur 47,4 Millionen kWh und im Februar 49,4 Millionen kWh betragen. Zu beachten sei auch, daß in den Wintermonaten der Lichtverbrauch eine erhebliche Rolle spiele, so daß für den Jahresdurchschnitt noch niedrigere Zahlen in Betracht kämen. Der Kohlenverbrauch versteht sich nicht je erzeugte, sondern je ins Netz abgegebene kWh, also abzüglich des durchschnittlich etwa 3% betragenden eigenen Verbrauchs der Zentralen. Beim G.-Werk sei ein Kohlenverbrauch von 4,75 kg je ins Netz geschickte kWh entsprechend einem Kohlenverbrauch von 4,6 kg je erzeugte kWh angenommen. Dieser Verbrauch entspreche dem Durchschnitt des Jahres 1922/23, in welchem die höchsten bisher von der Klägerin erzielten Erzeugungsziffern aufgetreten seien. Bei den Steinkohlenzentralen sei mit einem Kohlenverbrauch von 1,35 kg je kWh gerechnet. Es müsse hier in Betracht gezogen werden, daß diese Zentralen ungünstig belastet oder nur zeitweilig in Betrieb seien. So werde insbesondere das Kraftwerk R. lediglich zur Spitzendeckung und für Störungsfälle herangezogen. Dadurch werde der spezifische Kohlenverbrauch naturgemäß erheblich beeinflußt.

An Löhnen sei einschließlich der für die Unterhaltung der Kraftwerke ausgegebenen Lohnsummen ein Durchschnittsatz von 50 Goldpfennig je Stunde eingesetzt, obwohl im Januar 1924 über 65 Goldpfennig je Stunde im Durchschnitt gezahlt und neuerdings wieder eine Erhöhung eingetreten sei. Auch für

1913/15 sei ein entsprechender Teil der Unterhaltungskosten zu dem Posten Gehälter und Löhne gerechnet worden.

Für Reparaturen und Betriebsmaterialien sei 1913/15 ein Rest von 525 556 Goldmark, d. h. etwa 1,25% des Anlagewerts der Kraftwerke vom 1. Juli 1914 verblieben, dieser Satz sei auch für 1924 gerechnet.

Bei dem Fremdstrom sei ein Grundpreis von 3 Goldpfennig bei einem Kohlenfaktor von 0,125 Goldpfennig unterstellt, obwohl noch bei einem großen Teil der hinzuliefernden Zechenzentralen ein Faktor von 0,17 Goldpfennig bezahlt werde; allerdings werde dessen allmähliche Herabsetzung erstrebt.

Der Posten Netzunkosten sei ebenfalls in Gehälter und Löhne sowie in Unterhaltungskosten aufgeteilt. Es sei angenommen, daß die Hälfte dieser Unkosten auf das Hochspannungsnetz, je $^1/_4$ aber auf die Transformatorenstationen und die Niederspannungsnetze entfalle. Die Unterhaltung der Netze im Jahre 1913/15 habe sich auf 245 108 ℳ belaufen und etwa 0,3% des Anlagewerts der Netze betragen; für 1924 sei der gleiche Satz in die Berechnung eingestellt.

Die Verwaltungskosten seien zu den festen Kosten gerechnet und zu $^1/_4$ auf die Kraftwerke, zu je $^1/_8$ auf Hochspannungsnetz und Transformatorenstationen sowie zu ½ auf die Niederspannungsnetze aufgeteilt. Diese Aufteilung beruhe auf Erfahrungssätzen, auch frühere Selbstkostenberechnungen seien so durchgeführt worden.

Beim Kapitaldienst sei der nach schwierigen, bis ins einzelne gehenden Erhebungen ermittelte Goldmarkwert der Anlagen eingesetzt, und zwar für

	1924	1. 7. 1914
	Goldmark	
die Kraftwerke mit	140 000 000	43 100 000
das Hochspannungsnetz mit ..	90 000 000	40 700 000
die Netztransformatorenstationen mit	22 000 000	13 100 000
die Niederspannungsnetze mit	48 000 000	28 200 000
zusammen:	300 000 000	125 100 000

Der Zugang der Anlagewerte gegenüber der Vorkriegszeit beruhe auf der Erweiterung und der größeren Leistungsfähigkeit des Unternehmens. Es betrage nämlich:

	1924	gegenüber	1914
die installierte Turbinenleistung	441 700 kW		135 630 kW

Die Verzinsung dieser Anlagewerte sei mit 8% berechnet. Dieser Zinssatz erscheine im Vergleich zu den heute üblichen Zinsen niedrig. Er entspreche der Durchschnittsdividende, welche die Klägerin jahrzehntelang gezahlt habe.

Bei den Abschreibungen seien die durchschnittlichen Abschreibungssätze aus den letzten 4 Vorkriegsjahren angenommen, welche betragen hätten:

5,6% bei den Kraftwerken,
2,9% beim Hochspannungsnetz,
5,8% bei den Transformatoren,
2,85% beim Niederspannungsnetz einschließlich Zähler.

Im ganzen ergäben sich:

	1924	in %	1913/15	in %
an Betriebsausgaben einschließl. Verwaltungskost.	33 910 000	47,7%	9 331 373	46,6%
Kapitaldienst	37 094 000	52,3%	10 706 500	53,4%
zusammen:	71 004 000	100%	20 037 873	100%

Das Verhältnis der Betriebsausgaben zum Kapitaldienst sei für 1924 ungefähr dasselbe wie das von 1913/15. Bei diesem Verhältnis stehe die Klägerin im Einklang mit anderen Werken, und zwar nicht nur in Deutschland, sondern auch im Ausland. Für die deutschen Elektrizitätswerke komme hier besonders in Betracht, daß sie soweit sie nicht rein kommunale und daher von allen Steuern befreite Unternehmungen seien, erheblich höhere steuerliche Belastungen zu tragen hätten als vor dem Kriege. Es müßten deshalb und aus gesetzlichen Gründen die Umsatzsteuer sowie eine etwaige Elektrizitätssteuer gesondert in Rechnung gestellt werden.

Die Beklagte hat dazu erklärt:

Eine Selbstkostenberechnung mit den geschäftlichen Ergebnissen für Januar und Februar 1924 sei keine geeignete Grundlage zur Beurteilung der Stromabgabe für das ganze Jahr 1924. Insbesondere sei die so gefundene nutzbare Abgabe von 600 000 000 kWh viel zu niedrig. Für das Jahr 1924 sei mit einer weit höheren Abgabe, nämlich mit 900 000 000 bis 1 000 000 000 kWh zu rechnen. Hierdurch ermäßigten sich die auf eine nutzbar abgegebene kWh entfallenden Kosten erheblich.

Die für Kohlen berechneten Einheitspreise seien gleichfalls nicht richtig. Die Klägerin besitze eigene Braunkohlengruben und Steinkohlenzechen, sie dürfe deshalb als Selbstkosten für ihre Brennstoffe nicht die einen Gewinn enthaltenen Verkaufspreise der Syndikate einsetzen. Dazu komme, daß die Klägerin in der Vorkriegszeit bei ihren Steinkohlenkraftwerken mit einem Kohlenverbrauch von rund 1 kg für die kWh und bei ihren Braunkohlenkraftwerken mit 3,1 kg für die kWh gerechnet habe. Mit welchem Recht sie für 1924 einen Kohlenverbrauch von 1,35 bzw. 4,75 kg je kWh beanspruche, sei umso weniger verständlich, als insbesondere im G.-Werk infolge der zwischenzeitlichen Verbesserung der Betriebsmittel und der Vergrößerung des Absatzes eher ein niedrigerer als ein höherer Verbrauch wie 1913/15 hätte erzielt werden müssen. Ebenso wenig könne der Verbrauch an Steinkohlen erheblich gestiegen sein, da die Klägerin auch früher habe Reservekessel unter Dampf halten müssen.

Die geringe Erhöhung der Verwaltungskosten, Gehälter und Löhne, deren Steigerung übrigens in einem Mißverhältnis zu der Zentralvergrößerung stehe, werde durch die inzwischen eingeführten technischen Verbesserungen der Betriebsmittel und deren bessere Ausnutzung sowie durch die bei dem gleichen Personalstand vermehrte Stromabgabe ausgeglichen.

Wenn für Reparaturen und Betriebsstoffe ein Satz von 1,25% des Anlagewertes der Kraftwerke angenommen werde, so könne eine derartig ungenaue Berechnungsart bei einem Nachweis der Selbstkosten nicht zugelassen werden, es müsse vielmehr dargetan werden, wie hoch sich die Ausgaben im Durchschnitt für mehrere Jahre tatsächlich stellten.

Beziehe die Klägerin den Fremdstrom für 4,56 Goldpfennig je kWh, so müßten die Selbstkosten des in ihrem eigenen Riesenkraftwerk erzeugten Stroms unter, aber nicht über diesen Preis liegen. Die an der Spitze der Berechnung vom 17. April 1924 enthaltene Bezifferung der durchschnittlichen Selbstkosten für das Jahr 1924 mit 11,834 Goldpfennig je kWh sei daher bei weitem übersetzt.

Beim Kapitaldienst habe die Klägerin in der Selbstkostenberechnung vom 10. November 1923 Beträge von 30 000 000 Goldmark für Verzinsung und 19 650 000 Goldmark für Abschreibungen als nötig erachtet, wobei nach ihrer eigenen Angabe die Goldmarkbeträge des Anlagekapitals verdoppelt und hiervon 6% Zinsen verrechnet worden seien. In der Berechnung vom 17. April 1924 habe sie die Anlagewerte von 480 000 000 auf 300 000 000 Goldmark herabgesetzt, verlange aber statt 6% nunmehr 8% Zinsen, so daß sich der für Verzinsung eingesetzte Gesamtbetrag nicht viel ermäßigte. In Wirklichkeit sei auch der Wert von 300 000 000 Goldmark noch viel zu hoch, wenn man bedenke, daß für 1914 der Wert der Gesamtanlagen auf 125 100 00 Goldmark und für 1917/18 auf 184 439 523,72 Goldmark geschätzt worden sei. Die Verzinsung und Abschreibung sei reichlich bemessen, wenn sie prozentual in derselben Höhe wie im Frieden angenommen werde, da infolge der Entwertung der Aktien und Obligationen die gezahlten Dividendenbeträge nicht in Betracht kämen und Zinsen für festverzinsliche Papiere zur Zeit nicht gezahlt würden. Die jetzt angegebene Verzinsung von 8% sei, auch wenn sie der durchschnittlichen Friedensdividende entspreche, völlig abwegig. Dann sei es an sich schon nicht angängig, die gesamten Anlagewerte für die Verzinsung als Grundlage zu rechnen, weil ein großer Teil der Schuld, welche die Klägerin zur Bezahlung der Anlagen aufgenommen habe, durch den Einfluß der Geldentwertung getilgt worden sei, so könne auch nicht verlangt werden, daß die Aktionäre der Klägerin hinsichtlich ihres Aktienbesitzes von den Folgen der Geldentwertung verschont blieben. Dazu komme, daß die Anlagen der Klägerin vorwiegend mit billigen Kommunalkrediten ausgebaut worden seien. Indem sie jede Erweiterungsanlage von ihren Stromabnehmern bezahlt und hoch verzinst haben wolle, beanspruche sie etwas, was auf eine Verbesserung ihrer Lage hinauslaufe und damit dem Zweck der Verordnung vom 1. Februar 1919/9. Juni 1922 und den dazu erlassenen Richtlinien des Reichskohlenkommissars widerspreche.

Endlich sei auch der Teiler, mit welchem die Einheitskosten berechnet seien, zu beanstanden. Es werde dabei mit 215 000 kW gerechnet, während die Gesamtleistungsfähigkeit der Werke (installierte Turbinenleistung) in der folgenden Erläuterung mit 441 700 kW angegeben sei. Hier liege ein auffallendes Mißverhältnis vor. Wenn die Klägerin mit einer Höchstbeanspruchung von 215 000 kW durch die Abnehmer rechne, so brauche sie dafür keine Maschinenleistung von 441 700 kW vorzuhalten. Sie belaste also ihre Stromabnehmer mit dem Kapitaldienst von Anlagen, die für diese gar nicht nötig seien. Die übrige Leistung werde vermutlich für die Eigenbetriebe der Klägerin vorgehalten. Diese müßten den Kapitaldienst des auf sie entfallenden Teils der Stromversorgung und Verteilungsanlage selbst tragen.

Alles in allem genommen sei die Goldmarkberechnung der Klägerin unbrauchbar und die auf Grund dieser Berechnung von ihr geforderte Strompreiserhöhung unannehmbar. Zu welchen Folgerungen sie führe, ergebe sich aus der kurzen Überlegung, daß die Klägerin als Selbstkosten 7,429 ₰ je kWh errechne, während die Großabnehmer in der beklagten Stadtgemeinde, d. h. sämtliche Hochspannungsabnehmer über 50 000 kWh im Jahr durchschnittlich nur 6,673 ₰ je kWh zahlten. Sollte der Zeitpunkt noch nicht gekommen sein, um wieder Friedenspreise einzuführen, so könne als strompreiserhöhender Gesichtspunkt nur die Kohlenpreissteigerung berücksichtigt werden. Diese ergebe einen Teuerungsfaktor von 0,1 Goldpfennig je Mark und Tonne, welcher einen Preiszuschlag von 29,65% bedeute und dem durchschnittlich etwa 25—30% über Friedenspreis liegenden Strompreise anderer deutscher Elektrizitätswerke und Gemeinden gleichkomme; hierin seien Verzinsung und Abschreibung sowie Gewinn enthalten. Die gesonderte Inrechnungstellung der Umsatzsteuer un einer noch gar nicht bestehenden Elektrizitätssteuer sei unzulässig. Die von der Klägerin herangezogenen Verhältnisse ausländischer Unternehmungen aber böten keinen geeigneten Vergleichsmaßstab. Wenn wirklich die Selbstkostenberechnung richtig sei, müsse die Klägerin der Beklagten, die sich neben der allgemeinen Not der deutschen Städte in einer besonders schwierigen finanziellen Lage befinde, gemäß Ziff. A IX der Richtlinien des Reichskohlenkommissars vom 27. Juni 1922 die vorzeitige Kündigung des Vertrages gestatten oder nach dem Vorgang mit anderen Großabnehmern getroffener Abmachungen aus Billigkeitsgründen niedrigere Strompreise einräumen.

Die Klägerin hat entgegnet:

Die von der Beklagten gegen die Selbstkostenberechnung erhobenen Einwendungen seien haltlos. Insbesondere seien bei Herstellung dieser für das Geschäftsjahr 1923/24 aufgestellten Berechnung die Betriebsergebnisse nicht nur bis Februar, sondern teilweise bis März 1924 verwertet und dabei mit zunehmendem Beschäftigungsgrad und einem Braunkohlenstrom von etwa 80% sowie mit 20% aus den übrigen Zentralen gerechnet worden, während der Beschäftigungsgrad für das Geschäftsjahr 1923/24 statt der angenommenen 600 000 000 nur 575 000 000 kWh nutzbarer Abgabe erbracht habe. Andererseits habe sich inzwischen herausgestellt, daß die wirklichen Ausgaben der ersten Monate des Jahres 1924 bedeutend höher gewesen seien. Allerdings sei seitdem auch die Erzeugung wieder gestiegen. Der Kohlenverbrauch je kWh hänge wesentlich davon ab, wie eine Zentrale ausgenutzt werde, und zwar steige er um so stärker an, je weniger kWh in einem Kraftwerk von bestimmter Größe erzeugt würden. Der Satz von 1,25% für Reparaturen und Betriebsmaterialien entspreche den Verhältnissen von 1913/15. Die tatsächlichen Ausgaben für Unterhaltung und Betriebsmaterialien in den Monaten Dezember 1923 bis März 1924 beliefen sich auf 911 704 Goldmark. Das ergebe auf das Jahr umgerechnet 2 730 000 Goldmark. Hierin seien etwa 7—800 000 Goldmark für Reparaturen und Löhne enthalten, so daß die Gesamtausgabe an reinen Betriebs- und Reparaturmaterialien 1 900 000 bis 2 000 000 Goldmark betragen habe, während in die Selbstkostenberechnung 1 750 000 Goldmark eingesetzt seien. Dabei sei zu bemerken, daß die durchschnittliche Überteuerung der Materialien gegenüber dem Frieden sich immer noch auf 28% belaufe. Bei dem Fremdstrom vergleiche die Beklagte den Preis ab Sammelschienen der Zechenzentralen mit den Durchschnittsgesamtselbstkosten der Klägerin, welche die Kosten der Verteilung einschließlich des Kapitaldienstes der Netze bis zum kleinsten Verbraucher umfasse. Der richtige Vergleich ergebe sich, wenn man die Selbstkosten der Klägerin ebenfalls ab Sammelschienen der Zentralen, nämlich 3,015 Goldpfennig zugrunde lege. Bei dem Kapitaldienst seien die Anlagewerte mit 300 000 000 Goldmark eher zu niedrig als zu hoch angegeben. Eine Verzinsung von 8% sei mit Rücksicht auf die Notwendigkeit einer gesunden Dividendenpolitik und die hohen Steuerlasten geboten. Die Beklagte verkenne die Aufgabe, welche die Klägerin zur Sicherstellung einer geordneten Stromversorgung zu erfüllen habe. Mit 25% Reserven würde sie dazu nicht in der Lage sein. Der Vorwurf, daß die Klägerin ihre Stromabnehmer mit dem Kapitaldienst von Anlagen belaste, die für diese nicht nötig seien, und daß die Klägerin unwirtschaftlich arbeite, richte sich von selbst. Der von der Beklagten errechnete Teuerungsfaktor von 0,1 sei wertlos. Die angebliche finanzielle Notlage der beklagten Stadtgemeinde aber falle bei der Festsetzung des der Klägerin zukommenden Strompreises so lange nicht entscheidend ins Gewicht, als die Stadt in der Lage sei, die auf sie entfallenden Mehrkosten auf ihre Abnehmer abzuwälzen. Daß diese Möglichkeit bestehe, gehe aus dem von der Beklagten bei dem Weiterverkauf des Stroms erzielten Reingewinn hervor.

Entsprechend den Beschlüssen des Senats vom 22. Mai und 7. Juli 1924 ist die Selbstkostenberechnung auf Grund der Geschäftsbücher und der technischen Unterlagen der Schiedsklägerin an Ort und Stelle durch zwei sachverständige Beisitzer nachgeprüft worden. Auf den schriftlichen Bericht dieser Sachverständigen wird verwiesen. Die Parteien haben das Ergebnis der Beweisaufnahme nach Maßgabe ihrer Schriftsätze zum Anlaß einer im wesentlichen wiederholten Betonung ihres gegensätzlichen Standpunkts genommen und hierfür weitere Unterlagen vorgelegt. Alsdann hat die Klägerin ihre Selbstkosten nach den tatsächlichen Betriebsergebnissen und Abrechnungen vom März bis Mai 1924 und unter Zugrundelegung der ab 1. Juli 1924 ermäßigten Kohlenpreise erneut aufgestellt.

Die Beklagte hat nunmehr mit dem Vorbringen, daß auch diese Selbstkostenberechnung durch die zwischenzeitliche Änderung der tatsächlichen Verhältnisse überholt sei, weitere Beweiserhebung und Aussetzung des Verfahrens bis zur Aufstellung der Goldmark- und Steuerbilanzen der Klägerin gefordert, damit auf Grund dieser Bilanzen eine einwandfreie Selbstkostenberechnung vorgelegt werden könne. Die in die bisherigen Selbstkostenberechnungen der Klägerin eingesetzten Zahlen seien buchmäßig möglicherweise richtig, der Wert dieser Zahlen aber gebe zu erheblichen Bedenken Anlaß. Das gelte insbesondere von den Anlagewerten und dem damit zusammenhängenden Kapitaldienst, sowie von der nutzbaren Stromabgabe und gehe auch aus dem Vergleich mit dem Fremdstrompreis hervor. Die ganze Berechnung stelle eine „konstruktive Aufmachung" dar und sei daher wertlos.

Die Klägerin hat demgegenüber erklärt, daß ihre Anträge und Berechnungen die jetzige wirtschaftliche Lage noch nicht voll berücksichtigten und daß sie sich deshalb vorbehalte, bei erneuter Anrufung des Schiedsgerichts die Änderung der Verhältnisse nicht nur seit Abschluß des jetzigen Verfahrens, sondern auch seit Ende des Jahres 1923 geltend zu machen.

Über die Nebenstreitpunkte sind hier besonders hervorzuhebende Ausführungen nicht gemacht worden.

Schließlich haben die Parteien ihre im Laufe des Berufungsverfahrens gestellten Anträge dahin zusammengefaßt:

A. Die Klägerin:

Antrag 1. § 2 Abs. 3 des Hauptvertrages vom 11./16. September 1915 erhält folgenden Zusatz:

„Die Verpflichtung zur Verzinsung und Tilgung der Erweiterungen der Stadt erstreckt sich nur auf die Friedenskosten."

Antrag 2. § 4 Abs. 2 desselben Vertrages erhält folgenden Wortlaut:

„Das R.-Werk wird jedoch diese Abnehmer der Stadt bei Abschluß neuer Verträge bei gleichartigen Verhältnissen, die der Preisbildung bisher zugrunde-lagen, nach keinen ungünstigeren Preisen und Bedingungen als bis dahin behandeln."

Hilfsweise folgenden Zusatz:

„Das R.-Werk ist jedoch berechtigt, bei neuen Vertragsabschlüssen die Preise und Bedingungen so festzusetzen, daß ihm jedenfalls ein angemessener Gewinn verbleibt."

Antrag 3. Der Nachtragsvertrag vom 11./16. September 1915 erhält als § 5 folgenden Zusatzparagraphen:

„Die Mehrkosten des gemäß § 1 zu verlegenden 25 000 Voltkabels und der zugehörigen Schaltstation gegenüber den Kosten der Vorkriegszeit werden dem R.-Werk seitens der Stadt vergütet. Dasselbe gilt für die Mehrkosten, die gegenüber der Vorkriegszeit beim Umlegen der Kabel entstehen. Zur möglichsten Herabsetzung der seitens der Stadt zu vergütenden Mehrkosten und zur Vermeidung von Transformatorenverlusten ist das R.-Werk berechtigt, an diese Kabelanlage Großabnehmer direkt in 25 000 Volt anzuschließen, in welchem Falle die von den Großabnehmern erhaltenen Beträge zu den Mehrkosten der Stadt wieder gutgeschrieben werden. Die Mehrkosten der Anschlußleitungen, welche zur direkten Versorgung von Großabnehmern aus dieser Kabelanlage dienen, gegenüber den Kosten der Vorkriegszeit sind dem R.-Werk seitens der anschließenden Großabnehmer zu vergüten.

Die im § 3 Abs. 3 festgelegten Preise für die Stromlieferung nach Ablauf des Hauptvertrages gelten nur als Grundpreise. Die alsdann notwendigen Zuschläge zu diesen Grundpreisen sind durch besondere Vereinbarungen oder durch ein Schiedsgericht festzustellen, welches gemäß den Bestimmungen der Verordnung vom 1. Februar 1919 in der Fassung des Gesetzes vom 9. Juni 1922 zu bilden und zu entscheiden hat. Das gleiche gilt für § 11 des Hauptvertrages solange dieser in Wirkung ist."

Antrag 4a. Die in den §§ 1 und 2 des zweiten Nachtragsvertrages vom 13. August/8. Oktober 1919 festgelegten Preisbestimmungen werden durch folgende ersetzt:

„Die im § 6 des Hauptvertrages vom 11./16. September 1915 zwischen dem R.-Werk und der Stadtgemeinde R. genannten Preise gelten als Grundpreise. Für jede volle Mark je 10 Tonnen, um die der Kohlenpreis höher ist wie 150 *M* je 10 Tonnen ab Zeche tritt zu den Stromgrundpreisen:

von 4,5 Pf für die Tagesstromlieferung ein Aufschlag von 0,037 Pf je kWh,
von 3,5 Pf für die Nachtstromlieferung ein Aufschlag von 0,0285 Pf je kWh,
von 4,1 Pf für die Stromlieferung an die Straßenbahn ein Aufschlag von 0,0333 Pf je kWh.

Grundpreise sowie Zuschläge sind Goldpreise.

Als Kohlenpreis gilt der Syndikatsvererechnungspreis des Rhein.-westf. Kohlensyndikats für Fettnuß III/IV durchschnittlich ab Zeche.

Sollte das Rhein.-westf. Kohlensyndikat, oder eine ähnliche Verkaufsvereinigung im Ruhrgebiet nicht mehr bestehen, so sind die Preise der Düsseldorfer Börse maßgebend. Geht die Börse ein, so ist der Kohlenpreis in anderer Weise, im Streitfalle von einem von der Handelskammer Essen zu ernennenden Unparteiischen zu bestimmen.

Für jede seitens der Stadt an Dritte für Lichtzwecke weiterverkaufte kWh ist ein besonderer Zuschlag von $33^1/_3$% auf den Tagesstrompreis zu zahlen. Die Umsatzsteuer wird gesondert in Rechnung gestellt. Eine Elektrizitätssteuer irgend welcher Art trägt die Stadt."

Antrag 4b. Die im § 4 Abs. 4 letzter Satz des Hauptvertrages vom 11./16. September 1915 niedergelegten Zahlungsbedingungen sind wie folgt zu ergänzen:

„Wenn die deutsche Währung nicht stabil bleibt, ist das R.-Werk berechtigt, entgegen den Bestimmungen des Vertrages wöchentliche Abschlagszahlungen auf die Stromlieferung zu verlangen. Diesen Abschlagszahlungen, welche in diesem Fall jeweils Donnerstags fällig sind, wird alsdann $^7/_{30}$ des Stromverbrauchs des Vormonats zugrunde gelegt. Für den Aufschlag auf die Licht-kWh wird dabei das Verhältnis des Licht- zum Kraftverbrauch des entsprechenden Liefermonats des Vorjahres zugrunde gelegt. Die monatliche Abrechnung erfolgt nach Maßgabe der Zählerablesungen, die vom R.-Werk bis zum 5. des der Lieferung folgenden Monats seitens der Stadt zur Verfügung zu stellen sind, in der Weise, daß durch etwaige Abschlagszahlungen zu viel oder zu wenig bezahlte Beträge mit der nächstfälligen Abschlagszahlung auszugleichen sind. Im übrigen hat die Begleichung der Monatsrechnungen spätestens bis zum 15. des der Lieferung folgenden Monats zu geschehen. Die in Papiermark gezahlten Beträge werden in jedem Fall zu dem am Tage des Zahlungseingangs gültigen Goldmarkkurs verrechnet. Als Zahlungseingang gilt der Zeitpunkt, an welchem das Elektrizitätswerk über das Geld verfügen kann."

Antrag 5. § 3 des zweiten Nachtragsvertrags vom 13. August/8. Oktober 1919 erhält folgenden Zusatz:

„Die Bestimmungen des § 3 haben nur Geltung bei dauernden, oder für mehr als zweijährige, oder für unbestimmte Zeit eingegangene Vereinbarungen mit einer Stadt- oder Landgemeinde, ferner bei solchen Schiedssprüchen, die entweder von beiden Parteien des betreffenden Prozesses als sachgemäß anerkannt sind, oder einer bereits hieraus gebildeten Schiedsgerichtspraxis entsprechen, nicht aber die jedweden Einzelschiedsspruch, oder einer einstweiligen Anordnung, oder einer nur vorläufigen Vereinbarung; als vorläufig gilt auch eine solche Vereinbarung, die von dem Ergebnis eines schwebenden Schiedsgerichtsverfahrens abhängig gemacht ist, derart, daß die endgültige Vereinbarung erst nach Erledigung des schwebenden Schiedsgerichtsverfahrens getroffen werden soll."

Antrag 6. § 5 Abs. 1 des zweiten Nachtragsvertrags vom 13. August/8. Oktober 1919 erhält folgenden Wortlaut:

„Der in § 4 Abs. 1b des Vertrages genannte Tarif des R.-Werkes für die Kleineisenindustrie bleibt bestehen mit der Maßgabe, daß die B.-Werke berechtigt sind, auf diesen Tarif einen Zuschlag bis zu gleicher Höhe zu erheben, wie ihn das E.W. der Stadt seinen Abnehmern bei einer Jahresentnahme von 200 000 kWh jeweils in Anrechnung bringt; dabei ist Voraussetzung, daß sich für diese letzten der Stadt verbleibenden Verbrauchsstufen von 180 000—200 000 kWh je Jahr die Zuschläge im Rahmen der unterhalb gelegenen Verbrauchsstufen halten. Die von den B.-Werk erhobenen Zuschläge brauchen aber diejenigen nicht zu unterschreiten, welche sich bei gleichartigen Verhältnissen auf Grund eines Schiedsgerichtsurteils gegen Abnehmer der Stadt gemäß der Verordnung vom 1. Februar 1919 ergeben, unbeschadet des Rechts der B.-Werke gegen solche Abnehmer besondere Schiedsgerichte zu berufen. Die B.-Werke sind berechtigt, entsprechende Zusätze in die Verträge aufzunehmen.

Antrag 7. § 2 Abs. 1 des Hauptvertrages erhält hinter den Worten „. . . . in gewünschtem Umfang für das Stadtgebiet zu liefern" folgenden Nachsatz: „sofern bei Neuanschlüssen der betreffende Abnehmer oder die Stadt sich verpflichtet, neben den Stromeinnahmen alljährlich für jedes in Anspruch genommene kW eine Leistungsgebühr in Höhe des jeweiligen Reichsbankdiskontsatzes plus 6% für Abschreibungen desjenigen Betrages, den das Kilowatt neuinstallierter Zentralenleistung in den Kraftwerken und im Hochspannungsnetz des R. Werkes zur Zeit des Anschlusses kostet, zu zahlen."

B. Die Beklagte:

I. Das R.-Werk wolle unter Abweisung der gegnerischen Anträge entscheiden, daß der Hauptvertrag vom 11./16. September 1915, der Nachvertrag vom 11./16. September 1915 und der Nachtragsvertrag vom 13. August/8. Oktober 1919 unverändert in Kraft bleibt mit Ausnahme der im zweiten Nachtragsvertrag genannten Teuerungsklauseln für die Strompreise. Diese Klauseln werden durch folgende ersetzt:

„Zu den vertraglichen Grundpreisen werden Zuschläge bzw. Abschläge nach Maßgabe der allgemeinen Teuerung erhoben. Als Maßstab der allgemeinen Teuerung soll jeweils das Mittel der Goldsyndikatsverrechnungspreise des Rheinisch-Westfälischen Kohlensyndikats für Fettnußkohle III und IV ab Zeche gelten. Für jede Mark je 10 Tonnen, um die der Kohlenpreis höher oder niedriger ist, als 150 Goldmark je 10 Tonnen ab Zeche, tritt zu den vertraglichen Stromgrundpreisen von 4,5, 3,5 und 4,1 ₰ ein Zuschlag oder Abschlag von 0,01 ₰

je kWh wobei die errechneten Beträge auf $^{1}/_{100}$ ₰ nach kaufmännischen Grundsätzen abgerundet werden. Grundpreise sowie Zuschläge sind Goldpreise. Für jede seitens der Stadt an Dritte für Lichtzwecke weiter verkaufte kWh ist eine besondere Vergütung von $33^{1}/_{3}$% des sich nach obigen ergebenden Zu- oder Abschlage zu zahlen.

Die Änderungen der Strompreise durch die Teuerungsklausel tritt jeweils mit dem Tage der Kohlenpreisveränderung in Kraft. Die Zahlung erfolgt in Papiermark, umgerechnet nach dem amtlichen Berliner Mittel-Dollarkurs am Vortage der Zahlung; 1 Dollar wird mit 4,2 Goldmark verrechnet. Zahlstelle für die von der Stadt zu zahlenden Beträge ist L., d. h. der Sitz der B.-Werke."

II. Der Schiedsspruch vom 28. Oktober 1922, sowie die einstweiligen Anordnungen vom 14. September und 7. Dezember 1923 werden aufgehoben. Es tritt also der Hauptvertrag von 1915 mit seinen beiden Nachtragsverträgen einschließlich der Zahlungsbedingungen wieder in Kraft, ergänzt durch die Teuerungsklausel nach I.

Mit den im Antrag 4b der Klägerin enthaltenen Zahlungsbedingungen, welche im wesentlichen dem Inhalt der einstweiligen Anordnung des Senats vom 7. Dezember 1923 entsprechen, hat sich die Beklagte einverstanden erklärt.

Entscheidungsgründe:

I. Die Berufung der Klägerin ist zu einem erheblichen Teil begründet, der Berufung der Beklagten muß dagegen ein Erfolg versagt werden.

Das durch die Schiedsklage eingeleitete Verfahren findet, wie das Schiedsgericht zutreffend annimmt, im wesentlichen (Anträge 4 bis 6) seine Grundlage in der Bestimmung des § 2 Ziff. 3 der Verordnung vom 1. Februar 1919/9. Juni 1922, da die erhebliche Änderung der wirtschaftlichen Verhältnisse und die behauptete Steigerung der Selbstkosten, auf welche die Klägerin ihr Verlangen stützt, erst nach der in Gestalt des zweiten Nachtragsvertrages vom 13. August/8. Oktober 1919 zustande gekommenen Einigung der Parteien eingetreten ist. Die Anwendung des § 2 Ziff. 3 schließt jedoch nicht aus, daß der geltend gemachte Anspruch auch in der Richtung geprüft wird, ob die Voraussetzungen des § 1 Ziff. 1 a. a. O. gegeben sind (vgl. Beschluß des großen Senats des Reichswirtschaftsgerichts — G. S. 5/23 — vom 18. August 1923, abgedruckt in der amtlichen Sammlung der Entscheidung des Reichswirtschaftsgerichts Bd. 2 S. 1 ff. und im 1. Bd. der vorliegenden Sammlung S. 27). Diese Prüfung ist überdies notwendig, soweit der Gegenstand des Klagebegehrs (Anträge 1 bis 3 und 7) von der vorerwähnten Einigung nicht berührt wird, sondern eine neue, von dem Hauptvertrage abweichende Regelung bezweckt. Der Unterschied zwischen den beiden Bestimmungen der Verordnung besteht darin, daß Schiedsgericht und Reichswirtschaftsgericht im Falle des § 2 auf die maßgebenden Gesichtspunkte des § 1 (Anwachsen der Selbstkosten infolge der Kriegsverhältnisse und Voraussehbarkeit dieses Anwachsens) nicht beschränkt sind, sondern unter weitgehender Berücksichtigung der Belange des Abnehmers vornehmlich dem Endzweck der Verordnung, der Erhaltung der technisch-wirtschaftlichen Lebensfähigkeit des Lieferwerks Rechnung zu tragen haben, sofern nur das in erster Linie zu beachtende Merkmal einer erheblichen Änderung des Tatbestandes gegeben ist (vgl. auch Ziekursch und Kauffmann II. Aufl. S. 54 Anm. 7a).

Eine Erheblichkeit der Änderung war schon in dem schiedsgerichtlichen Verfahren angesichts der damals noch fortschreitenden Geldentwertung und der damit zusammenhängenden allgemeinen Teuerung als vorliegend anzunehmen. Sie ist an sich jetzt mit Rücksicht auf den im Laufe des Berufungsverfahrens vollzogenen Übergang von der Papier- zur Goldmarkwährung und die darauf zurückzuführende Umstellung der deutschen Wirtschaft erst recht vorhanden, denn Übergang und Umstellung kommen keineswegs einer Rückkehr zu den im Jahre 1919, 1915 oder vor dem Kriege herrschenden Verhältnissen gleich. Die von der Beklagten gewünschte Wiedereinführung des Friedens- oder des vertraglich festgesetzten Strompreises kann daher z. Zt. nicht in Erwähnung gezogen werden. Die Anerkennung des Vorhandenseins einer erheblichen Tatbestandsänderung kann aber auf der anderen Seite nicht dazu führen, das Verlangen der Klägerin nach erhöhten Strompreisen und sonstiger Abweichung von vertraglichen Abmachungen von vornherein auch in seinem Umfang und Ausmaß als berechtigt anzuerkennen oder gar die vertragliche Stellung der Parteien zu einander in ihren Grundfesten zu erschüttern. Vielmehr sind die durch den Vertrag gesteckten Grenzen auch bei Annahme einer erheblichen Änderung des Tatbestandes insoweit innezuhalten, als eine dem Abnehmer eingeräumte Vorzugsstellung grundsätzlich zu wahren ist und dem Lieferer, trotzdem ihm nach der Verordnung „billigerweise die Tragung der Mehrkosten allein nicht zugemutet werden kann" verhältnismäßig günstigere als die vertraglich vorgesehenen Bedingungen nicht zugebilligt werden dürfen.

Unter diesen Gesichtspunkten betrachtet ist zunächst zu untersuchen, welche Stellung die Beklagte innerhalb der drei Abnehmergruppen der Klägerin einnimmt. Die Beklagte behauptet, indem sie dafür Zeugen benennt, bei den Vertragsverhandlungen sei ausdrücklich erwähnt worden, daß sie wie ein bevorzugter Großabnehmer behandelt werden solle, und macht im Zusammenhang damit geltend, daß ihr in den 1915 und vorher geschlossenen Verträgen eine günstigere Stellung eingeräumt worden sei als Großabnehmern mit jährlich 6000 Stunden Benutzungszeit. Die erstere Behauptung ist belanglos, ihr steht die tatsächliche Vermutung entgegen, daß in dem Vertrag der endgültige und maßgebende Wille der an seinem Abschluß beteiligten Parteien niedergelegt ist. Daß dies hier der Fall ist, kann umsoweniger bezweifelt werden, als die Beklagte nicht etwa vorbringt, die Vertragsurkunden gäben den Vertragsinhalt nicht vollständig wieder, es sei außerdem noch eine mündliche Vereinbarung der fraglichen Art getroffen worden, welche neben dem beurkundeten Vertrag Geltung haben und deshalb einen Bestandteil des Vertrages bilden sollte. Sie erklärt nur, bei den Vertragsverhandlungen sei ausdrücklich erwähnt worden, sie solle wie ein bevorzugter Großabnehmer behandelt werden. Eine derartige Erwähnung kann nach der in Wissenschaft und Rechtsprechung herrschenden Ansicht niemals die Bedeutung einer unter Umständen erheblichen, neben einem schriftlichen Vertrage geltenden mündlichen Nebenabrede haben (vgl. RGR. Komm. z. BGB. 4. Aufl. zu §125 Anm. 6). Von der beantragten Zeugenvernehmung war daher Abstand zu nehmen. Auch der Vertragsinhalt steht der Beklagten insofern nicht zur Seite, als weder aus den an die Stelle früherer Abmachungen getretenen und als jetzige Grundlage der vertraglichen Beziehungen der Parteien anzusehenden Vereinbarungen von 1915 noch aus dem Abkommen von 1919 eine Staffelung des Preises je nach der Benutzungszeit zu entnehmen ist. Die Klägerin hat jedoch der Beklagten, wie auch aus dem Schriftwechsel der Parteien hervorgeht, einen besonders günstigen Preis bewilligt, welcher sonst nur Abnehmern mit einer höheren, als der tatsächlichen Benutzungszeit der Beklagten eingeräumt ist. Sie hat die Beklagte damit einem bevorzugten Großabnehmer gleichgestellt. Auf die Wahrung einer solchen Stellung erhebt die Beklagte mit Recht Anspruch. Im Rahmen dieser, der dritten Abnehmergruppe im wesentlichen entsprechenden Stellung hat sich auch der von der Beklagten an die Klägerin zu zahlende Strompreis zu bewegen.

II. Um beurteilen zu können, welche Höhe der Strompreis haben muß, um der Klägerin einen Ausgleich für die durch die erhebliche Änderung der wirtschaftlichen Verhältnisse entstandenen Mehrkosten zu bringen und zugleich der Beklagten die ihr zukommende Vorzugsbehandlung zu sichern, hat der Senat eine Gegenüberstellung der Selbstkosten der Klägerin in der Zeit des Vertragsabschlusses und um die Zeit der gegenwärtigen Entscheidung für erforderlich erachtet. Beide Zeitpunkte ermöglichen einen auf fester Grundlage, der Goldmarkberechnung ruhenden Vergleich, während das Jahr 1919, in welchem die letzte Einigung der Parteien zustande gekommen ist, wegen der damals bereits stark entwickelten Papiermarkwährung keinen geeigneten Vergleichsmaßstab bietet.

Die dementsprechend von der Klägerin vorgelegte Selbstkostenberechnung ist von der Beklagten im ganzen als „konstruktive Aufmachung" abgelehnt und in Einzelheiten besonders bemängelt worden. Daß der erstere allgemeine Vorwurf nicht zutrifft, die Selbstkosten von der Klägerin vielmehr sorgfältig aufgestellt und mehr oder weniger belegt sind, hat die örtliche Nachprüfung zweifelsfrei ergeben. Es genügt in dieser Hinsicht, auf den Inhalt des Berichts der beiden sachverständigen Beisitzer vom 25. August 1924 zu verweisen. Wenn die Beklagte weiter die Vorlegung der Gold- und Steuerbilanz der Klägerin und, da beide noch nicht aufgestellt waren, die Aussetzung des Verfahrens bis zum Zeitpunkt ihrer

Aufstellung gefordert hat, so konnte diesem Verlangen wegen der Notwendigkeit eines Abschlusses des gegenwärtigen Verfahrens, welcher den Belangen beider Parteien dient, nicht stattgegeben werden. Eine in der Gold- und Steuerbilanz sich etwa ergebende abweichende Bezifferung von Einzelposten würde zudem nicht ohne weiteres den Beweis der Unrichtigkeit der in der Selbstkostenberechnung enthaltenen Summen erbringen, da bei der Aufstellung dieser beiden Bilanzen andere rechtliche und wirtschaftliche Gesichtspunkte maßgebend sind. Für die Strompreisfestsetzung ist es neben den eigentlichen Betriebskosten von wesentlicher Bedeutung, welche Kapitallasten in den Selbstkosten der Stromerzeugung enthalten sind. Um dies feststellen zu können, sind die von der Klägerin vorgelegten Unterlagen ausreichend. Die Unterlagen sind nicht in jeder Beziehung urkundlich belegt, doch in der Mehrzahl bis ins einzelne so nachprüfend befunden worden, daß auch für diejenigen Unterlagen, bei denen eine buchmäßige Nachprüfung nicht möglich ist, ihre Richtigkeit unterstellt werden kann. Dies ist um so eher zulässig, als die Ergebnisse der vorgelegten Unterlagen, umgerechnet für die Kraftwerke auf die installierte Leistung, bei dem Leitungsnetz im Vergleich zu dessen Länge und Leistungsfähigkeit für die Einheit Zahlen ergeben, die nach den Erfahrungen des vermöge seiner Zusammensetzung sachverständigen Senats zum Teil als besonders niedrig, in allen Fällen aber als nicht zu hoch angesehen werden können. Auch die Beklagte hat außer allgemeinen Angriffen, welche sich gegen die Bewertung der Anlagen und die damit nach ihrer Ansicht zusammenhängende „konstruktive" Form der Selbstkostenberechnung richten, substantiierte Einwendungen selbst nach Kenntnis des Beweisergebnisses nicht zu machen vermocht, sondern sich darauf beschränkt, auf ihrem grundsätzlichen Standpunkt zu verharren und die von der Klägerin gewählte Art der Berechnung abzulehnen. Dies genügt nicht, um die an sich vorhandene Richtigkeit der von der Klägerin für die Bewertung ihrer Anlagen vorgelegten Unterlagen umzustoßen. Der Senat ist daher bei der Prüfung der Kapitallasten entsprechend der Selbstkostenberechnung der Klägerin von einem gesamten Anlagewert von 300 Millionen Mark ausgegangen, nachdem festgestellt war, daß in dieser Zahl die sogenannten Nebenbetriebe der Klägerin (Zechenbetriebe, Straßenbahnen, Beteiligung an anderen Werken als Elektrizitäts-Unternehmungen) nicht enthalten sind.

Das mit 300 Millionen Mark ermittelte Anlagekapital bildet die Grundlage sowohl für die Vornahme der Abschreibungen wie für die Berechnung der Zinslasten und ist ferner von der Klägerin als Grundlage für die Ausgaben an Reparaturen und Betriebsmaterialien der Kraftwerke wie für die Unterhaltung des Hochspannungsnetzes angenommen worden. Die Abschreibungssätze sind von der Klägerin in der gleichen Weise eingesetzt, wie sie tatsächlich in den letzten Friedensjahren von ihr bilanzmäßig nachgewiesen sind. Es liegt keine Veranlassung vor, jetzt unter diese Sätze herunterzugehen, und zwar auch für die neu erstellten Anlagen, zumal erfahrungsgemäß in der Kriegs- und Nachkriegszeit eine besonders starke Inanspruchnahme der vorhandenen Anlagen eher zu einem stärkeren Verschleiß derselben geführt hat, als er durch die nachgewiesenen Abschreibungssätze erfaßt wird. Hienzu kommt, daß vielfach hat Ersatzmaterial verwandt werden müssen, dessen Auswechselung früher als bei Friedensmaterial erforderlich wird. Bei der örtlichen Nachprüfung hat sich beispielsweise ergeben, daß der von der Klägerin angenommene Satz von 1,25% des Anlagekapitals als jährliche Ausgabe für Reparaturen und Betriebsmaterialien der Kraftwerke heute bei den erhöhten Reparaturkosten nicht ausreicht; dies konnte insbesondere bei einer eingehenden Ermittelung im Kraftwerk R. festgestellt werden. Andererseits besteht keine Veranlassung, über die von der Klägerin geforderten Sätze hinauszugehen.

Bei der Beurteilung des von der Klägerin verlangten Zinssatzes muß zunächst die Vorfrage geprüft werden, ob unter den heutigen Verhältnissen einem Lieferer von elektrischer Arbeit überhaupt eine Rente zugebilligt werden kann. Die Frage ist zu bejahen, da ohne eine solche Rente die Lebensfähigkeit und die im besonderen Interesse der Abnehmer liegende Sicherheit für ein dauernd zuverlässiges Arbeiten (Leistungsfähigkeit) eines Elektrizitätswerkes nicht gewährleistet werden kann (vgl. auch Richtlinien des Reichskohlenkommissars vom 27. Juni 1922 A I, Ziff. 3 und 4). Bei der Höhe des zur Erhaltung dieser Leistungsfähigkeit zuzubilligenden Zinssatzes ist zu berücksichtigen, daß in absehbarer Zeit neues Geld kaum unter 8% zu beschaffen sein wird, und daß der Zinssatz der Dawes-Anleihe mit ihrer erstklassigen Sicherheit über 8% liegt. Man wird daher der Klägerin eine Summe von 24 Millionen Mark = 8% des Anlagekapitals von 300 Millionen Mark als Ausgabeposten nicht vorenthalten können.

Die von der Beklagten aus dem Fremdstrompreis hergeleitete Beanstandung der Selbstkostenberechnung greift ebenfalls nicht durch. Die Nachprüfung der über den Fremdstrombezug von der Klägerin abgeschlossenen Verträge hat ergeben, daß diese in der Regel eine Kohlenklausel von 0,17 Goldpfennig bei einem Grundpreis von 3 Goldpfennig enthalten. Dieser verhältnismäßig niedrige Stromeinkaufspreis ist damit zu erklären, daß es sich im wesentlichen um Überschußstrom der die Energie für eigene Zwecke erzeugenden Zechen handelt, während die Klägerin selbst mit ihren eigenen Anlagen dafür einstehen muß, daß die Stromlieferung auch dann erfolgt, wenn die Fremdstromlieferer bei hohem eigenen Bedarf oder aus sonstigen Betriebserfordernissen nicht in das Netz der Klägerin hineinspeisen. Die Bedeutung des Fremdstrompreises tritt zudem in der Selbstkostenberechnung bei den geringen Mengen, um die es sich dabei im Verhältnis zur Eigenerzeugung handelt, stark in den Hintergrund, und zwar umsomehr, je stärker die nutzbare Abgabe der Klägerin wächst. Sie kommt also bei der Ermittelung des Endpreises für den aus dem Leitungsnetz der Klägerin entnommenen Strom nicht ausschlaggebend in Betracht. Eine Verschlechterung der Preisbildung zu Ungunsten der Beklagten wird nach dem

Ergebnis der Beweisaufnahme auch nicht durch die Abgabe von Strom an die eigenen oder ihr nahestehenden Straßenbahnbetriebe der Klägerin hervorgerufen. Von gleich geringer Bedeutung für die Strompreisbemessung sind ferner die von der Beklagten als zu hoch beanstandeten Aufsichtsratstantiemen, der in die Selbstkostenberechnung eingestellte Betrag zur Verzinsung der größtenteils bereits abgestoßenen Obligationsschuld der Klägerin und andere kleine Posten der Aufstellung.

An sich beachtlich ist dagegen der Einwand der Beklagten, daß die Klägerin nur die Selbstkosten der aus ihren eigenen Braunkohlengruben und Steinkohlenzechen geförderten Brennstoffe berechnen dürfe. Der Angriff geht jedoch fehl. Die Klägerin bezieht ihren Bedarf an Braunkohlen für ihr Hauptkraftwerk, das G.-Werk, aus welchem sie den größten Teil ihrer Abnehmer mit elektrischer Energie versorgt, auf Grund eines besonderen Vertrages von der R.-Grube. Die Einzelbestimmungen dieses Vertrages laufen darauf hinaus, daß die Klägerin zunächst in laufenden Zahlungen der Grube die reinen Betriebskosten nach einer Lohnklausel vergütet, während bei Abschluß der Bilanz alle Kapitallasten (Verzinsung, Abschreibungen, Rückstellungen usw.) auf Grund eines besonderen Verrechnungsschlüssels zur Erhebung kommen, und zwar derart, daß zur Zeit die endgültige Höhe der Bezugskosten der Klägerin noch nicht festzustellen ist. Die Klägerin ist die enge Verbindung mit der R.Grube offenbar nur eingegangen, um sich eine unbedingt sichere Brennstoffgrundlage für das G.-Werk zu verschaffen. Anderenfalls wäre es von ihr nicht zu verantworten gewesen, die G.-Werkszentrale auf die derzeitige Größe auszubauen. Für die Verbindung der Klägerin mit der R.-Grube ist also die Frage des Brennstoffpreises ausgeschieden. Wohl aber hat die Klägerin das gesamte Risiko des R.-Grubenbetriebes übernommen. Es stellt daher die Verbindung mit der R.-Grube eine aus betrieblichen Überlegungen entstandene, selbständige Bergwerksunternehmung dar, wobei die Möglichkeit gegeben ist, daß die Verpflichtungen der Klägerin gegenüber der R.-Grube für erstere zu einem gleichen, niedrigeren oder höheren Brennstoffgestehungspreis als der Syndikatspreis führen können. Jedenfalls geht daraus hervor, daß ein unmittelbarer wirtschaftlicher Zusammenhang zwischen Brennstoffgewinnung und Stromerzeugung nicht besteht. Vielmehr sind beide als selbständige Geschäfte anzusehen, über die gesondert abzurechnen ist, und es wäre nicht zulässig, Überschüsse oder Zuschüsse des einen in irgendeiner Weise zu Lasten oder zu Gunsten des anderen zu übernehmen. Bezüglich der Syndikatspreise aber ist zu beachten, daß diese nicht von den Braunkohlengruben frei festgesetzt werden, sondern durch den Reichskohlenverband, und zwar auf Grund der Selbstkostenberechnungen der Gruben. Überdies unterliegen diese Preise der Staatsaufsicht dergestalt, daß das Reichswirtschaftsministerium die Aufgabe hat, nur wirtschaftlich gerechtfertigte Preise zuzulassen. Für die von der Klägerin aus ihr nahestehenden Zechen verfeuerten Steinkohlen gilt Entsprechendes.

Führen daher vorstehende Überlegungen zu dem Ergebnis, daß für die Selbstkostenberechnung der Stromerzeugung nur die Syndikatspreise der Brennstoffe in Frage kommen, so ist weiter zu berücksichtigen, daß bei einer gegenteiligen Stellungnahme es der Klägerin ein Leichtes wäre, ihre rechtlichen Beziehungen zu der R.-Grube derart zu gestalten, daß sie auch rein buchmäßig mit den Syndikatspreisen belastet würde, wie dies nebenbei bemerkt schon zur Zeit für die Steinkohlenlieferungen einer Reihe von Zechen erfolgt, auf welche die Klägerin einen etwa gleichen Einfluß hat als auf die R.-Grube.

Die Bedenken, welche die Beklagte gegen die gesonderte Inrechnungstellung der Umsatzsteuer vorbringt, sind nicht minder unbegründet. Es handelt sich hier nicht um einen nach dem Inkrafttreten des Umsatzsteuergesetzes vom 24. Dezember 1919, sondern um einen vorher abgeschlossenen Vertrag, dessen Grundlage durch die zu treffende Entscheidung nicht geändert, bei dem vielmehr im wesentlichen nur in einigen Bestimmungen andere Zahlen eingesetzt werden. Liegt aber kein neuer Vertrag vor, so ist gemäß §§ 12 und 46 des Umsatzsteuergesetzes die Umsatzsteuer gesondert in Rechnung zu stellen, wie die Klägerin es auch getan hat (vgl. Popitz Komm. zum Umsatzsteuergesetz, Berlin 1921, zu § 12 Ziff. 1 Anm. VI[1] Seite 396 und zu § 46 Ziff. 5 Anm. VI Seite 697). Darin liegt übrigens kein Nachteil für die beklagte Stadtgemeinde, da jede Ermäßigung der Umsatzsteuer ihr vom Tage des Inkrafttretens dieser Ermäßigung ab von selbst zustatten kommt. Andererseits ist das Verlangen der Klägerin, daß bei der Festsetzung des Strompreises auch auf eine Elektrizitätssteuer Rücksicht genommen werden müsse, unberechtigt. Eine Elektrizitätssteuer besteht zur Zeit noch nicht. Ob, in welcher Höhe und gegebenenfalls wann sie eingeführt wird, ist ungewiß. Da dem in Verfahren der vorliegenden Art rechtsgestaltenden Urteil des Reichswirtschaftsgerichts, wenn es auch seine Wirkung in die Zukunft erstreckt, im wesentlichen der zur Zeit der Entscheidung gegebene Tatbestand zugrunde gelegt werden muß, scheidet hier eine Steuer, deren Einführung noch nicht feststeht und bei der ferner nicht im geringsten vorausgesagt werden kann, ob und in welcher Weise sie etwa abwälzbar ist, aus.

Wenn die Beklagte die Selbstkostenberechnung der Klägerin sodann noch mit dem Einwand bekämpft, daß in einer Reihe von Gemeinden seitens anderer Lieferwerke niedrigere Strompreise verlangt werden, so kann dies dahingestellt bleiben. Einerseits bedürfte es zur Nachprüfung dieser Behauptung einer Vorlegung auch der Selbstkostenberechnungen dieser Werke, was im gegenwärtigen Verfahren aber nicht in Frage kommen kann, andererseits sind die wirtschaftlichen und geldlichen Verhältnisse der einzelnen Werke so verschieden, daß schon aus diesem Grunde ein Vergleich mit den von der Klägerin errechneten Strompreisen nicht ohne weiteres möglich ist. Der Behauptung der Beklagten, daß andere Elektrizitätswerke billigeren Strom lieferten, steht im übrigen auch die Behauptung der Klägerin entgegen, daß andere Lieferer höhere Strompreise verlangten als die Klägerin beansprucht. Auch dieser Behauptung war aus den angegebenen Gründen nicht weiter nachzugehen.

Aus dem bisher Gesagten folgt, daß die Form und die Grundlage der von der Klägerin vorgelegten Selbstkostenberechnung als richtig und für die Zwecke einer Nachprüfung geeignet anerkannt werden kann. Die Aufstellung der einzelnen Bestandteile der Selbstkosten und deren Verteilung auf die verschiedenen Arten von Abnehmern genügt den an eine Selbstkostenrechnung zu stellenden Anforderungen und wird durch die Bemängelungen der Beklagten an sich nicht beeinträchtigt. Die von der Klägerin für 1913/15 angegebenen Zahlen sind auch bei der örtlichen Nachprüfung als tatsächlich geleistete Ausgaben festgestellt worden. Gegen ihre Richtigkeit bestehen daher keine Bedenken. Anders verhält es sich mit den Zahlen für 1924. Seit der Zeit der Aufstellung dieser Selbstkosten sind beachtenswerte wirtschaftliche Änderungen eingetreten. Der Senat hat ferner die vom 1. Oktober 1924 ab geltende Kohlenpreissenkung berücksichtigen müssen. Er hat deshalb die in die Selbstkostenberechnung für 1924 eingesetzten Zahlen, soweit sie nicht, wie z. B. die Ausgaben für Löhne und Gehälter, durch die Beweisaufnahme für zutreffend befunden worden sind, einer Abänderung unterzogen, und seine Entscheidung auf zwei neue Berechnungen mit verschiedenen Grundlagen abgestellt. Während die Aufstellung der Klägerin vom 17. April 1924 entsprechend den damaligen Verhältnissen von einer geschätzten nutzbaren Abgabe für das Jahr 1924 in Höhe von insgesamt 600 Millionen kWh ausgeht, ist in der ersten Berechnung des Senats eine nutzbare Abgabe von 800 (genau 802) Millionen kWh angenommen, die auch von der Klägerin in der letzten mündlichen Verhandlung als möglich zugegeben ist und sich auf die verschiedenen Abnehmer wie folgt verteilt:

Elektrochemische Industrie	240 Millionen kWh
Großabnehmer	470 Millionen kWh
A-Abnehmer	32 Millionen kWh
B-Abnehmer	60 Millionen kWh

Diese nutzbare Abgabe von rund 800 Millionen kWh entspricht einer Gesamtstromerzeugung von 860 Millionen kWh und in der Annahme, daß der Fremdstrombezug von 60 Millionen kWh sich nicht erhöht, zusammen 920 Millionen kWh; die daraus sich ergebenden Verluste von rund 120 Millionen kWh sind nach den Betriebsfeststellungen praktisch zur Hälfte auf Transformatoren-, zur anderen Hälfte auf Leitungsnetzverluste zu verteilen. Die Annahme einer Abgabe von 240 Millionen kWh an die elektrochemische Industrie ist auch im G.-Werk gelegentlich der dort stattgehabten örtlichen Besichtigung bestätigt worden. Die Abgabe an elektrochemische Betriebe ist in der vom Senat aufgemachten Berechnung gesondert behandelt, weil im Laufe des Berufungsverfahrens diese unmittelbar neben dem Kraftwerk sitzenden Abnehmer ihren Betrieb wieder aufgenommen bzw. verstärkt haben und gerade hierauf nach den angestellten

Ermittelungen die Zunahme des Stromabsatzes der Klägerin in der Hauptsache zurückzuführen ist. Die Selbstkosten für diese Abgabe können aber nicht mit den Kosten für das Leitungsnetz und den Verwaltungskosten belastet werden, weil die elektrochemischen Betriebe ihren Strom unmittelbar vom Kraftwerk ohne Benutzung des Hochspannungsnetzes empfangen und es sich wirtschaftlich mit Rücksicht auf die Eigenheit dieser Stromentnahme und die Tatsache, daß der Hauptverbrauch in der Nacht stattfindet, nicht verantworten läßt, den Preis derselben durch Verwaltungskosten zu belasten, die durch diese Stromlieferung nicht entstehen. Es ist ferner der Kohlenverbrauch im G.-Werk, den die Beklagte nicht ganz mit Unrecht beanstandet, nicht wie in der Selbstkostenberechnung der Klägerin mit 4¾ kg, sondern nur mit 4¼ kg Braunkohle je erzeugte kWh eingesetzt worden. Der Senat ist sich hierbei bewußt, daß die Einstellung dieses Kohlenverbrauchs in gewissem Umfang eine Schätzung darstellt, da früher — allerdings bei geringerer Gesamtabgabe — der Kohlenverbrauch 4,75 kg betragen hat. Die Schätzung von 4,25 kg stimmt aber überein mit dem örtlichen Ermittelungsergebnis und den eigenen Erfahrungen der sachverständigen Beisitzer des Senats, wonach bei weiterer Zunahme des Absatzes, insbesondere an die elektrochemischen Betriebe, ein geringerer Kohlenverbrauch zu erwarten ist. In der Tat kommt die Senkung des durchschnittlichen Kohlenverbrauchs durch diese Art der Berechnung allen Abnehmern der Klägerin gleichmäßig zugute, während man an sich für die elektrochemischen Betriebe einen geringeren, für die übrigen Abnehmer einen entsprechend höheren Kohlenverbrauch bei der Selbstkostenberechnung zugrunde legen könnte. Es erscheint jedoch nicht zweckmäßig, hier nochmals eine Unterscheidung eintreten zu lassen, und es ist daher auch bei der Berechnung der Selbstkosten für den an elektrochemische Betriebe gelieferten Strom der volle durchschnittliche Kohlenverbrauch von 4¼ kg in Rechnung gestellt.

Bei der zweiten vom Senat aufgestellten Berechnung ist unter Zugrundlegung der von der Beklagten behaupteten und möglicherweise auch zu erwartenden nutzbaren Stromabgabe von 1 Milliarde kWh angenommen, daß die Abnahme der elektrochemischen Industrie auf 300 Millionen kWh steigt, während die Abnahme der Großabnehmer mit 585 Millionen, die Abnahme aus den A-Verträgen mit 40 Millionen und aus den B-Verträgen mit 75 Millionen geschätzt ist. Diese Annahme berücksichtigt zugleich den Einwand der Beklagten, daß die Leistungsfähigkeit der Einrichtungen der Klägerin in der von ihr vorgelegten Selbstkostenberechnung nicht voll ausgenutzt und von ihr daher zu Unrecht den Abnehmern zur Last geschrieben werde. Die Schätzung über die zukünftige Entwicklung der Stromabgabe genügt für die Nachprüfung, ob und inwieweit die von der Klägerin gestellten Anträge ihre Berechtigung auch bei einer Steigerung der Stromabgabe und einer Inanspruchnahme entsprechend höherer Leistungen behalten oder verlieren. Bei der angenommenen größeren Nutzabgabe ist von einer höheren Erzeugung, und zwar im G.-Werk mit 860 Millionen in den übrigen Zentralen mit 235 Millionen kWh ausgegangen, während der Fremdstrombezug mit 60 Millionen kWh unverändert der Berechnung zugrunde gelegt ist. Die in der ersten Berechnung mit 120 Millionen kWh bezifferten Verluste sind in die zweite Berechnung mit 155 Millionen kWh eingesetzt, da die Leitungsverluste praktisch im quadratischen Verhältnis mit der Belastung wachsen, während die Transformatorenverluste mit 60 Millionen kWh unverändert angenommen sind. Mit Rücksicht auf den erhöhten Verbrauch an Betriebsmaterialien, größere Ausgaben für Reparaturen und höhere Lohnsummen sind die Betriebsausgaben statt mit 6 188 000 mit 7 000 000 Goldmark geschätzt worden, wodurch gleichzeitig die spezifischen Ausgaben (₰ je kWh) niedriger werden. Die Steinkohlenkosten sind entsprechend der vom 1. Oktober 1924 ab geltenden Kohlenpreisermäßigung von 10% gegenüber den bisherigen (Juli-) Kohlenpreisen mit 18 Goldmark beziffert + 2,50 Goldmark Fracht, d. h. 20,50 Goldmark je Tonne, wobei der Preis für Nuß III = 17,50 Goldmark und für Nuß IV = 18,75 Goldmark, also im Durchschnitt 18,12 Goldmark der Einfachheit halber mit 18 Goldmark berechnet ist. Der Preis für Braunkohle ist mit 2,10 Goldmark eingesetzt, da die Ermittelungen des Senats eine so erhebliche Verbilligung des Braunkohlenpreises (gegenüber früher 3 Mark) als handelsüblichen Preis ergeben haben. Die Durchrechnung nach derselben Form und Grundlage, wie sie die Klägerin in ihrer Selbstkostenberechnung angewandt hat, führt zu einem durchschnittlichen Strompreis für Hochspannungs-Großabnehmer von 6,7 Goldpfennig bei einer Abgabe von 802 Millionen kWh und von 5,70 Goldpfennig bei einer Abgabe von 1 Milliarde kWh. Dagegen ergibt der Antrag der Klägerin, über den hinauszugehen sich von selbst verbietet, auch wenn dies nach den getroffenen Feststellungen möglich wäre, bei einem Mehrpreis der Kohle von 3,12 Goldmark (18,12—15 Goldmark) und einem Faktor von 0,037 für den Tagesstrom einen Zuschlag von 1,15 Goldpfennig auf den Grundpreis des Tagesstroms von 4,5 Goldpfennig, also einen Endpreis von 5,65 Goldpfennig. Die entsprechenden Preise betragen für den Nachtstrom 4,39 Goldpfennig und für den Straßenbahnstrom 5,13 Goldpfennig. Der höchste sich danach ergebende Strompreis liegt mithin auch bei der zweiten Berechnung des Senats mit einer nutzbaren Abgabe von 1 Milliarde kWh immer noch unterhalb des durchschnittlichen Selbstkostenpreises der Klägerin. Der durchschnittliche Stromeinkaufspreis der beklagten Stadtgemeinde für Tages-, Nacht- und Straßenbahnstrom liegt daher erst recht unterhalb dieses Selbstkostenpreises. Die Erhöhung des Stromeinkaufspreises gegen den ursprünglich im Vertrage festgesetzten Preis, jetzt in Gold gerechnet, beträgt also bei den zurzeit geltenden Kohlenpreisen rund 25%, während die Selbstkosten der Gruppe Großabnehmer, die — wie oben ausgeführt — auch jetzt für die Stellung der Beklagten innerhalb der gesamten Abnehmerschaft der Klägerin maßgebend bleiben muß, von 4,05 auf 6,7 Goldpfennig (erste Berechnung) um 65% und auf 5,7 Goldpfennig (zweite Berechnung) um 40% gestiegen sind, die Steigerung des Kohlenpreises von 13,50 (im Frieden) auf 18,12 Goldmark (ab 1. Oktober 1924) aber etwa 35% ausmacht. Eine Erhöhung des Preises für den an die Beklagte zu liefernden Strom um rund 25% erscheint durchaus angemessen, zumal wenn man bedenkt, daß die Brennstoffpreise nur etwa $^1/_5$ bis $^1/_4$ der Gesamthochspannungskosten des Lieferers ausmachen, daß die steuerliche Belastung der Elektrizitätswerke gegenüber der Vorkriegszeit stark zugenommen hat, daß die Kaufkraft des Geldes eine geringere geworden ist, daß wichtige Materialien demzufolge sich verteuert haben und daß die allgemeinen Zinssätze höher als früher sind. Das Ergebnis zeigt zugleich, daß die von dem Senat vorgenommenen Schätzungen in der Selbstkostenberechnung praktisch zutreffend sind und daß an, soweit die von der Klägerin unterbreiteten Zahlungen Schätzungen enthalten, diese Schätzungen nicht falsch sein können. Der Senat hat nach seinen Berechnungen die Überzeugung erlangt, daß der von der Klägerin schließlich geforderte Strompreis (Antrag 4a) auch bei der vom 1. Oktober 1924 ab wirksamen Senkung des Kohlenpreises und einer zu erwartenden Steigerung des nutzbaren Absatzes auf 1 Milliarde kWh sich nicht nur im Rahmen dessen bewegt, was die Klägerin auf Grund der Verordnung vom 1. Februar 1919/9. Juni 1922 verlangen kann, sondern auch dem nahe kommt, was die Beklagte selbst als jetzigen Durchschnittsstrompreis anderer deutscher Elektrizitätswerke und Gemeinden bezeichnet. Der geforderte Strompreis ist schon aus diesem Grunde für die Beklagte durchaus tragbar. Dazu kommt, daß die Beklagte nach der aus der mündlichen Verhandlung gewonnenen Auffassung des Senats in der Lage ist, ihr Stromeinkaufsgeschäft auch bei dem erhöhten Einkaufspreis mit angemessenem Nutzen weiterzubetreiben. Der Elektrizitätslieferungsbetrieb der beklagten Stadtgemeinde ist überdies als ein selbständiges Unternehmen für sich zu betrachten. Erwägungen aus dem Gesichtspunkt der allgemeinen finanziellen Notlage der deutschen Städte können keine Berücksichtigung finden, selbst wenn man unterstellt, daß diese Notlage für die Beklagte, die im Frieden zur Deckung ihrer kommunalen Bedürfnisse besonders hohe Steuern hat erheben müssen, eine außergewöhnlich große ist. Denn es muß grundsätzlich davon ausgegangen werden, daß werbende Betriebe wie das Elektrizitätswerk einer Stadt außerhalb des Gesamtrahmens der städtischen Finanzen zu beurteilen sind. Sie müssen sich selbständig tragen. Sie müßten dies insbesondere auch, wenn sie nicht wie hier den Strom in der Hauptsache beziehen, sondern Eigenerzeugung hätten. Auch in diesem Falle wäre es nicht zu vertreten, wenn eine Stadt ihrem Elektrizitätswerk ein Arbeiten nach den Regeln eines ordentlichen Kaufmanns unmöglich machte, sei es dadurch, daß sie das Werk hinderte, angemessene Strompreise zu erheben, oder dadurch, daß sie aus den Stromeinnahmen zu hohe Überweisungen an die Stadtkasse verlangte. Auf der anderen Seite kann die Beklagte aus dem Umstande, daß ihr Elektrizitätswerk ein selbständiger, nach kaufmännischen Grundsätzen zu verwaltender Betrieb ist, wegen der ihr zu hoch erscheinenden Strompreisforderung der Klägerin nicht gemäß Ziff. A IX der Richtlinien des Reichskohlenkommissars eine vorzeitige Lösung des ganzen Vertragsverhältnisses herbeiführen. Der in dieser Richtlinie vorgesehene Fall der Kündigung eines Stromlieferungsvertrages bezieht sich nach dem Wortlaut besonders auf industrielle Abnehmer, denn es wird ausdrücklich hervorgehoben, daß durch die erhöhten Strompreise „die Konkurrenzfähigkeit des Abnehmers gegenüber unter bisher gleichen Verhältnissen arbeitenden Betrieben oder seine wirtschaftliche Existenz überhaupt ernstlich bedroht" sein muß. Beide Voraussetzungen sind bei der Beklagten nicht gegeben, weder ist ihr Elektrizitätswerk ein in seiner Konkurrenzfähigkeit gegenüber gleichgestellten Abnehmern beeinträchtigter Betrieb, noch ist, da sie die Erhöhung des Strompreises auf ihre Abnehmer abzuwälzen vermag, durch die erhöhten Strompreise ihre wirtschaftliche Existenz gefährdet. Endlich sind auch sonstige stichhaltige Billigkeitsgründe, welche es ausnahmsweise rechtfertigen könnten, zugunsten der Beklagten die an sich notwendige Strompreiserhöhung etwas niedriger zu halten, als die Klägerin es schließlich beantragt hat, nicht vorhanden. Dem Standpunkt der Beklagten, daß ihr eine bevorzugte Stellung unter den Großabnehmern der Klägerin gebühre, ist dadurch Rechnung getragen, daß der Antrag der Klägerin sich nicht nur unter ihren nachgewiesenen Selbstkosten bewegt, also bereits die freiwillige Übernahme eines Teils der bei der Stromerzeugung entstehenden Mehrkosten und damit zugleich den von der Beklagten geforderten billigen Ausgleich enthält, sondern nach den beiden vom Senat aufgestellten Berechnungen auch erheblich unter der durchschnittlichen Selbstkostensteigerung der Gruppe Großabnehmer liegt. Wenn die Beklagte im Hinblick darauf, daß die Klägerin aus besonderen Gründen einzelnen Großabnehmern widerruflich noch günstigere Stromlieferungsbedingungen gemacht hat, diese nun auch für sich beansprucht, so übersieht sie, daß es sich dabei um völlig freie Geschäfte handelt, deren Eigentümlichkeit gerade darin liegt, daß sie im Gegensatz zu der vertraglichen Bindung der Klägerin gegenüber der Beklagten vom Lieferer abgeändert werden können. Schon deswegen kommt die Zubilligung solcher Ausnahmepreise hier nicht in Frage. Ebensowenig aber steht der Beklagten § 8 des Hauptvertrages zur Seite, da diese Vertragsbestimmung eine allgemeine Preisermäßigung des Großabnehmertarifs im Versorgungsgebiet der Klägerin zur Voraussetzung hat.

Nach alledem hat der Senat, obwohl er es in Übereinstimmung mit der Beklagten volkswirtschaftlich für erstrebenswert erachtet, daß die Preise bei der Lieferung von elektrischer Arbeit nach Möglichkeit wieder den Friedensverhältnissen angepaßt werden, z. Zt. und unter den obwaltenden Umständen sich dem Verlangen der Klägerin nicht verschließen zu können geglaubt und deshalb ihrem die endgültige Strompreisforderung enthaltenen A n t r a g e 4a und dem damit zusammenhängenden Antrage 4b, welcher die von der Beklagten als berechtigt anerkannten Zahlungsbedingungen enthält und wegen dieses Anerkenntnisses keiner weiteren Erörterung bedarf, stattgegeben.

III. Was die Nebenstreitpunkte betrifft, so ist nach dem Hauptvertrage vom 11./16. September 1915 die Klägerin nicht nur zur Stromlieferung verpflichtet, sondern hat darüber hinaus die Verpflichtung übernommen, der Beklagten das Kapital für die gesamten Anlagewerte des ersten planmäßigen Ausbaus in der im Vertrage vereinbarten Weise zu verzinsen und zu tilgen. Die Verpflichtung zur Verzinsung und Tilgung erstreckt sich nach § 2 des Vertrages auch auf alle späteren Erweiterungen des städtischen Netzes, sofern diese Erweiterungen von der Klägerin genehmigt werden oder durch eine gewisse Bruttoeinnahme ihre Wirtschaftlichkeit sichergestellt wird. Die Klägerin verlangt (Antrag 1) daß die Verpflichtung zur Verzinsung und Tilgung für die Erweiterungskosten sich nur auf die Friedenskosten beschränken soll. Erweiterungsbauten können sich jederzeit als notwendig herausstellen. Daß sie augenblicklich größere Kosten als im Frieden erfordern, ist gerichtsbekannt. Diese Mehrkosten werden heute und wahrscheinlich auch in absehbarer Zukunft verschieden sein, je nachdem um welche Anlagenteile es sich bei den Erweiterungen handelt. Der Umfang der Erweiterung der Anlagen ist ebenso ungewiß wie der Zeitpunkt ihrer Ausführung. Die durch Mehrkosten entstehenden Zinsen und Tilgungsbeträge lassen sich zahlenmäßig nicht erfassen, sie können also im Strompreis nicht berücksichtigt werden. Bei Abschluß des Vertrages war eine derartige Kostensteigerung nicht vorauszusehen. Unter Anerkennung der grundsätzlichen Berechtigung einer Abänderung des Vertrages in diesem Punkte hat der Senat daher bei gleichzeitiger Aufrechterhaltung des sonstigen Wortlauts des Vertrages sowohl im ersten wie im zweiten Satze des Absatzes 3 a a. O. die Beziehung auf die Friedensbaukosten eingefügt. Denn wenn die Klägerin hiernach nur die Friedensbaukosten zu verzinsen und zu tilgen hat, so erscheint es umgekehrt selbstverständlich, daß auch die Wirtschaftlichkeitsgarantie sich nur auf Friedensbaukosten erstrecken kann. Hieraus ergibt sich die in der Urteilsformel zu Ziff. 1 enthaltene neue Fassung der Vertragsbestimmung.

Der Antrag 2 der Klägerin unterscheidet sich von dem Wortlaut des Vertrages nur durch die Weglassung der Worte „der Abnehmer“ hinter den Worten „bei gleichartigen Verhältnissen“. Nach dem Sinn des Vertrages soll durch die Weglassung der Worte „der Abnehmer“ klar gestellt werden, daß es sich bei der Prüfung der Gleichartigkeit der Verhältnisse nicht nur um die bei dem Abnehmer selbst, in dessen eigenem Betriebe vorliegenden Verhältnisse handeln könne, sondern auch um andere Verhältnisse, z. B. um die Entfernung des Abnehmers vom liefernden Kraftwerk und ähnliches. Der Senat ist der Ansicht, daß diese Klarstellung bei richtiger Auslegung des Wortlauts sich schon aus dem

Vertrage selbst ergibt. Der Antrag der Klägerin bedeutet hiernach keine Änderung des Vertrages. Es liegt daher kein Grund vor, ihm zu entsprechen.

Mit dem Antrag 3 bezweckt die Klägerin ähnlich wie bei dem Antrag 1 eine Abänderung des Nachtragsvertrages vom 11./16. September 1915 für das gemäß § 1 dieses Vertrages zu verlegende 25 000 Volt-Kabel dahin, daß die Mehrkosten über Friedenspreis der Beklagten zur Last fallen. Im Gegensatz zum Antrag 1 hat sich hier der Senat dem Verlangen der Klägerin nicht anschließen können, weil hier Friedenspreise und jetzige Preise nicht ohne weiteres vergleichbar sind, solange nicht mit Sicherheit zu übersehen ist, ob mit der Verlegung dieser 25 000 Volt-Leitung Mehrkosten überhaupt entstehen werden. Es ist durchaus möglich, daß durch andere Linienführung und zweckmäßigere Gestaltung dieser Kabelverlegung, selbst bei einer verhältnismäßigen Teuerung der Baukosten über die Friedenseinheitssätze hinaus, die Gesamtaufwendungen für das später wirklich verlegte Kabel die Friedensbaukosten für die zur Zeit des Vertragsabschlusses in Aussicht genommene Kabellänge nicht übersteigen. Da der grundsätzliche Standpunkt des Senats aus seiner Stellungnahme zu dem ersten Antrag der Klägerin bereits hervorgeht, wird es den Parteien überlassen bleiben können, sich bei tatsächlicher Ausführung der geplanten Kabelverlegung, welcher eine Verständigung über die Linienführung des Kabels vorangehen muß, auch über die Aufbringung der etwaigen Mehrkosten zu verständigen oder beim Nichtzustandekommen einer Verständigung die Kostenfrage im schiedsgerichtlichen Verfahren zu klären. Jedenfalls besteht zurzeit keine Veranlassung eine — lediglich theoretische — Entscheidung zu fällen.

Im Antrag 5 fordert die Klägerin eine Einschränkung der im § 3 des zweiten Nachtragsverfahrens vom 13. August/8. Oktober 1919 vereinbarten Meistbegünstigungsklausel. Nach der Ansicht des Senats bezieht sich die Meistbegünstigungsklausel nur auf die §§ 1 und 2 dieses Nachtragsvertrages, ist aber nicht als eine dauernde Abänderung des Hauptvertrages anzusehen. Dies ergibt sich einmal aus dem Wortlaut der Bestimmung, die von der „Summe der Zuschläge aus §§ 1 und 2" dieses Nachtragsvertrages spricht, wozu festzustellen ist, daß § 2 die Zuschläge ausdrücklich auf die Dauer von 3 Jahren, also bis zum 31. Dezember 1921 beschränkt. Die Auffassung des Senats findet ihre Stütze aber auch in den damaligen Verhältnissen der Parteien zueinander. Sie vereinbarten eine Preiserhöhung, dabei sollte der Beklagten durch die im § 3 hinzugefügte Meistbegünstigungsklausel eine Sicherheit gegeben werden, daß sie mit ihrer Zustimmung zu der Preiserhöhung nicht über das Maß dessen hinausging, was andere Gemeinden bei gleichen Verhandlungen oder im Schiedsgerichtswege erzielten. Da diese Meistbegünstigungsklausel infolge der zeitlichen Begrenzung ihre Wirksamkeit verloren hat, übrigens gegenüber einem Spruch auf Grund der Verordnung vom 1. Februar 1919/9. Juni 1922 auch keine Anwendung finden würde (vgl. Urteil des Reichswirtschaftsgerichts vom 25. September 1923 in

XXII[1] A.V. 19/23), ist der Antrag der Klägerin auf Abänderung des Vertrages gegenstandslos geworden und unterliegt daher der Zurückweisung.

Im § 4 Abs. 1b des Hauptvertrages vom 11./16. September 1915 ist vereinbart, daß die Klägerin den sogenannten Großabnehmern den Drehstrom zu nicht ungünstigeren Bedingungen anbieten darf als in dem beigehefteten Tarif für die Kleineisenindustrie. § 5 Abs. 1 des zweiten Nachtragsvertrages vom 13. August/8. Oktober 1919 enthält eine Zusatzvereinbarung dahin, daß die Klägerin auf diesen Tarif einen gewissen Zuschlag erheben darf. Hierzu beantragt die Klägerin (A n t r a g 6) zunächst, den letzten Satz des Absatzes 1 zu streichen, welcher bestimmt: „Der von den B.-Werken erhobene Zuschlag braucht aber denjenigen nicht zu unterschreiten, der sich bei Anrechnung nach der in § 2 Abs. 2 aufgeführten Teuerungsklausel ... ergibt." Dem Verlangen ist stattzugeben, da diese Änderung erforderlich ist, um den Ablauf des § 2, der nach dem zu Antrag 5 Gesagten nur bis zum 31. Dezember 1921 Geltung hatte, auch förmlich zum Ausdruck zu bringen. Entsprechend den seit der Vereinbarung veränderten Verhältnissen ist auch der weitere zu diesem Absatz 1 gestellte Abänderungsantrag der Klägerin berechtigt, daß die von ihr erhobenen Zuschläge diejenigen nicht zu unterschreiten brauchen, welche sich bei gleichartigen Verhältnissen auf Grund eines Schiedsgerichtsurteils gegen Abnehmer der Stadt gemäß der Verordnung vom 1. Februar 1919 ergeben. Es erscheint ferner zweckmäßig, das der Klägerin ohne weiteres zustehende Recht, gegen solche Abnehmer besondere Schiedsgerichte zu berufen, durch ausdrückliche Aufnahme eines derartigen Satzes in dem Urteil klarzustellen und der Klägerin demgemäß die Befugnis zu erteilen, in die mit den einzelnen Abnehmern abzuschließenden Verträge entsprechende Zusätze aufzunehmen. Hiermit hält der Senat sich durchaus im Rahmen des Vertragsinhalts, den er nur den derzeitigen Verhältnissen anpaßt. Die Klägerin hat weiter beantragt, den zweiten Absatz im § 5 des zweiten Nachtragsvertrages zu streichen mit der Wirkung, daß an seine Stelle wieder die Bestimmungen des § 4 Abs. 4 des Hauptvertrages treten. Es handelt sich hier um die Vereinbarung von Vergütungen an die Beklagte für die Stromlieferung an Großabnehmer, die mit Rücksicht auf die der Klägerin von der Beklagten im zweiten Nachtragsvertrage zugestandene Erhöhung der Preise ebenfalls erhöht wurde. Diese über die ursprünglichen Vertragssätze hinausgehende Erhöhung der Vergütung stellt sich als eine Gegenleistung der Klägerin dafür dar, daß die Beklagte ihr freiwillig eine Preiserhöhung gegenüber den Großabnehmern zugestanden hat. Die inzwischen eingetretene Veränderung der wirtschaftlichen Verhältnisse läßt die erhöhten Abgaben auch nach dem Sinn und Zweck der damaligen Vereinbarungen nicht mehr gerechtfertigt erscheinen, vielmehr ist es nunmehr angebracht, die prozentualen Sätze des ursprünglichen Vertrages wieder in Kraft zu setzen. Diese Bemessung der Abgaben gewährt der Beklagten bereits den Anteil an den erhöhten Einnahmen aus der Stromlieferung an die Großabnehmer, trägt also insofern der veränderten Kaufkraft des Geldes, wenn man von diesem Gesichtspunkt die Sache betrachtet, Rechnung.

Der Antrag 7 endlich ist aus denselben Erwägungen, welche dem Antrag 2 entgegenstehen, zurückzuweisen, wobei dahingestellt bleiben kann, wie die durch Neuanschlüsse hervorgerufenen Mehrkosten, auf deren Ausgleich die Klägerin an sich einen Anspruch haben mag, sich in Zukunft auswirken werden.

Bemerkung:

Die Entscheidung ist wohl die umfangreichste bisherige Erkenntnis des RWG. Die Dauer des Berufungsverfahrens von 2 Jahren läßt den Umfang und die Schwierigkeit des Streitstoffes erkennen. Das RWG. nimmt zum ersten Male zu Goldpreisen und ihrem Vergleich mit den Vorkriegspreisen Stellung.

Daß eine Rückkehr zu Vorkriegspreisen noch nicht möglich sei, wird von der Entscheidung festgestellt, aber m. E. nicht ausreichend begründet. Das RWG. geht hierbei an der Tatsache vorbei, daß wohl keine andere Industrie die Verdienstspanne der Vorkriegszeit auch nur annähernd erreicht hat, was in den Dividenden zum Ausdruck kommt, während man den Eltwerken nicht nur eine Rente zubilligt, was grundsätzlich richtig erscheint, sondern für die Verzinsung des gesamten Anlagekapitals neben Vorkriegsabschreibungen sogar 8% für angemessen hält. Zahlen, die andere Industrien kaum werden aufweisen können.

Daß die vertraglich festgelegte Stellung soweit irgend möglich aufrecht zu erhalten sei, ist bedenkenfrei. Daß Vorbesprechungen nicht Vertragsinhalt werden, ist richtig. Der Senat untersucht aber selbst, welche Stellung der Abnehmer vorliegenden Falls im Tarifsystem des Lieferers hatte, da dies nach dem Vertragsinhalt nicht zweifellos war. Hierbei hätten Vorbesprechungen zur Auslegung des nach dieser Richtung nichts Sicheres ergebenden Vertrages wohl herangezogen werden können.

Die Selbstkostenberechnung des Lieferers ist das meist umstrittene Gebiet jedes Schiedsverfahrens. Der Senat hat die Berechnung des Lieferers, die sich bei der Nachprüfung durch sachverständige Beisitzer als richtig erwies, fast restlos seiner Entscheidung zugrunde gelegt. Daß in der Selbstkostenberechnung eines großen Eltwerkes keine falschen Betriebszahlen aufgeführt werden, muß als selbstverständlich gelten. Man sollte aber nicht verkennen, daß solche Aufstellungen durchaus subjektive Ermittlungen des Lieferers sind, die im Ergebnis dem Lieferer günstig gehalten sein müssen, sonst könnte er sich bei dem Wunsche nach möglichst großer Objektivität auch zu seinen Ungunsten irren und damit unter seine wirklichen Gestehungskosten kommen. Die Gestehungskosten einer einzelnen kWh, die unter den verschiedensten Verhältnissen abgenommen wird, objektiv festzustellen, ist unmöglich. Die Verteilung der tatsächlichen Unkosten auf die verschiedenen kWh ist daher von vielen Schätzungen (Erfahrungssätzen) abhängig. Daß diese nicht zu Ungunsten des Lieferwerkes ausfallen dürfen, dafür ist dessen

Leitung verantwortlich. Es wird daher bei der Selbstkostenberechnung mit Notwendigkeit eine gewisse, objektiv nicht berechtigte, subjektiv für erforderlich gehaltene Sicherung des Lieferers geschehen. Das Lieferwerk wird hierbei sicherlich nicht zu seinen Ungunsten rechnen und nicht rechnen können. Ob dieser zu Ungunsten des Abnehmers ausschlagende Sicherungskoeffizient in der Selbstkostenberechnung einwandfrei beseitigt werden kann, ist dem Verfasser als Juristen zu beurteilen unmöglich. Vorhanden ist er bestimmt. Bei der Würdigung der Selbstkostenberechnungen wird man darauf Rücksicht zu nehmen haben. Eine leitende Persönlichkeit der Elektrizitätslieferungsindustrie sagte einmal in meiner Gegenwart: Bei Vertragsverhandlungen mit einem Großabnehmer müsse man es im Gefühl haben, wie weit man im Strompreise entgegenkommen könne, das statistische Material des Werkes könne dabei keine ausschlaggebende Rolle spielen. Demgegenüber erscheint es nicht unbedenklich, bei Entscheidungen wichtiger Schiedsstreite fast ausschließlich von dem statistischen Material des Lieferers auszugehen, das dieser, wie oben ausgeführt, bei der Selbstkostenberechnung als vorsichtiger Kaufmann zu seinen Gunsten würdigen muß. Der Senat hat auch selbst in der Berechnung einige Posten als zu hoch herabgesetzt.

Daß man den Gold- oder Steuerbilanzen einen Einfluß auf die Beurteilung des Lieferbetriebes nahezu völlig abgesprochen hat, ist nicht zu billigen. Daß die Steuerbilanzen nach anderen Gesichtspunkten aufgestellt werden, ist richtig. Dagegen müßten sich meines Erachtens die handelsrechtlichen Bilanzen im wesentlichen mit den Ertragsberechnungen decken. Es müßte aber gerade wichtig erscheinen, die Lage eines Lieferwerkes auch einmal vom Standpunkt seiner Steuerkraft und seiner handelsrechtlichen Verpflichtungen aus zu sehen, und wenn sich hierbei ein wesentlicher Unterschied von der, wie oben gesagt, notwendig subjektiven Ertragsberechnung ergibt, so müßte dies auf diese gerade einen besonderen Einfluß ausüben. Damit soll nicht gesagt sein, daß in dem hier zur Entscheidung stehenden Falle die Aussetzung bis zum Vorliegen entsprechender Bilanzen zweckmäßig gewesen wäre.

In einer anderen Entscheidung (S. 61) hat der Senat, allerdings in anderer Besetzung, die Heranziehung der Bilanzen für durchaus zweckmäßig erklärt.

Auf das Mißverhältnis zwischen den zur Stromerzeugung notwendigen und den tatsächlich installierten K.W., auf das der Abnehmer hingewiesen hatte, ist der Senat nicht eingegangen. Dieser Umstand hätte einer Nachprüfung bedurft. Es konnte von vornherein oder durch Anlage überflüssiger Mittel in der Inflationszeit ein — kaufmännisch durchaus berechtigter — Überschuß an Stromerzeugungsmöglichkeiten vorhanden sein, dessen Verzinsung und Tilgung man aber nicht den derzeitigen Abnehmern aufbürden kann. (Vgl. die Entscheidung des RWG. Folge I S. 98 der vorliegenden Sammlung.)

Daß die Abschreibungssätze der Vorkriegszeit als maßgebend anerkannt sind, wird man als angemessen und wirtschaftlich gesund bezeichnen können, obwohl mancher andere Industriezweig zur Aufrechterhaltung seines Gleichgewichts noch nicht so weit vorgeschritten sein wird. Dagegen erscheint die Zubilligung von 8% Goldzinsen für das gesamte Anlagekapital unter den heutigen Wirtschaftsverhältnissen zu hoch (vgl. die Ausführungen weiter oben). In der Entscheidung Folge I S. 11, Folge II S. 19 dieser Sammlung hat der Senat eine Verzinsung von 5% gebilligt und Folge I S. 97 bei einem Wasserwerk sogar eine Verzinsung von nur 2% für nicht notwendig gehalten, weil der Wasserpreis keine Erhöhung vertrage. Bei der Lieferung von elektrischer Energie ist dieser Gesichtspunkt nie hervorgekehrt worden und doch erscheint es billig, die Strompreise auch einmal von dem Gesichtspunkt zu betrachten, ob sie für unsere schwer darniederliegende Industrie tragbar seien, nicht nur ausschließlich vom Gesichtspunkte des Elektrizitätslieferers aus. Der § 1 der Strompreisverordnung bietet hierzu genügende Handhaben. Das RWG. betont auch stets die Notwendigkeit billigen Ermessens. Danach vermißt man fast stets die Prüfung der Frage, wie sich eine Strompreiserhöhung beim Abnehmer auswirkt. Dies sei hier vom allgemeinen Gesichtspunkte aus bemerkt. In dem vorliegenden Streitfall ist auf die Frage vom RWG. in anderem Zusammenhange eingegangen, indem es bei dem hier in Frage kommenden Zwischenlieferer eine genügende Verdienstmöglichkeit und die Abwälzbarkeit der Preiserhöhung feststellt. Nicht beachtet ist aber, daß bei Abschreibungen allerdings die heutigen Werte, bei Zinsen dagegen die tatsächlich aufgewendeten Beträge in Ansatz zu bringen seien. Vgl. Entscheidung Folge II S. 20.

Was die Berechnung von Syndikatskohlenpreisen beim Bezug der Kohlen aus eigenen Gruben anbetrifft, so kann man ihn nur als abwegig bezeichnen. Die rechtliche Selbständigkeit der Gruben ist hierbei gleichgültig, es kommt entscheidend darauf an, daß das Eltwerk tatsächlich der völlige wirtschaftliche Herr dieser Gruben ist. Der Senat hat dies selbst anerkannt, indem er den Bau des Großkraftwerkes nur aus diesem Grunde für möglich erklärt. Als Grundlage für die Berechnung der Strompreise wird allgemein von den Gestehungskosten des Lieferwerkes ausgegangen. Diese Gestehungskosten müssen aber mindestens um den Unterschied zwischen den Förderungskosten der Kohle und dem Syndikatspreis geringer sein, wenn man aus eigenen Gruben Kohle bezieht, als wenn man die Kohlen auf dem Markte einkaufen muß, ganz abgesehen von der Verbilligung, die durch die unmittelbare Koppelung von Gruben- und Elektrizitätserzeugungsbetrieb eintreten muß. Wenn das Lieferwerk in einem solchen Falle die Syndikatspreise in Ausgabe stellt, so muß es notwendigerweise die Vorteile aus dem Grubenbetrieb an irgendeiner Stelle wieder als Einnahme einstellen, sonst wird das Gesamtergebnis falsch. Der Einwand des Senates, daß auch einmal für das Lieferwerk aus dem Grubenbetrieb eine Belastung entstehen könnte, ist unbeachtlich. Einmal ist diese Möglichkeit ganz unwahrscheinlich, dann aber würde sich bei richtiger Behandlung der Frage dadurch einwandfrei ausdrücken, daß in einem solchen Falle auf die Einnahmeseite nichts, vielmehr auf der Ausgabeseite ein Verlust verbuchen lassen würde. Da diese Möglichkeit aber, wie gesagt, ganz unwahrscheinlich ist, konnte sie ganz außer Betracht bleiben. Daß nach Ansicht des Senates ein unmittelbarer wirtschaftlicher Zusammenhang zwischen der Grube und dem örtlich ganz mit ihr verbundenen Großkraftwerk nicht bestehen soll, ist unverständlich. Richtig wäre es demnach gewesen, bei den Gestehungskosten des Elektrizitätswerkes den Syndikatspreis abzüglich des durchschnittlichen Verdienstes einer Grube im Falle des Verkaufs an ein Eltwerk zugrunde zu legen.

Daß die Verhältnisse bei anderen Werken für die Entscheidung nicht zu berücksichtigen seien, hat der Senat nicht immer angenommen (vgl. die Entscheidung Bd. I S. 74). Es kann auch nicht unerheblich erscheinen, wenn es zutrifft, daß gleichartige Abnehmer bei einem benachbarten weniger leistungsfähigen Eltwerk billigere Preise haben. Es wird, bei aller tatsächlichen Verschiedenheit der Verhältnisse, angenommen werden müssen, daß ein neuzeitliches Großkraftwerk gleichartige Abnehmer m i n d e s t e n s zu den gleichen Preisen beliefern kann, wie ein anderes kleineres Werk.

Zutreffend ist, daß eine abnehmende Stadt nicht Anspruch darauf hat, ihre Bezugspreise unter dem Gesichtswinkel betrachtet zu sehen, daß dabei möglichst viel für den Stadtsäckel herauskomme. Der städtische Betrieb ist als selbständiges kaufmännisches Unternehmen zu betrachten. Auch die Versagung des Kündigungsrechtes ist unbedenklich.

Zu den Nebenpunkten ist nichts besonderes zu bemerken.

6.

Berücksichtigung der aus der Goldbilanz ersichtlichen ungewöhnlich günstigen Vermögenslage des Lieferwerks bei Festsetzung angemessener Strompreise. — Vorkriegspreise zuzüglich Kohlenklausel.

Entscheidung vom 20. Oktober 1924.

XXII[1]. A. V. 32. 24.

Die Parteien schlossen unterm 27. Februar/3. März 1914 einen Stromlieferungsvertrag mit folgenden Bedingungen:

Stromart: Drehstrom 220 und 500 Volt,
Anschlußwert: 1000 kWh,
Stromgrundpreise:

die ersten 250 000 kWh	= 6,5 ₰,
die nächsten 250 000 kWh	= 6 ₰,
die nächsten 250 000 kWh	= 5,5 ₰,
die nächsten 250 000 kWh	= 5 ₰,
das mehr	= 4,75 ₰,

jedoch sollen jährlich

800 000 kWh	nicht mehr als	46 700 ℳ
900 000 kWh	nicht mehr als	50 900 ℳ
1 000 000 kWh	nicht mehr als	55 000 ℳ

kosten.

Kohlenausgangspreis: 11,75 ℳ/t (Syndikatspreis).

Kohlenklauselfaktor:

5% Kohlenpreisänderung = 0,1 ₰ Strompreisänderung; Transformator und Schaltanlage bis Niederspannungsschiene stellt und unterhält das Lieferwerk kostenlos.

Das Lieferwerk rief am 2. Oktober 1919 gemäß der Verordnung vom 1. Februar 1919 ein Schiedsgericht an mit dem Antrage:

a) Kohlenklauselfaktor 0,35 ab 13 ℳ je Tonne frei Kraftwerk,

b) Gebühren für Transformator und Schaltanlage 15% jährlich.

Der Schiedsstreit erledigte sich durch den Vergleich vom 31. Oktober 1919:

a) Kohlenklauselfaktor 0,33 ab 13 ℳ je Tonne frei Kraftwerk,

b) für künftig aufzustellende Transformatoren usw. zahlt der Abnehmer jährlich 15% (Anschaffungswert).

Auf einen vom Lieferwerk im November 1923 gestellten Antrag erließ der Obmann des Schiedsgerichts am 27. November 1923 eine einstweilige Anordnung dahin:

1. Die vertraglichen kWh-Preise sind Goldpreise,
2. die Kohlenklausel vom 31. Oktober 1919 versteht sich in Gold,
3. die monatlichen Gebühren für Transformatoren usw. betragen 410 G.M.,
4. Besondere Zahlungsbedingungen.

Der Abnehmer rief gegen diese einstweilige Anordnung das Schiedsgericht an. Dieses änderte durch einstweilige Anordnung vom 2. Januar 1924 diejenige des Obmanns vom 27. November 1923 dahin ab, daß Nr. 3 nur für Anlagen gilt, die nach dem 31. Oktober 1919 errichtet worden sind.

Durch eine weitere einstweilige Anordnung vom 28. März 1924 setzte das Schiedsgericht den Kohlenklauselfaktor auf 0,24 ab 13 ℳ je Tonne herab.

Unterm 20. Juni 1924 erging der Schiedsspruch dahin:

a) Kohlenklauselfaktor 0,23 ab 13 ℳ je Tonne,

b) Miete für neue Anlagen nach dem 31. Oktober 1919 gemäß einstweiliger Anordnung vom 27. November 1923,

c) im übrigen bleibt es beim Vertrag von 1914. Rückzahlungen der nach den einstweiligen Anordnungen gezahlten Beträge finden nicht statt.

d) Kosten gegeneinander aufgehoben.

Der Abnehmer hat Berufung eingelegt mit dem Antrage:

Den Vertrag von 1914 mit der Maßgabe, daß sich die Preise in Goldmark verstehen, wieder in Kraft zu setzen.

Die Schiedsklägerin beantragt:

Die Berufung zurückzuweisen.

Die Beklagte hat im Verhandlungstermin die Goldbilanz der Klägerin vorgelegt.

Das Reichswirtschaftsgericht hat die vom Schiedsgericht gegenüber dem Vorkriegsvertrage neu eingeführte Miete für Transformatoren- und Schaltanlagen beseitigt und im übrigen die Berufung zurückgewiesen mit folgender Begründung:

Es liegt ein Vertrag über die Lieferung elektrischer Arbeit vom Jahre 1914 vor. Das Lieferwerk hatte auf Grund des § 1 der Verordnung vom 1. Februar 1919 Erhöhung der Lieferpreise durch Erhöhung des Kohlenklauselfaktors und Einführung einer Miete für Transformatoren usw. beansprucht, und es war im Oktober 1919 eine Einigung über den Anspruch zustande gekommen. Das Lieferwerk erstrebte im gegenwärtigen Verfahren eine Änderung der Abmachungen durch Umstellung der Vergleichsbedingungen vom Oktober 1919 auf Goldbasis. Voraussetzung für einen solchen Anspruch ist nach § 2 Ziff. 3 der Verordnung vom 1. Februar 1919/9. Juni 1922, daß gegenüber dem zur Zeit der Einigung — Oktober 1919 — vorliegenden Tatbestande eine erhebliche Änderung eingetreten ist, der auch die Kohlenklausel des Vergleichs vom Oktober 1919 keine Rechnung trägt. Die völlige Umwälzung aller Wirtschaftsgrundlagen, der Übergang aus dem Zustande fortschreitender Geldentwertung in den heutigen Zustand, in dem mit der Stetigkeit der deutschen Währung zu rechnen ist, stellt eine erhebliche Änderung gegenüber dem im Oktober 1919 vorliegenden Tatbestande dar; der Vergleich vom Oktober 1919 trägt, obwohl er eine Kohlenklausel enthält, dieser Veränderung keine Rechnung, weil die Geldsummen, die nach dem Vergleich neben dem Kohlenklauselfaktor als Preiskomponenten in Ansatz kommen, Papiermarkbeträge sind und daher keinen Wert mehr haben.

Danach ist der Anspruch der Klägerin auf Abänderung der Abmachungen schlüssig und nur noch zu untersuchen, in welchem Ausmaße eine Änderung der Verträge herbeizuführen ist. Das Gericht ist hier von Rechtsnormen frei. Es brauchen insbesondere bei dem aus § 2 Abs. 3 der Verordnung erhobenen Anspruche nicht die Voraussetzungen des § 1 vorzuliegen, eine Schranke zieht nur die Richtlinien A. I 4, wonach eine Verbesserung der Lage des Unternehmers im Vergleich zu derjenigen, wie sie ohne die Wirkung des Krieges sich ergeben haben würde, nicht herbeigeführt werden darf.

Bei der Nachprüfung des von dem Schiedsgericht zugesprochenen Strompreises war auf die Lage der klagenden Gesellschaft Rücksicht zu nehmen, die aus der von der Beklagten dem Gericht überreichten Goldbilanz ersichtlich ist. Sie hat im Gegensatz zu vielen anderen Unternehmungen nicht nur ihr Goldkapital voll gewahrt, sondern war auch in der Lage, in der Goldbilanz Rücklagen herzustellen, die weit über das übliche Maß hinausgehen, insbesondere in Anbetracht der kurzen Zeit seit Errichtung eines großen Teiles der Anlagen. Im Gegensatz zu anderen Gesellschaften wird also die Klägerin in den nächsten Jahren mindestens keine gegen den Frieden verstärkten Rücklagen zu machen haben. Der von dem Schiedsgericht bewilligte Strompreis läßt zweifellos bei den heutigen Kohlenpreisen eine erheblich geringere Spanne zwischen den Selbstkosten je kWh und den Einnahmen von der Beklagten als im Frieden. Diese Spanne muß aber ausreichen, da der Anteil des Kapitaldienstes an den Gesamtausgaben der Gesellschaft, wie aus der Goldbilanz hervorgeht, gegen früher geringer geworden ist. Dabei muß noch berücksichtigt werden, daß nach den vorgelegten Ausweisen über das erste Vierteljahr 1924 die Stromabgabe nicht mit der Entwickelung der Gesellschaft Schritt gehalten hat, die sich in der Vermehrung des investierten Kapitals zwischen 1914 und 1924 ausdrückt. Wie von der Klägerin zugegeben worden ist, hat sich seitdem der Umsatz auch schon um 20% gesteigert. Damit müssen nicht nur die direkten Betriebskosten je Kilowattstunde gegenüber dem ersten Vierteljahr dieses Jahres zurückgehen, sondern auch der Anteil des Kapitaldienstes, der auf eine Kilowattstunde entfällt.

Unter diesen Umständen war zwar die Kohlenklausel, wie sie der Schiedsspruch in Abänderung der Kohlenklausel des Vertrages von 1914 festgesetzt hat, aufrecht zu erhalten, weil sie den Preis, wie er sich bei einfacher Umstellung des Vorkriegsvertrages auf Gold ergeben würde, nur unwesentlich erhöht und diese Erhöhung insbesondere wegen der sehr stark gestiegenen Steuerlasten der Klägerin geboten erscheint, dagegen erschien es bei der ungewöhnlich günstigen Vermögenslage, in der sich die Klägerin befindet, nicht angemessen, die von dem Schiedsgericht gegenüber dem Vorkriegsvertrage neueingeführte Miete für die nach dem 31. Oktober 1919 errichteten Transformatoren- und Schaltanlagen beizubehalten. Wenn die unentgeltliche Bereitstellung dieser Anlagen im Frieden für die Klägerin erträglich war, muß sie es auch heute sein. Wenn sich in dieser Beziehung bei Vertragsschluß die Klägerin geirrt hat, was bei der geringen Abnahme der Beklagten im Verhältnis zu dem in Anspruch genommenen Maximum als möglich erscheint, so hat sie diesen Schaden zu tragen. Die Verordnung vom 1. Februar 1919/9. Juni 1922 ist nicht dazu da, Mängel von Stromlieferungsverträgen, die schon vor dem Kriege bestanden haben, zu beseitigen.

Bemerkung:

Die Entscheidung entspricht im ersten Teile der ständigen Rechtsprechung. Die Berücksichtigung der Goldbilanz ist zu begrüßen, sie ändert die Auffassung des Urteils vom 17. September 1924 (S. 45), das allerdings in ganz anderer Besetzung ergangen ist.

7.

Betriebskosten. — Ansatz von Prozeßkosten unzulässig. — Tantiemesteuer darf nicht angesetzt werden. — Tantiemen keine Geschäftsunkosten. — Obligationensteuer. — Abschreibungen. — Verzinsung. — Keine Änderung eines ungünstigen Vertrages. — Änderung des Konzessionsvertrages.

Entscheidung vom 14. November 1924.

XXII. A. V. 26./24.

Die Parteien sind miteinander durch den Konzessionsvertrag vom 25. November 1898 mit Nachträgen vom 14. Juni 1899, 16. August 1899 und 15. Februar 1901 verbunden, wonach zunächst der Ingenieur O. und als dessen Rechtsnachfolger die Klägerin das ausschließliche Recht zur Anlage und zum Betriebe einer Wasserversorgung der beklagten Stadt auf die Dauer von 40 Jahren vom 1. Januar 1900 an gerechnet erhielt (§ 1). Der Vertrag enthält ferner Bestimmungen über ein Recht der Stadt, das Wasserwerk schon vor Ablauf der Konzession zu übernehmen. Dieses Recht wird aber wieder beschränkt durch die Bestimmung, daß, solange der Konzessionar den Vertrag ordnungsmäßig erfüllte, die Kündigung der Konzession nicht erfolgen werde (§ 15). Der Wasserpreis für Private betrug nach dem Vertrage (§ 6) 25 ₰ je cbm. Der § 7 enthält die Bestimmungen über die Mindesttaxen, wonach die angeschlossenen Häuser in drei Klassen eingeteilt wurden und monatlich mindestens 3,50 ℳ = 14 cbm in Klasse I, 2,50 ℳ = 10 cbm in Klasse II, 1,50 ℳ = 6 cbm in Klasse III zu bezahlen hatten. Die Wassermessermiete (§ 14) betrug je nach der Größe des Wassermessers vierteljährlich 1 ℳ, 1,25 ℳ usw. bis 4,50 ℳ. Nachdem der Wasserpreis auf Grund der Verordnung vom 1. Februar 1919 während der Inflationszeit mehrfach erhöht war, erging unterm 23. November 1923 eine einstweilige Anordnung des Obmannes, durch die unter Zurückweisung des weitergehenden Antrages der Klägerin der Wasserpreis auf 32 Goldpfennig für das Kubikmeter und entsprechende Beträge für Mindesttaxen und Wassermessermieten festgesetzt wurden. Die Klägerin rief die Entscheidung des Schiedsgerichts an und beantragte die Festsetzung des Wasserpreises auf 61,5 Goldpfennig, während die Beklagte die Festsetzung der Vertragspreise in Gold beantragte.

Das Schiedsgericht hat durch Spruch vom 14. Mai 1924 die einstweilige Anordnung vom 23. November 1923 bis zur Rechtskraft der Entscheidung aufrecht erhalten (Ziff. 1) und unter Ziff. 2 dahin erkannt, daß mit der Rechtskraft der Entscheidung ein Wasserpreis von 31 ₰ sowie entsprechende Beträge für Mindesttaxen und Wassermessermieten in Kraft treten. Gegen diesen Schiedsspruch hat die Klägerin Berufung eingelegt. Sie legt eine neue Betriebskostenaufstellung nach der Marktlage vom September 1924 vor und hat folgende Anträge gestellt:

1. den Wasserpreis ab 14. November 1924 auf 57 ₰ je cbm festzusetzen;
2. entsprechend der Gestaltung des Wasserpreises zu 1) die Mindesttaxen und die Wassermessermiete zu erhöhen;
3. ihr die Umlage der erhöhten Obligationensteuer ab 1. Oktober 1924 bis einschließlich 31. März 1927 durch einen weiteren Preisaufschlag von je 9 ₰ pro cbm auf den Sollverbrauch zu gestatten;
4. den § 15 des Vertrages vom 25. November 1898 dahin zu ergänzen:

   „Hat das Wasserwerk nach Ausweis der Bücher bis zu einem der im § 15 vorgesehenen Übernahmetermine aus Wasserzins und Messermiete einen Reinertrag von im Durchschnitt 3½% jährlich des jeweiligen Buchwertes der Anlage nicht erreicht, so hat die Gemeinde Kirchheimbolanden bei der Übernahme außer der vertraglich festgesetzten Ablösungssumme den zu einer 3½%igen jährlichen Verzinsung fehlenden Betrag besonders zu vergüten."
5. Eventuell hinsichtlich der Anträge zu 1 bis 3:

   Für den Fall, daß die zu 1 bis 3 beantragten anderweitigen Preisfestsetzungen nicht oder nicht in voller Höhe bewilligt werden, soll der Vertrag vom 25. November 1898, bzw. 14. Juni 1899, bzw. 16. August 1899, bzw. 15. Februar 1901 dahin geändert werden, daß sowohl die Dauer der Konzession (§ 1) als auch die Übernahmetermine (§ 15) um je 15 bis 20 Jahre, also bis zum 1. Januar 1954 bzw. 1. Januar 1960 erstreckt werden bzw. die Termine der Übernahme vor Vertragsablauf erstmalig am 1. Januar 1925 beginnen.

Die Beklagte beantragt, die Berufung zurückzuweisen, und, indem sie sich der Berufung anschließt, Herabsetzung des Wasserpreises, der Wassermessermiete und der Mindesttaxen auf die Beträge des Vertrages, ferner Streichung der ihr Kündigungsrecht beschränkenden Vorschrift im letzten Absatz des § 15 des Vertrages.

Die Klägerin beantragt, die Anschlußberufung der Beklagten zurückzuweisen.

In der Verhandlung vor dem Senat haben die Parteien über den Anspruch der Klägerin auf Hinausschiebung der Kündigungstermine und über den Anspruch der Beklagten auf Streichung des ihr Kündigungsrecht beschränkenden letzten Absatzes des § 15 einen Teilvergleich geschlossen. Die Klägerin hat mit Rücksicht auf den Teilvergleich ihren Eventualantrag für dieses Verfahren zurückgezogen.

Unter den Parteien herrscht kein Streit darüber, daß seit der dem gegenwärtigen Verfahren vorausgehenden letzten Einigung eine erhebliche Änderung im Sinne des § 2 Abs. 3 der Verordnung vom 1. Februar 1919/9. Juni 1922 eingetreten, die Schiedsklage auf Abänderung der Abmachungen daher dem Grunde nach gerechtfertigt ist. Die Beklagte will eine Änderung der Abmachungen nur dahin zugestehen, daß die Preise des Vorkriegsvertrages in Gold der Klägerin zugebilligt werden. Sie bestreitet, daß die Selbstkosten (in Gold) gegenüber der Zeit vor dem Kriege gewachsen seien.

Der Senat hat die Preisfestsetzung an Hand der Anlage zum Schiedsspruch und der von der Klägerin nach der Marktlage vom September 1924 angefertigten Betriebskostenaufstellung nachgeprüft.

1. Treiböl. Bei dem Verbrauch von etwa 12½ t Treiböl setzt die Klägerin hier einen Betrag von 3066,80 ℳ an, indem sie auf Grund zweier Rechnungen der Olex-Aktiengesellschaft vom September 1924 einen Preis von 24, 28 ℳ für 100 kg einschließlich Fracht und Rollgeld berechnet. Unter Berücksichtigung der von der Beklagten überreichten Offerten und in Kenntnis der Berliner Preise hat der Senat die Überzeugung gewonnen, daß die Klägerin bei Anwendung der Sorgfalt eines ordentlichen Kaufmannes Treiböl zu einem Durchschnittspreise von 14 Goldmark für 100 kg einschließlich Fracht und Rollgeld wird beziehen können, so daß sich eine Jahresausgabe von rund 1700 Goldmark ergibt.
2. Der Posten Schmieröl 162,39 Goldmark ist nicht beanstandet.
3. Gehälter 5074,50 Goldmark. Das Schiedsgericht hat von dem nach der damaligen Marktlage angesetzten Betrag einen Abzug gemacht, weil die 1913 äußerst knappen Entlohnungen auch ohne Eintritt der Kriegsverhältnisse hätten erhöht werden müssen. Der Senat hält einen Abzug nicht für gerechtfertigt und erkennt die Steigerung der Gehälter als Kriegsfolge an. Der Posten ist daher mit dem unstreitig ausgegebenen Betrage von 5074,50 Goldmark anzusetzen.
4. Löhne 190,45 Goldmark. Der Posten ist nicht beanstandet.
5. Umsatzsteuer 1071,58 Goldmark. Der Posten ermäßigt sich entsprechend dem Endergebnis.
6. Örtliche Unkosten 3341,85 Goldmark. Von diesem näher spezifizierten Gesamtbetrage ist der Einzelposten: „Schiedsgerichtskosten betreffend Werksverkauf 615 ℳ" abzusetzen. Es handelt sich um eine Klage, die die Beklagte vor dem im Konzessionsvertrage vorgesehenen Vertragsschiedsgericht wegen ihres Übernahmerechts erhoben, aber nicht durchgeführt hatte. Selbstverständlich hat die Klägerin Anspruch darauf, daß ihr durch eine unbegründete Schiedsklage erwachsene Kosten, soweit sie nicht vermeidbar waren, von der Beklagten erstattet werden. Sie mag, wenn die Beklagte die Erstattung verweigern sollte, bei dem Vertragsschiedsgericht entsprechende Anträge stellen. Für die Wasserpreisbildung kommt dieser Posten nicht in Frage. Da im übrigen gegen den Ansatz Bedenken nicht bestehen, erscheint er in Höhe von 2726,85 Goldmark gerechtfertigt.

7. Örtliche Steuern und Abgaben 1300 ℳ. Die örtlichen Steuern und Abgaben betragen nach der unbestrittenen Aufstellung der Beklagten 1286,90 Goldmark. In dieser Höhe ist der Ansatz begründet.
8. Anteilige Unkosten der Zentrale 10 402,28 Goldmark. Abgesehen davon daß in dieser Gesamtsumme zum Teil einmalige Ausgaben der Vergangenheit — Kosten für Entscheidungen der Schiedsgerichte und des Reichswirtschaftsgerichts! — enthalten sind, die bei der Festsetzung eines Wasserpreises für die Zukunft keine Berücksichtigung finden können, steht die Belastung dieses kleinen Werkes mit einem so hohen Betrage außer Verhältnis zu der wirtschaftlichen Bedeutung der ganzen Anlage. Der Senat erachtet hier — auch unter Berücksichtigung des Vorbringens der Beklagten — einen Ansatz von 7000 Goldmark für ausreichend und gerechtfertigt.
9. Anteilige Steuern der Zentrale 13 969,40 Goldmark. Die Aufsichtsratstantiemesteuer ist vom Schiedsgericht mit Recht abgesetzt worden. Die Übernahme der Tantiemesteuer auf die Gesellschaft erhöht die Tantieme und wird in dieser Weise auch bei der Veranlagung zur Tantiemesteuer ausgewertet. Es ist nicht üblich, die Tantiemen des Aufsichtsrates bei den Gesellschafterunkosten mit einzurechnen. Die Rhein- und Ruhrabgabe und die Brotabgabe sind heute erledigt. Es besteht nicht die Möglichkeit, für die Zeit nach dem Urteil auf derartig weit zurückliegende laufende Unkosten noch einzugehen. Daß sie infolge ihrer Höhe und ihrer Auswirkung noch heute die Lebensfähigkeit der Gesellschaft bedrohen, kann bei dem in Frage kommenden Goldmarkbetrag nicht angenommen werden. Auch diese Abgaben sind daher mit Recht vom Schiedsgericht abgesetzt worden.

Dagegen ist von dem Schiedsspruch abzuweichen in Bezug auf die Obligationssteuer. Daß die Klägerin in früheren Aufstellungen für Wasserpreiserhöhungen für das Friedensjahr 1913 keine Ausgaben für Obligationsverzinsung eingesetzt hat, ist für die Frage, ob die am 1. März 1924 fällig gewesene Obligationssteuer zu den abwälzbaren Geschäftsunkosten gehört, ohne Belang. Dieser Gesichtspunkt spielt erst eine Rolle bei der Frage der Berechtigung einer Verzinsung des investierten Goldkapitals. An dem Standpunkte der Abwälzungsfähigkeit der Obligationensteuer, wie ihn der Senat in dem Urteil XXII. 1. A.V. 23/24 vom 21. Juli 1924, Bd. I, S. 106, in der Streitsache der Klägerin gegen die Stadt H. eingenommen hat, ist festzuhalten. Es ist richtig, daß es sich bei der Obligationensteuer nicht um eine eigentliche Steuer handelt. Es ist vielmehr eine Goldfriedensschuld von 100% auf 1,7 + 15 = 16,7% herabgesetzt. Daß diese 16,7% zu einem Teil nicht mehr an den ursprünglichen Gläubiger sondern an das Reich zu zahlen sind, ist für den Anleiheschuldner gleichgültig. Er muß in jedem Fall eine Erleichterung der Schuldenseite seiner Bilanz um 83,3% seiner Anleiheschulden verspüren. Diese Erleichterung wird aber für das laufende Jahr in eine Belastung dadurch verwandelt, daß 1,7% (2% von 85%) der Anleiheschuld, die sonst vielleicht noch Jahrzehnte unkündbar war, am 1. März 1924 — also schon einen halben Monat nach Erlaß der 3. Steuernotverordnung — fällig wurde. So hat auch die Klägerin seit dem 1. März 1924 einschließlich der Beschaffungskosten 103 575 Goldmark Obligationensteuer zahlen müssen = 1,7% ihrer Vorkriegsschuld von 7 000 000 ℳ, soweit sie am 1. Januar 1918 noch nicht getilgt war. Das Geld, das zu dieser vorzeitigen Rückzahlung der Schulden erforderlich war, konnte bei den Verhältnissen im Frühjahr 1924 keine Gesellschaft ohne erhebliche Schwierigkeiten aufbringen. Wenn Gesellschaften überhaupt noch Vermögen hatten, steckte es in unveräußerlichen Sachwerten, neue Anleihen waren nicht oder nur zu unerträglichem Zinsfuß aufzunehmen; so müssen diese Zahlungen, obwohl es sich eigentlich um Rückzahlungen des ursprünglichen Anlagekapitals handelt, tatsächlich bei allen Gesellschaften aus den laufenden Einnahmen gedeckt werden. Daher muß man auch der Klägerin das Recht zubilligen, diese Zahlungen bei dem Wasserpreise des laufenden Jahres einzukalkulieren. Es wird ihr ohnehin schwer genug geworden sein, den Betrag von 103 575 Goldmark aufzubringen, den sie nun erst allmählich im Laufe des Jahres hereinbekommt. Da das Gesamtunternehmen mit der Obligationensteuer belastet war, so bestehen keine Bedenken, diese Steuer nach dem Verhältnis des gesamten Sollverbrauchs zu dem Sollverbrauch der einzelnen Wasserwerke auf diese zu verteilen. Danach entfallen auf die Beklagte rund 9300 Goldmark und sind um diesen Betrag die vom Schiedsgericht für anteilige Steuern der Zentrale angesetzten 3050 Goldmark zu erhöhen.

Nach § 21 Abs. 2 der 3. Steuernotverordnung hat die Klägerin den zur Tilgung ihrer Obligationenschuld verwendeten Betrag bis zu 15% des Nennbetrages in Gold in Form einer Steuer an das Reich zu ergänzen, die nach § 23 a. a. O. vom 1. Oktober 1924 ab in Halbjahresraten von 2% des Nennbetrages fällig wird. Der Senat hat es abgelehnt, auch diese Nachtragssteuer für abwälzungsfähig zu erklären, weil die Klägerin sich zur Deckung der Nachtragssteuer, die zum erstenmal 7½ Monate nach Erlaß der 3. Steuernotverordnung und dann in Raten auf mehrere Jahre verteilt fällig wird, in Ruhe Geld zu beschaffen vermag, so daß ihre Lebensfähigkeit durch diese Steuerschuld nicht gefährdet erscheint.

10. Abschreibung. Die Klägerin setzt 2½% von einem auf 375 000 Goldmark bezifferten Anlagekapital = 9375 Goldmark an. Der Schiedsspruch hat 2½% von 370 000 Goldmark = 9250 Goldmark angesetzt. Die

Herabsetzung des Anlagekapitals von 375 000 Goldmark auf 370 000 Goldmark ist damit begründet, daß Papiermarkanschaffungen zum Teil nicht ausreichend abgewertet seien. Wie in dem oben angeführten Urteil des Senats — XXII[1]. A. V. 23/24, Bd. I, S. 106 — dargelegt ist, muß, wenn die Obligationensteuer bei der Wasserpreisbildung in Rechnung gestellt wird, das für Abschreibung und Verzinsung anzusetzende Anlagekapital um den durch die 3. Steuernotverordnung getilgten Teil gekürzt werden. Das ursprüngliche Anlagekapital der Klägerin bestand aus einem voll eingezahlten Aktienkapital von 5 000 000 *M* und aus 7 000 000 *M* Obligationsanleihe = 12 000 000 *M*. Auf die Obligationenschuld von 7 000 000 *M* waren bis zum 1. Januar 1918 in Gold getilgt 1 741 500 *M*. Von den restlichen 5 258 500 *M* muß die Klägerin 15% in Gold teils an die Gläubiger, teils an das Reich zahlen. Mit Rücksicht auf die vorübergehende Zinsfreiheit und Zinsermäßigung rechnet der Senat nur 14%. Danach ergibt sich folgende Rechnung:

14% von 5 258 500 = ...	736 190 G.M.
bereits in Gold getilgt	1 741 500 G.M.
zusammen:	2 477 690 G.M.
dazu das Aktienkapital........	5 000 000 G.M.
ergibt:	7 477 690 G.M.
oder rund:	7 500 000 G.M.

In demselben Verhältnis in dem das ursprüngliche Kapital von 12 000 000 auf 7 500 000 heruntergegangen ist, muß auch das Anlagekapital für das Wasserwerk K. herabgesetzt werden. Die bereits vom Schiedsgericht vorgenommene Herabsetzung auf 370 000 Goldmark ist aus dem angeführten Grunde gerechtfertigt. Die weitere Kürzung ergibt sich aus der Gleichung

$$x : 370\,000 = 7{,}5 : 12$$

$$x = \frac{7{,}5 \times 370\,000}{12} = 231\,250 \text{ G.M.}$$

Eine Abschreibung von 2½% erschien dem Senat zu hoch. Bei einem Wasserwerk mit einer Dieselmotorenanlage, die erst 1913 gebaut ist, sind 1½% ausreichend. Eine Erhöhung des im Vertrage vorgesehenen Satzes von 1% war geboten einmal deshalb, weil während der Kriegs- und Nachkriegszeit eine stärkere Abnutzung eingetreten und längst nicht so wie im Frieden rechtzeitig und regelmäßig die Ausbesserung vorgenommen ist, und sodann, weil die Kosten der Beseitigung des Verschleißes heute wesentlich höher sind als vor dem Kriege.

Es sind mithin für Abschreibung 1½% von 231 250 = 3468,75 G.M. einzusetzen.

11\. Verzinsung. Eine den heutigen Zinssätzen, also den Erfordernissen der Gesamtwirtschaft entsprechende Verzinsung zuzubilligen, lag keine Veranlassung vor, da das Unternehmen auch vor dem Kriege, namentlich bei Berücksichtigung der Obligationszinsen, unrentabel war. Ob sich durch eine normale Entwicklung eine Rentabilität ergeben hätte, läßt sich heute nicht feststellen, die Möglichkeit ist nicht ganz von der Hand zu weisen. Unter Berücksichtigung aller dieser Umstände erscheint eine Verzinsung von 3½% bei einem Reichsbankdiskont von 10% jedenfalls nicht zu hoch, zumal bei der endgültigen Preisfestsetzung durch eine Herabsetzung des an sich gerechtfertigten Preises den Wasserabnehmern noch weiter entgegengekommen und dem Gesichtspunkt der früher fehlenden Rentabilität weiterhin Rechnung getragen wird. Es sind hier mithin 3½% von 231 250 = 8 093,75 G.M. anzusetzen.

Die Summe der sich aus den Posten 1 bis 11 ergebenden Jahresausgabe führt nach Abzug der Messermiete durch den Jahressollverbrauch geteilt zu einem Preise von rund 40 ₰ für das Kubikmeter Wasser. Die Zubilligung dieses Preises würde indessen der Klägerin einen Gewinn bringen, wie sie ihn in den 14 Vorkriegsjahren nicht erzielt hat. Die Klägerin gibt selbst an, daß die Entwicklung, die man sich bei dem Abschlusse des Konzessionsvertrages versprochen hat, viel langsamer als erwartet vor sich gegangen ist und daher der vertragliche Wasserpreis zu niedrig gewesen war. Es geht aber nicht an, auf Grund der Verordnung vom 1. Februar 1919/9. Juni 1922 einen von Anfang an unzureichenden Preis in einen angemessenen zu verwandeln. Dies würde sich auch dadurch nicht rechtfertigen lassen, daß die Klägerin durch den Krieg und den Friedensvertrag außerordentlich schwere Verluste erlitten hat. Die von ihr im einzelnen dargelegten Substanzverluste können bei der Bemessung des Wasserpreises keine Berücksichtigung finden. Ein Wasserpreis von 40 ₰, der ja tatsächlich durch die Mindesttaxen noch erheblich erhöht würde, hätte ferner nach der Überzeugung des Senats einen Rückgang des tatsächlichen Verbrauches zur Folge und würde damit hemmend in die weitere Entwicklung eingreifen.

Unter Berücksichtigung all dieser Umstände setzt der Senat den Wasserpreis bei entsprechender Erhöhung der Mindesttaxen und Wassermessermieten auf 35 ₰ je cbm fest. Die Einführung einer veränderlichen Klausel erschien dem Senat nicht zweckmäßig. Wenn die Obligationensteuer nach Ablauf eines Jahres erledigt ist, wird die Klägerin dann allerdings den Preis herabsetzen müssen, es sei denn, daß der Fortfall dieser Belastung durch neue Steuern usw. ausgeglichen wird.

Der von der Klägerin auf Abänderung des § 15 des Konzessionsvertrages gestellte Antrag, mit dem sie verlangt, daß die Beklagte im Falle der Übernahme des Wasserwerks einen Betrag nachzahlt, der an einer 3½%igen jährlichen

Verzinsung fehlt, ist abzulehnen, weil die Klägerin, wie oben ausgeführt, einen Anspruch auf Rente nicht hat.

Bemerkung:

Die Entscheidung entspricht der sonstigen Rechtsprechung des Senates.

8.

Zulässigkeit des Schiedsverfahrens. — Erfordernisse nach § 1 der Strompreisverordnung. — Billiges Ermessen.

Entscheidung vom 10. Januar 1924.

XXII[1]. A. V. 45/23.

Nach einem im Jahre 1912 auf die Dauer von 25 Jahren abgeschlossenen Vertrage hat der Beklagte gestattet, auf seinem Grundstück 9 Leitungsmasten nebst Stützpunkten und Verankerungen zu errichten und die zur Instandhaltung erforderlichen Arbeiten zu dulden. Die weiteren Vertragsbestimmungen lauten:

„Als Entschädigung für obige Erlaubnis erhält der Unterzeichnete 5 Lampen kostenfrei installiert."

Es soll benutzt werden:

„1 Stück 25 Kerzen Metallfadenlampen im Wohnzimmer,
2 Stück 16 Kerzen Metallfadenlampen in der Mühle,
2 Stück 10 Kerzen Kohlenfadenlampen,
1 Stück 16 Kerzen Metallfadenlampen im Kuhstall,
1 Stück 16 Kerzen Metallfadenlampen in der Küche.

Für obigen Anschlußwert ist ein Pauschalbetrag von 25 ℳ per Jahr festgesetzt oder bei Vermehrung der Lampen wird der Strompreis mit 35 ₰ per Kilowattstunde nach Zähler berechnet."

Die Klägerin hat auf Grund des § 1 der Verordnung vom 16. Juni 1922 ein Schiedsgericht angerufen mit dem Antrage auf Erhöhung der Lieferpreise. Dem Beklagten ist eine Abschrift der Klage zur Beantwortung übersandt worden. Er hat keinerlei Erklärung abgegeben und ist ungeachtet ordnungsmäßiger Ladung im Verhandlungstermin vor dem Schiedsgericht nicht erschienen.

Das Schiedsgericht hat für Recht erkannt:

„Die Stromlieferung erfolgt künftig nach Zähler zum jeweiligen Lichtstrompreis in der Gemeinde W., abzüglich 5 v. H."

Der Beklagte hat Berufung eingelegt mit dem Antrage, die Klage abzuweisen. Die Klägerin beantragt, die Berufung zurückzuweisen.

Das Reichswirtschaftsgericht hat den Schiedsspruch dahin abgeändert: Die Stromlieferung erfolgt künftig nach Zähler zum jeweiligen Lichtstrompreise in der Gemeinde W., abzüglich 30 v. H., mindestens aber zu dem Preise für

Kraft. Ist der Kraftstrompreis höher als der Lichtstrompreis abzüglich 20 v. H., so erhält der Beklagte nur einen Nachlaß von 20 v. H. auf den Lichtstrompreis in der Gemeinde W.

Gründe:

Die von dem Beklagten gegen die Zulässigkeit des schiedsgerichtlichen Verfahrens erhobenen Bedenken bestehen nicht. Der Vertrag vom Jahre 1912 — also eine Abmachung, die vor dem 4. Februar 1919 geschlossen ist, — begründet die Verpflichtung der Klägerin, dem Beklagten bis zum Jahre 1937 elektrische Arbeit zu liefern. Die Klägerin verlangt Abänderung der Abmachungen, insbesondere Erhöhung der Lieferpreise mit der Behauptung, infolge der Kriegsverhältnisse sei die Höhe der Selbstkosten so gewachsen, daß das Anwachsen bei Anwendung der Sorgfalt eines ordentlichen Kaufmannes nicht vorauszusehen gewesen sei, und daß billigerweise die Tragung der Mehrkosten ihr allein nicht zugemutet werden könne. Durch dieses Vorbringen ist der Anspruch aus § 1 Abs. 1 der Verordnung vom 16. Juni 1922 an sich rechtlich begründet. Über den Anspruch entscheidet nach § 2 Abs. 1 ein Schiedsgericht.

Daß die angeführten Voraussetzungen des § 1 auch tatsächlich gegeben sind, daß der Klägerin nicht zugemutet werden kann, den Strom heute für einen Pauschalbetrag von 25 Papiermark im Jahre oder für 35 Papierpfennige für eine Kilowattstunde zu liefern, daß daher der Klageanspruch dem Grunde nach gerechtfertigt ist, unterliegt keinem Bedenken.

Es ist danach unter Abwägung der Interessen der Parteien zu prüfen, in welchem Umfange eine Vertragsänderung geboten erscheint. Nach dem Vertrage gestattet der Beklagte der Gesellschaft, 9 Masten auf seinem Grundstück aufzustellen, wofür ihm die Gesellschaft 5 Lampen umsonst installiert. Für den im Vertrage festgestellten Anschlußwert ist ein Pauschalbetrag von 25 ℳ im Jahre festgesetzt, bei Vermehrung der Lampen wird der Strompreis mit 35 ₰ für eine Kilowattstunde nach Zähler berechnet.

Der Beklagte hat, was durch die eidesstattliche Versicherung des Monteurs der Klägerin bewiesen und vom Beklagten nicht bestritten ist, den vertraglich festgesetzten Anschlußwert durch Auswechseln von Lampen und durch Nachinstallation einer Brennstelle überschritten. Er hat dadurch den Anspruch auf Stromlieferung gegen eine Pauschalvergütung verwirkt. Der Strompreis ist künftig nach Zähler zu berechnen.

Das Lieferwerk hat vor dem Kriege in der Gemeinde W. einen Lichtstrompreis von 50 ₰ für eine Kilowattstunde erhoben. Der im Vertrage dem Beklagten zugebilligte Preis von 35 ₰ enthielt somit einen Nachlaß von 30 v. H. auf den normalen Preis. Demgegenüber gewährt das Schiedsgericht dem Beklagten nur einen Nachlaß von 5 v. H. auf den normalen Lichtstrompreis. Eine derartige Schlechterstellung des Beklagten erschien dem Senat nicht gerechtfertigt. Der Vertragsgedanke war doch der, daß der Beklagte außer einer einmaligen

Entschädigung, welche in der kostenlosen Installation bestand, eine feste Einnahme erhalten sollte, die in dem um 30 v. H. herabgesetzten Strompreise ausgedrückt wurde. Wenn die Klägerin geltend macht, daß die Verhältnisse sich infolge der Markentwertung und der dadurch verursachten unvorausschbaren Steigerung der Kosten für die Stromerzeugung und für die Unterhaltung der Anlage gänzlich verändert haben, so ist das richtig. Aber Entsprechendes gilt auch für den Besitzer von Grund und Boden. Mit einer Erhöhung der Lieferpreise muß deshalb eine Erhöhung der dem Beklagten für die Duldung der Masten auf seinem Grundstücke gewährten Entschädigung Hand in Hand gehen. Aus dem Vorbringen der Klägerin ist nicht ersichtlich, weshalb der Beklagte prozentual schlechter gestellt sein sollte.

Bei der hiernach zu treffenden Entscheidung hat der Senat weiter erwogen, daß der Vertragspreis von 35 ₰ für eine Kilowattstunde vermutlich etwas höher war, als derjenige Preis, den das Lieferwerk vor dem Kriege für die Abgabe von Kraft erhob. Würde aber heute, wo die Klägerin zur Verringerung der Spanne zwischen Licht- und Kraftstrompreis gegenüber den Vorkriegspreisen den Lichtstrompreis herabgesetzt und den Kraftstrompreis erhöht hat, dem Beklagten schlechthin ein Nachlaß von 30 v. H. auf den Lichtstrompreis gewährt werden, so würde der von ihm für den Lichtstrompreis zu zahlende Preis hinter dem heutigen Kraftstrompreise zurückbleiben. Um in dieser Beziehung einen dem Vertragsgedanken entsprechenden Ausgleich zu schaffen, hat der Senat dahin entschieden, daß die Stromlieferung künftig nach Zähler zum jeweiligen Lichtstrompreise in der Gemeinde W. abzüglich 30 v. H. mindestens aber zu dem Preise für Kraft erfolgt und daß, wenn der Kraftstrompreis höher als der Lichtstrompreis abzüglich 20 v. H. ist, der Beklagte nur einen Nachlaß von 20 v. H. auf den normalen Lichtstrompreis erhält.

Für eine vom Beklagten erstrebte Aufhebung des Vertragsverhältnisses liegt ein Anlaß nicht vor.

Der Senat hat davon abgesehen, der durch sein Urteil getroffenen Neuregelung des Vertrages gemäß § 1 der Verordnung vom 29. September 1923 (Reichsgesetzbl. I S. 925) rückwirkende Kraft zu geben, weil der Beklagte dadurch, daß er in der ersten Instanz sich auf die Klage überhaupt nicht erklärt hat und im Verhandlungstermin nicht vertreten war, selbst die für ihn ungünstige Entscheidung des Schiedsgerichts verschuldet hat.

Bemerkung:

Die Entscheidung kann nicht ganz befriedigen. Zu billigen ist die Abänderung des Schiedsspruchs mit der Begründung, daß kein Anlaß vorhanden sei, den Eigentümer des Grund und Bodens schlechter zu stellen als nach dem Vertrage. Dieser Grundsatz wird dann aber wieder durchbrochen. Es handelt sich um einen Abnehmer mit einem offenbar ganz geringen Stromverbrauch. Es muß als ausgeschlossen gelten, daß das Eltwerk in seiner Lebensfähigkeit bedroht worden wäre, wenn man diesem Abnehmer schlechthin 30% Abzug zugebilligt hätte. Man könnte sogar soweit gehen, daß der § 1 der Strompreisverordnung hier überhaupt nicht anwendbar ist, daß vielmehr der alte Papiermarkvertrag in Kraft zu bleiben habe, daß also der Abnehmer praktisch nach der Strompreisverordnung überhaupt nichts für den entnommenen Strom zu zahlen brauche, weil die Lebensfähigkeit des Eltwerkes, hierdurch überhaupt nicht berührt werde. Die Strompreisverordnung bietet also zur Änderung dieses Zustandes keine Handhabe, daher kann ein Erfolg nicht im Wege des Schiedsverfahrens erzielt werden. Diese Frage hätte im vorliegenden Falle nur vor dem Ordentlichen Gericht unter Anwendung des § 242 BGB. entschieden werden können.

9.

Erhebung der Klage aus § 2 Abs. 3, wenn der erste Schiedsstreit in der Berufungsinstanz schwebt. — Ablehnung der Befragung des großen Senats.

Entscheidung vom 24. Mai 1924.

XXII. A. V. 15. 22.

Das Elektrizitätswerk und die beklagte Stadtgemeinde haben am 11./16. September 1915 einen bis zum 31. Dezember 1928 laufenden Vertrag über Lieferung elektrischer Energie abgeschlossen und diesen Vertrag durch einen Nachtragsvertrag vom gleichen Tage ergänzt. Ferner ist am 13. August/9. Oktober 1919 noch ein Ergänzungsvertrag zu dem Haupt- und Nachtragsvertrage vom 11./16. September 1915 getätigt. Nachdem die Beklagte ein Schreiben des Eltwerkes vom 11. August 1919, mit welchem ihr die Ausfertigung des Ergänzungsvertrages übersandt wurde, unbeantwortet gelassen hatte, hat das Eltwerk mit einem Schriftsatz vom 30. Juli 1921 gemäß der Verordnung vom 1. Februar 1919 (Reichsgesetzbl. S. 135) ein Schiedsgericht angerufen. Das Schiedsgericht hat am 28. Oktober 1922 einen Spruch gefällt, welcher neben anderen Streitpunkten besonders die Strompreise betrifft. Die gegen diesen Spruch von beiden Streitteilen frist- und formgerecht eingelegte Berufung schwebt zurzeit bei dem Reichswirtschatfsgericht.

Das Reichswirtschaftsgericht hat durch einstweilige Anordnungen vom 14. September und 7. Dezember 1923 eine vorläufige, mit Rücksicht auf die Auswirkungen der Geldentwertung gebotene Regelung der Strompreise bzw. Zahlungsbedingungen vorgenommen, wegen der inzwischen erfolgten Umstellung der deutschen Wirtschaft auf Goldmark aber gleichzeitig mit der einstweiligen Anordnung vom 7. Dezember 1923 durch Einleitung eines entsprechenden Beweisverfahrens die endgültige Entscheidung über die Berufung vorbereitet. Das Beweisverfahren ist soweit gediehen, daß die Nachprüfung einer von der Klägerin auf Goldmarkgrundlage aufgemachten Selbstkostenberechnung unmittelbar bevorsteht und nach Abschluß dieser Nachprüfung voraussichtlich die letzte mündliche Verhandlung vor dem Berufungsgericht stattfinden wird.

Die Klägerin hat nunmehr den Erlaß einer neuen einstweiligen Anordnung beantragt.

Die Beklagte hat um Ablehnung dieses Antrages gebeten, da kein begründeter Anlaß bestehe, ihm stattzugeben und ihrerseits beantragt:

a) unter Aufhebung des angefochtenen Schiedsspruchs die Sache zur anderweiten Verhandlung und Entscheidung an das Schiedsgericht zurückzuverweisen, oder

b) das Verfahren vor dem Reichswirtschaftsgericht bis zur neuen Entscheidung des von der Schiedsklägerin wieder angerufenen Schiedsgerichts auszusetzen,

c) die zu a und b erwähnten Fragen der Zurückverweisung und Aussetzung vor einer Entscheidung des erkennenden Senats dem großen Senat des Reichswirtschaftsgerichts zur Beschlußfassung vorzulegen.

Für den Fall der Abweisung dieser Anträge aber einen sachlichen Gegenantrag zur einstweiligen Anordnung gestellt.

Sie macht zu den Anträgen a bis c geltend: Durch die Einführung der Goldmarkberechnung und die damit zusammenhängende Umstellung der deutschen Wirtschaft sei eine so erhebliche Änderung der Verhältnisse eingetreten, daß die bisherigen Abmachungen und Anordnungen nicht mehr aufrecht erhalten werden könnten, sondern der Streit in seinem vollen Umfang von Grund aus einer erneuten Prüfung unterworfen werden müsse. Die gegebene Instanz für eine derartige Prüfung sei nach dem ganzen Aufbau des Verfahrens das Schiedsgericht. Sie habe daher gemäß § 2 Abs. 3 der Verordnung vom 1. Februar 1919/9. Juni 1922 (Reichsgesetzbl. I S. 510) in Verbindung mit § 7 Ziff. 1 der Verfahrensverordnung vom 16. Juni 1922 (Reichsgesetzbl. I S. 511) das Schiedsgericht erneut angerufen, zumal der angefochtene Schiedsspruch eine solche Anrufung ausdrücklich vorsehe. Für die einheitliche Durchführung des Verfahrens sei es notwendig und angebracht, die zurzeit in der Berufungsinstanz anhängige Streitsache an das Schiedsgericht zurückzuverweisen, mindestens aber das Berufungsverfahren bis zur neuen Entscheidung des Schiedsgerichts auszusetzen. Sollte der erkennende Senat gegen die Zurückverweisung oder Aussetzung Bedenken haben, so möge er vor seiner Entscheidung eine Beschlußfassung des großen Senats des Reichswirtschafstgerichts herbeiführen, da diese Entscheidung von der Beurteilung einer Rechtsfrage oder doch von einer grundsätzlich bedeutsamen Frage abhänge.

Die Klägerin hat den Anträgen der Beklagten widersprochen.

Die Anträge der Beklagten, soweit sie eine endgültige Regelung der Streitpunkte betreffen, sind in der jetzigen Lage des Verfahrens noch nicht spruchreif.

Den Anträgen der Beklagten auf Zurückverweisung oder Aussetzung des Verfahrens bzw. Anrufung des großen Senats muß jedoch ein Erfolg versagt bleiben. § 2 Abs. 3 der Verordnung vom 1. Februar 1919/9. Juni 1922 in Verbindung mit § 7 Ziff. 1 der Verfahrensverordnung vom 16. Juni 1922 steht ihr nicht zur Seite. Nach Satz 1 der letzteren Bestimmung „bleibt das vorschriftsmäßig gebildete Schiedsgericht für die Anträge auf Änderung der Entscheidungen und Einigungen (§ 2 Abs. 3 der Verordnung vom 1. Februar 1919) zuständig", Satz 2 aber lautet: „Dies" (d. h. die Vorschrift des Satzes 1) „gilt auch, wenn gegen den Schiedsspruch Berufung eingelegt worden war." Durch die Wahl des Plusquamperfektums im Satz 2 hat der Gesetzgeber zum Ausdruck bringen wollen, daß die nach Satz 1 an sich zulässige erneute Anrufung des Schiedsgerichts, sobald gegen den Schiedsspruch Berufung eingelegt ist, erst nach Abschluß des Berufungsverfahrens erfolgen darf. Diese rein sprachliche Auslegung deckt sich auch mit der Entstehungsgeschichte des Gesetzes. Während § 2 Abs. 3 in der Fassung der ursprünglichen Verordnung vom 1. Februar 1919 (Reichsgesetzbl. S. 135) lautete: „wenn gegenüber dem in dem Schiedsspruch (Abs. 2) berücksichtigten .... Tatbestand ..." und § 7 in der Fassung der ursprünglichen Verfahrensverordnung vom 5. März 1919 (Reichsgesetzbl. S. 288) von „Änderung des Schiedsspruchs (§ 2 Abs. 3....")" sprach, heißt es an den entsprechenden Stellen des § 2 Abs. 3 der jetzt geltenden Verordnung vom 9. Juni 1922: „.... in der Entscheidung (Abs. 2) ...." und in Satz 1 bzw. 2 des § 7 der Verfahrensverordnung vom 16. Juni 1922: „Entscheidungen" bzw. „Entscheidung". Der Gesetzgeber hat also bewußt das Wort „Schiedsspruch" durch „Entscheidungen" bzw. „Entscheidung" ersetzt, um damit zum Ausdruck zu bringen, daß der durch § 2 Abs. 3 für die erneute Anrufung des Schiedsgerichts gewährte Anspruch auf eine besondere Art der „Wiederaufnahme" des Verfahrens sowohl gegenüber Sprüchen der Schiedsgerichte besteht, wenn sie ohne Berufung rechtskräftig geworden sind, als auch gegenüber den endgültigen Urteilen des Reichswirtschaftsgerichts (vgl. dazu Kommentar von Zierkursch und Kauffmann 2. Aufl., S. 54 Anm. 7 und S. 99 f. Anm. 1 und 4). Ferner ist, wie dem Senat bekannt ist, bei den dem Erlaß der Verordnung vom 9./16. Juni 1922 vorausgegangenen Beratungen über die Einführung einer zweiten (Berufungs-) Instanz gegen die Sprüche der Schiedsgerichte mehrfach auf die Notwendigkeit einer Einheitlichkeit der Rechtsprechung hingewiesen worden (vgl. auch Zierkursch und Kauffmann a. a. O. S. 57 Anm. 9). Im Zusammenhang damit hielt man es für richtig, das alte Schiedsgericht unter gewissen Möglichkeiten einer veränderten Besetzung (§ 7 Ziff. 2) für das durch § 2 Abs. 3 der Verordnung vom 1. Februar 1919 eingeführte „Wiederaufnahmeverfahren" auch dann in seiner Zuständigkeit zu belassen, wenn das Reichswirtschaftsgericht als Berufungsgericht das Verfahren erledigt hat. Um alle Zweifel zu beseitigen, daß auch nach Beendigung der Tätigkeit des Reichswirtschaftsgerichts die erste Instanz für ein solches „Wiederaufnahmeverfahren" zuständig bleibt, ist dem § 7 Ziff. 1 Satz 1 der Verfahrensverordnung vom 16. Juni 1922 der Satz 2 hinzugefügt worden: „Dies gilt auch, wenn gegen den Schiedsspruch Berufung eingelegt worden war."

Einer anderen als der hier gegebenen Auslegung stehen überdies allgemeinrechtliche und Zweckmäßigkeits-Erwägungen entgegen. Das Reichswirtschaftsgericht ist im Rahmen der Verordnung vom 9./16. Juni 1922 ein Berufungsgericht. Hieraus folgt, daß es für die rechtsgestaltende Entscheidung, die es bei Nichtzustandekommen eines Vergleichs nach Abschluß der sachlichen Ermittelungen zu erlassen hat, den Streitstoff nach allen Richtungen von neuem prüfen, insbesondere auch diejenigen Tatsachen berücksichtigen muß, die ihm im Laufe der Ermittelungen bekannt werden. Zu diesen Tatsachen gehören in neuerer Zeit regelmäßig die Geldentwertung und die Umstellung der deutschen Wirtschaft auf Goldmark. Durch sie wird der einzelne Schiedsstreit in seinen Grundlagen nicht berührt. Wenn den Parteien die Befugnisse zustehen sollte, wegen eines in seinen Grundlagen unveränderten Tatbestandes die erste und zweite Instanz zu gleicher Zeit anzurufen, würde eine von dem Gesetzgeber zweifellos nicht beabsichtigte Rechtsunsicherheit eintreten. Es kommt hier hinzu, daß die von der Schiedsbeklagten zur Begründung der erneuten Anrufung des Schiedsgerichts hervorgehobenen Tatbestandsmerkmale, soweit sie neben der Geldentwertung und der Goldmarkberechnung beachtlich sind, zu den Streitpunkten gehören, welche für die Einlegung der Berufungen beider Parteien mitbestimmend waren.

Kann danach das Schiedsgericht in demselben Streitfall während der Dauer des Berufungsverfahrens selbst bei erneuter Anrufung keine entscheidende Tätigkeit ausüben, so bietet diese Anrufung auch keinen Anlaß, von der durch § 33 der Verfahrensverordnung vom 16. Juni 1922 in Verbindung mit § 36 b der Verordnung über das Reichswirtschaftsgericht an sich gegebenen Befugnis der Zurückverweisung der Sache an die erste Instanz Gebrauch zu machen. Sonstige Gründe, welche eine solche Zurückverweisung geboten erscheinen ließen, liegen bei dem derzeitigen Stand dieses Berufungsverfahrens ebenfalls nicht vor. Insbesondere geht bereits aus dem oben Gesagten hervor, daß die Einführung der Goldmarkberechnung und die damit verbundene Änderung der wirtschaftlichen Verhältnisse dem Reichswirtschaftsgericht nicht die Pflicht auferlegen können, die Entscheidung dem Schiedsgericht zu überlassen. Wollte man einen anderen Standpunkt einnehmen, so würde die Zurückverweisung, welche nach § 36 b a. a. O. in das freie richterliche Ermessen gestellt ist („kann"), nicht — wie sie es nach dem Willen des Gesetzgebers sein soll — die Ausnahme, sondern die Regel bilden und die Entscheidungsbefugnis des Reichswirtschaftsgerichts als Berufungsinstanz mehr oder weniger ausgeschaltet werden. Die von der Beklagten angezogene Zurückverweisungsentscheidung des Senats in der Sache

Nike gegen Wicking (— XXII[1]. A. V. 3/22 —) ist als Ausnahme anzusehen und nur mit Rücksicht auf den besonders gelagerten Fall jenes Verfahrens erfolgt.

Was der Zurückverweisung hindernd im Wege steht, gilt nicht minder für die hilfsweise beantragte Aussetzung des Berufungsverfahrens bis zur neuen Entscheidung des Schiedsgerichts. Die Aussetzung würde in ähnlicher Weise wie die Zurückverweisung gerade das zur Folge haben, was der Gesetzgeber durch die oben erwähnte Fassung des § 2 Ziff. 3 der Verordnung vom 9. Juni 1922 und des § 7 Ziff. 1 Satz 2 der Verfahrensverordnung vom 16. Juni 1922 verhindern wollte: die Verzögerung der Entscheidung des Reichswirtschaftsgerichts als Berufungsinstanz in Fragen, welche bei der Bedeutung der Elektrizitätswerke für die Allgemeinheit als lebenswichtig zu bezeichnen sind. Eine den Schiedsstreit in seinem vollen Umfange regelnde Entscheidung des Reichswirtschaftsgerichts entspricht im vorliegenden Fall auch der einheitlichen Durchführung des Verfahrens.

Da somit der Senat die ihm vorgelegte Rechtsfrage, auch soweit sie von grundsätzlicher Bedeutung ist, selbst beantwortet hat, bedurfte es nicht der durch § 38 Abs. 1 der Verordnung über das Reichswirtschaftsgericht an sich zulässigen Vorlegung der Frage an den großen Senat. Die Vorlegung würde den Belangen der Beteiligten auch insofern zuwidergelaufen sein, als durch sie eine nicht unerhebliche Hinausschiebung der endgültigen Entscheidung des erkennenden Senats hätte eintreten können.

Nach alledem war über die eingangs bezeichneten Anträge der Parteien, soweit sie zur Entscheidung reif sind, wie geschehen, durch Zwischenurteil vorabzuerkennen.

Die Entscheidung in der Sache selbst sowie über die Gebühren und Kosten des Verfahrens bleibt dem Schlußurteil vorbehalten.

Bemerkung:

Es ist bedauerlich, daß die grundsätzlich wichtige Frage, wie man sich zu verhalten habe, wenn während des Schwebens der Berufung ein Umstand gemäß § 2 Abs. 3 der Strompreisverordnung eintritt, nicht dem mit überwiegend Juristen besetzten Großen Senats vorgelegt worden ist. Gegen die Gründe des Senats läßt sich rechtlich wenig sagen. Es ist richtig, daß das RWG. Berufungs- und nicht Revisionsgericht ist, so daß deine sachliche Aufrollung des gesamten Tatbestandes stattfindet. Trotzdem ist das Ergebnis der vorstehenden Entscheidung sachlich unbefriedigend. Es handelt sich um eines der umfangreichsten Verfahren, welche das RWG. beschäftigt haben. (Aktenzeichen des RWG. 15. 22 (!), Zwischenurteil vom 24. 5. 1924 (!), die Hauptentscheidung befindet sich unter Nr. 5 S. 30, das Schiedsverfahren hatte im Juli 1921 begonnen). In dem gesamten Verfahren erster Instanz und in einem wesentlichen

Teil der Berufung hatte es sich um Inflationsverhältnisse gehandelt. Nun kam die Befestigung der Währung und damit ganz neue Verhältnisse. Der umfangreiche Streitstoff der Vergangenheit schied damit zu einem erheblichen Teile aus. Das RWG. hatte einen ganz neuen Sachverhalt zu beurteilen und entschied diesen endgültig. Damit war den Parteien die erste Instanz tatsächlich entzogen. Es ist aber nicht unerheblich, ob man einen, wie hier, recht schwierigen Sachverhalt zunächst einem Spruch unterbreitet, gegen dessen Ergebnis dann Berufung und damit eine Nachprüfung möglich ist, oder ob nur e i n Urteil ergeht, das dann einer Nachprüfung nicht mehr unterliegt.

10.

Haben sich Lieferer und Abnehmer elektrischer Arbeit im Sinne des § 2 Abs. 1 der Verordnung vom 9. Juni 1922 über eine Erhöhung der Lieferpreise geeinigt, ohne daß der Lieferer irgendeinen Anspruch vorbehalten hat, so ist die spätere Geltendmachung eines Anspruchs auf Verlängerung der Konzessionsdauer oder Hinausschiebung des Erwerbsrechtes unzulässig, solange nicht gegenüber dem zur Zeit der Einigung vorliegenden Tatbestande eine erhebliche Änderung eingetreten ist.

Entscheidung vom 16. Oktober 1925.

XXII¹. 3. — 22.25.

Die Schiedsklägerin ist den verklagten 20 Gemeinden zur Lieferung von elektrischer Arbeit verpflichtet. Die diese Verpflichtung begründenden Verträge sind vor dem 4. Februar 1919 abgeschlossen. In den Verträgen ist der Schiedsklägerin eine Konzession eingeräumt, die in der Mehrzahl der Verträge bis zum 31. Dezember 1944 lief. Einen Teil der verklagten Gemeinden steht vertraglich das Recht zu, das gesamte Elektrizitätswerk mit allen Rechten und Pflichten käuflich zu übernehmen.

Dieses Übernahmerecht können die Gemeinden zum ersten Male nach Ablauf des 15. Betriebsjahres nach voraufgegangener zweijähriger Kündigung ausüben. Bei Nichtausübung kann das Übernahmerecht nach je einem fünfjährigen Zeitraum unter den gleichen Voraussetzungen geltend gemacht werden.

Die Kaufsumme errechnet sich

a) aus dem jeweiligen Anlagekapital, als das anzusehen sind die Kosten der zuerst errichteten Anlage zuzüglich der Erweiterungen bei einem Abzuge von 2% der Herstellungskosten für jedes abgelaufene Jahr seit Inbetriebnahme der Erstanlage und der Erweiterungen;

b) aus der Hälfte des durchschnittlichen Reingewinns der drei letzten Betriebsjahre des Unternehmens, insoweit er 4% des wie vor ermittelten Anlagewertes übersteigt, vervielfältigt mit der Anzahl der Restjahre bis zum Ablauf des 45. Betriebsjahres.

Wird vom Übernahmerecht kein Gebrauch gemacht, so hat die Schiedsklägerin 6 Monate nach Ablauf der Konzession die auf Gemeindeeigentum befindlichen Gegenstände zu entfernen und die Oberfläche in ordnungsmäßigen Zustand zu versetzen.

Im Verlaufe der Inflationszeit erging im Oktober 1919 ein Schiedsspruch, der u. a. eine gleitende Kohlenklausel vorsah und die Konzession um 10 Jahre verlängerte, nicht aber das Erwerbsrecht erwähnte.

Mit einem Schreiben vom 4. Dezember 1923 wandte sich die Schiedsklägerin an die Gemeinden. Mit der Begründung, daß die Strompreise nicht mehr im Einklang mit ihren Auslagen ständen, bat sie um Zustimmung, daß sie die gleichen Licht- und Kraftstrompreise wie in der Stadt W. erheben könne, weil sie sonst nicht in der Lage sei, wirtschaftlich zu arbeiten; für den Fall einer Versagung der Zustimmung würde sie gezwungen sein, eine einstweilige Anordnung des Schiedsgerichts zu erwirken.

Die verlangte Zustimmung wurde von den Gemeinden erteilt.

Durch Schreiben vom 31. März 1924 teilte die Schiedsklägerin den Gemeinden mit, daß sie trotz gestiegenen Kohlenpreises die Preise herabsetzen wolle, und zwar für Lichtstrom auf 50 Grundpfennige, für Koch- und Heizstrom auf 25 Grundpfennige und für Kraftstrom auf 35 Grundpfennige je Kilowattstunde. Diese Preise bestehen noch heute.

Die Gemeinde D. erklärte der Schiedsklägerin durch ein Schreiben vom 29. Dezember 1923, daß sie in Gemeinschaft mit den übrigen Städten und Gemeinden von dem ihr vertraglich zustehenden Rechte der Übernahme des Elektrizitätswerkes zum 31. Dezember 1925 Gebrauch mache. Die Schiedsklägerin wies durch Schreiben vom 4. Januar 1924 die Erklärung als unwirksam zurück, worauf die Gemeinde D. Klage im ordentlichen Verfahren auf Feststellung der Wirksamkeit ihrer Übernahmeerklärung erhob. Das Landgericht N. erkannte nach dem Klageantrage. Auf die Berufung der Schiedsklägerin ist der Rechtsstreit jetzt vor dem Oberlandesgericht anhängig.

Das gegenwärtige Verfahren ist eingeleitet durch die Klage vom 4. Oktober 1924, in der die Klägerin unter anderem die Anträge stellt:

1. „die zwischen den beklagten 20 Gemeinden und ihrer Gesellschaft abgeschlossenen Konzessionsverträge um weitere 5 Jahre zu verlängern,
2. den Termin des in den Verträgen zwischen 12 beklagten Gemeinden und ihrer Gesellschaft vereinbarten Erwerbsrechts bis zum 31. Dezember 1940 hinauszuschieben.

Das Schiedsgericht lehnte durch Schiedsspruch vom 18. April 1925 die Verlängerung der Konzessionsdauer ab und schob den Termin des in den Verträgen zwischen 12 Gemeinden und der Klägerin vereinbarten Erwerbsrechts bis zum 31. Dezember 1930 hinaus. Die Kosten des Verfahrens wurden zu $^2/_3$ der Schiedsklägerin, zu $^1/_3$ den beklagten Gemeinden als Gesamtschuldnern auferlegt.

Die Schiedsklägerin hat Berufung eingelegt und ihre erstinstanzlichen Anträge wiederholt.

Die Gemeinden haben gleichfalls Berufung eingelegt. Die 12 Gemeinden, denen das Erwerbsrecht zusteht, haben beantragt, unter Abänderung des Schiedsspruchs die Klage in vollem Umfange abzuweisen. Die übrigen Gemeinden, die durch den Schiedsspruch in der Hauptsache nicht beschwert sind, greifen nur die Kostenentscheidung an und beantragen, die ihnen erwachsenen Kosten der Schiedsklägerin aufzuerlegen.

Die Klage- und Berufungsbegründung der Schiedsklägerin geht im wesentlichen dahin, daß sie im Jahre 1913 einen Betriebsüberschuß in Höhe von 283 862 ℳ erzielt habe und daß dieser Betriebsüberschuß ohne Krieg und Inflation auch in den Jahren 1914 bis 1923 erzielt worden wäre und zwar in Gold. Tatsächlich sei aber in den fraglichen Jahren auf Goldbasis umgerechnet und 283 000 ℳ als normalen jährlichen Betriebsüberschuß zugrunde gelegt ein Betriebsverlust eingetreten, der für die gesamte Zeit 2 578 000 Goldmark betrage. Diesem Betriebsverlust könne nur durch eine Verlängerung der Konzession und damit logisch verbunden auch des Erwerbsrechts Rechnung getragen werden. In diesem Zusammenhang rügt sie auch, daß der Schiedsspruch vom Jahre 1919 nicht zugleich mit der Verlängerung der Konzession auch eine Hinausschiebung des Erwerbsrechts ausgesprochen habe, und nimmt an, daß die notwendig aus einer Konzessionsverlängerung zu ziehende Folge die Hinausschiebung des Erwerbsrechtes sei.

Die Beklagten halten es für ein Verschulden des Werkes, wenn dieses in der schlimmsten Inflationszeit nicht genügend Einnahmen gehabt habe, da die Gemeinden entsprechende Vorschläge rechtzeitig gemacht hätten. Sie wenden sich dagegen, daß überhaupt ein Betriebsverlust für die Zeit von 1914 bis 1923 als vorliegend angenommen werde, und halten es nicht für richtig, daß die Verordnung vom 1. Februar 1919/9. Juni 1922 dem Elektrizitätswerke den Kapitaldienst in Gold gestatte.

In erster Linie bestreiten sie aber überhaupt das Vorhandensein der gesetzlichen Voraussetzungen für eine Schiedsklage aus § 2 Abs. 3 der Verordnung, weil gegenüber dem zur Zeit der letzten Einigung — März/April 1924 — vorliegenden Tatbestande keine wesentliche Änderung eingetreten sei.

Die Klägerin erwiedert hierauf: Daß die letzte Strompreisvereinbarung mit den Beklagten im März/April 1924 getätigt worden sei, käme für das vorliegende Verfahren gar nicht in Betracht; denn im vorliegenden Verfahren handele es sich nicht um Strompreisregelungen, sondern ausschließlich um die Abänderung des Schiedsspruches vom Oktober 1919 betreffs Hinausschiebung des Erwerbsrechtes und Erstreckung der Konzessionsdauer und es könne ein Zweifel darüber nicht obwalten, daß gegenüber dem in jenem Schiedsspruche berücksichtigten Tatbestande eine erhebliche Änderung eingetreten sei.

Die von der Klägerin vorgelegte Goldmark-Eröffnungsbilanz auf den 1. Januar 1924 ergibt eine Zusammenlegung von 1 zu 1, so daß das Aktienkapital von 1 500 000 *M*, das seit 1914 nicht erhöht wurde, voll erhalten ist. Gleichzeitig wurde in der Goldmark-Eröffnungsbilanz die gesetzliche Rücklage mit 10%, also 150 000 *M* bedacht und die Tilgungs- und Erneuerungsrücklage mit rund 1 460 000 *M*. Die Anlagewerte der Goldmarkbilanz ergeben rund 3 500 000 *M*. Sie sind damit nur unwesentlich höher als im Frieden, während die Abgabe der verkauften elektrischen Energie bei einem Vergleich zwischen 1912 und 1924 mit rund 36% gestiegen ist. Die Bilanzen während der Inflationszeit ergeben folgendes Bild: Im Jahre 1918 ist ein Betriebsverlust von rund 120 000 *M* ausgewiesen, woraufhin wohl das oben erwähnte schiedsgerichtliche Verfahren eingeleitet wurde. Im Jahre 1919 wurden 4%, im Jahre 1920 6%, 1921 8%, 1922 30%, 1923 keine Dividende verteilt. In sämtlichen Jahren wurden aber die Abschreibungs- und Erneuerungsfonds bedacht.

Das Reichswirtschaftsgericht hat die Berufung der Schiedsklägerin zurückgewiesen und auf die Berufung der Schiedsbeklagten die Klage in vollem Umfange abgewiesen.

Aus der Begründung:

Es handelt sich in der Schiedsklage um einen Anspruch aus § 2 Abs. 3 der Verordnung vom 1. Februar 1919/9. Juni 1922. Ein solcher Anspruch hat zur Voraussetzung, daß „gegenüber dem in der Entscheidung (Absatz 2) berücksichtigten oder zur Zeit der Einigung (Abs. 1) vorliegenden Tatbestand eine erhebliche Änderung eingetreten ist."

Die letzte „Entscheidung" im Sinne des Abs. 1 a. a. O. ist der Schiedsspruch vom Oktober 1919, der auf die von der Klägerin aus § 1 der Verordnung erhobenen Klage die Verträge u. a. dahin abänderte, daß eine gleitende Kohlenklausel eingeführt und die Konzession um 10 Jahre verlängert wurde. Das Gericht des ersten Rechtszuges prüft lediglich die Frage, ob gegenüber dem in dem Schiedsspruche vom Oktober 1919 berücksichtigten Tatbestande eine erhebliche Änderung eingetreten ist. Es bejaht diese Frage mit der Begründung, daß seit Oktober 1919 der Geldwert, die Löhne und Materialpreise sich grundlegend geändert haben.

Die Beklagten rügen mit Recht, daß das Schiedsgericht bei der Prüfung der Frage, ob die Voraussetzungen des § 2 Abs. 3 der Verordnung gegeben seien, die Abmachungen vom Dezember 1923 und März/April 1924 übersehen habe.

Mit dem Schreiben vom 4. Dezember 1923 hat die Klägerin unter Androhung einer Anrufung des Schiedsgerichts Ansprüche aus § 1 der Verordnung geltend gemacht, indem sie die Zustimmung der Gemeinden zu einer Erhöhung der Lieferpreise verlangte, weil die bisherigen Preise nicht mehr im Einklang mit ihren Ausgaben ständen und sie ohne die erbetene Erhöhung nicht in der Lage sei, wirtschaftlich zu arbeiten. Die Beklagten haben die verlangte Zustimmung erteilt, womit eine „Einigung" im Sinne des § 2 Abs. 1 der Verordnung getroffen war.

Die Schiedsklägerin gibt das Vorhandensein einer solchen Einigung zu, ist aber der Meinung, daß diese Einigung für das gegenwärtige Verfahren keine Bedeutung habe, weil sie ja nur die Preisregelung berühre, während die im gegenwärtigen Verfahren erhobenen Ansprüche auf Verlängerung der Konzessionsdauer und Hinausschiebung der Erwerbstermine ganz anderer Art seien.

Dieser Rechtsstandpunkt der Klägerin, der sich offenbar mit der Ansicht des Schiedsgerichts deckt, ist mit den Bestimmungen der Verordnung nicht vereinbar.

Die Verordnung gibt nur Ansprüche auf „Abänderung der Abmachungen" (§ 1 Abs. 1 und 2, § 2 Abs. 3 a. a. O.). Der Regelfall einer solchen Abänderung der Abmachungen ist die Preisänderung. Daneben gibt es „verwandte Maßnahmen" (Richtlinien A VII) und als eine verwandte Maßnahme kann unter besonderen Umständen, wie der Senat in der den Parteien bekannten Entscheidung XXII[1] A. V. 20/24 vom 15. Juli 1924 dargelegt hat, auch die Verlängerung der Konzessionsdauer und die Hinausschiebung des Erwerbsrechtes angesehen werden. Es ist Sache des Lieferwerkes, bei Erhebung von Ansprüchen aus § 1 oder § 2 Abs. 3 a. a. O. zu prüfen und nachzuweisen, in welcher Beziehung eine Vertragsänderung notwendig ist, um der durch die Verhältnisse der Kriegs- und Nachkriegszeit eingetretenen Gefährdung seiner Lebensfähigkeit zu begegnen. Beschränkt das Lieferwerk bei Geltendmachung des ihm durch die Verordnung gegebenen Anspruches sein Begehren ohne jeden Vorbehalt auf eine Erhöhung der Lieferpreise, so gibt es damit kund, daß die Erfüllung dieses Begehrens genügt, um die seiner Lebensfähigkeit drohenden Gefahren abzuwenden. Mit der Erfüllung seines Begehrens, sei es durch „Einigung" (§ 2 Abs. 1), sei es durch schiedsgerichtliche „Entscheidung" (§ 2 Abs. 2), ist sein Anspruch auf Abänderung der Abmachungen erledigt, seine Forderung getilgt, das Verfahren abgeschlossen mit der Folge, daß die erneute Anrufung des Schiedsgerichts unzulässig ist, solange nicht die Voraussetzungen des § 2 Abs. 3 gegeben sind, also gegenüber dem in der Entscheidung berücksichtigten oder zur Zeit der Einigung vorliegenden Tatbestande eine erhebliche Änderung eingetreten ist.

Diese Grundsätze auf den vorliegenden Fall angewandt, ergeben die Unhaltbarkeit des von der Klägerin eingenommenen und vom Schiedsgericht gebilligten Rechtsstandpunktes. Es kommt bei der Prüfung der Frage, ob die Voraussetzungen für eine neue Anrufung des Schiedsgerichts gegeben sind, nicht auf den Schiedsspruch vom Oktober 1919 an, sondern die Prüfung hat auszugehen von der im Dezember 1923 erfolgten Einigung. Denn diese Einigung wurde getroffen über Ansprüche, die die Klägerin auf Grund der Verordnung ohne jeden Vorbehalt erhob, um wieder „wirtschaftlich arbeiten zu können", also der Gefährdung ihrer wirtschaftlichen Lebensfähigkeit zu begegnen. Durch diese Einigung war, wie oben ausgeführt, der Anspruch der Klägerin auf „Abänderung der Abmachungen" erledigt, ihre Forderung getilgt, das Verfahren abgeschlossen mit der Folge, daß die im Oktober 1924 erhobene neue Schiedsklage nach § 2 Abs. 3 a. a. O. unzulässig ist, solange nicht gegenüber dem zur Zeit der Einigung vorliegenden Tatbestande eine erhebliche Änderung eingetreten ist.

Die Einigung vom Dezember 1923 fällt in den Beginn der Zeit stabiler Währung und es sind durchaus Fälle denkbar, auch vom Senat bereits entschieden, in denen gegenüber dem in jener Zeit berücksichtigten Tatbestande eine erhebliche Änderung eingetreten ist. Ein solcher Fall liegt hier nicht vor, wie der Senat schon daraus folgert, daß die Klägerin gegenüber dem ausdrücklichen Bestreiten der Beklagten keinen einzigen Umstand vorgebracht hat, aus dem eine solche Tatbestandsänderung geschlossen werden könnte. Es kommt hinzu, daß die Preise, die die Klägerin auf Grund der Einigung vom Dezember 1923 und der diese Einigung zugunsten der Beklagten abändernden Entschließung der Klägerin vom März 1924 erhebt, nach der Erfahrung des Senats einen ausreichenden Kapitaldienst gewährleisten, wovon auch die Bilanz auf den 31. Dezember 1924 Zeugnis ablegt, in der die Tilgungs- und Erneuerungsrücklage mit 100 000 R.M. bedacht und eine Dividende von 8% ausgeschüttet ist.

Die Klage ist danach wegen Fehlens ihrer gesetzlichen Voraussetzungen unter Abänderung des Schiedsspruchs und unter Zurückweisung der von der Schiedsklägerin eingelegten Berufung auf die gegnerische Berufung in vollem Umfange abzuweisen.

Bemerkung:

Der Entscheidung ist beizutreten. Ein Schiedsspruch oder an dessen Stelle die „Einigung" sollte unter den Parteien für den entsprechenden Zeitpunkt endgültig Recht schaffen. Der Streitfall soll in seinem ganzen Umfange erledigt werden. Einer neuen Schiedsklage steht § 2 Ziff. 3 entgegen. Dessen Wortlaut ergibt, daß der ergangene Schiedsspruch oder die „Einigung" nunmehr als vollständige Rechtsgrundlage des Vertragsverhältnisses zu gelten haben. Zu beachten ist, daß der Senat die Goldmarkbilanz offenbar und mit Recht als bedeutungsvoll ansieht. (Ebenso die Entscheidung S. 61, anders S. 45.)

11.

Erhöhung der Preise wegen ungünstiger Gestaltung der Absatzverhältnisse. — Änderung des Vertragsinhaltes. — Einführung einer Gasmessermiete.

Entscheidung vom 23. Oktober 1925.

1 S. XXII¹. 23/25.

Die Stadt O. hat bis zum Frühjahr 1914 eine eigene Gasanstalt betrieben. Durch Vertrag vom 24. Januar/18. Februar 1914 übertrug sie mit Wirkung vom 1. April 1914 einer Gasanstalts-Betriebs-Gesellschaft die Versorgung der Stadt mit Gas auf die Dauer von 30 Jahren. In diesen Vertrag ist die Schiedsbeklagte bereits am 1. April 1914 für die Gasanstalts-Betriebs-Gesellschaft eingetreten und hat zu diesem Zwecke im Jahre 1914 und den folgenden Jahren ein Gasfernwerk ausgebaut. Nach dem Vertrage stand es der Stadt frei, nach 18 Jahren, also 1932, und sodann jedesmal nach 5 Jahren zu kündigen. Für die Überlassung der Betriebsanlagen (Rohrnetz usw.) sollte die Schiedsbeklagte der Stadt eine Pacht von anfänglich 42 000 ℳ steigend bis 50 000 ℳ jährlich zahlen. Für die Höhe dieser Pacht war weniger der Wert der überlassenen Grundstücke und Anlagen maßgebend als der Jahresverdienst, den die Stadt O. in den letzten Jahren mit ihrem eigenen Gaswerk erzielt hatte und voraussichtlich in den folgenden Jahren gewonnen hätte. Als Gaspreis war 15 ₰, für industrielle Zwecke 12 ₰ für den cbm festgesetzt. Die erforderlichen Gasmesser hatte die Schiedsbeklagte den Abnehmern unentgeltlich zu stellen.

Im Jahre 1920 kaufte die Schiedsbeklagte der Stadt einen Teil der ihr pachtweise überlassenen Grundstücke und Anlagen für 72 000 ℳ ab.

Am 21. April 1922 schlossen die Parteien einen schiedsgerichtlichen Vergleich dahin ab, daß das Kündigungsrecht der Stadt beseitigt und bestimmt wurde, daß die Schiedsbeklagte der Stadt „als Erhöhung der Pacht" ab 1. Oktober 1925 für jeden cbm in O. verkauften Gases eine Abgabe von 4% des jeweiligen Gaspreises zu gewähren habe.

Nach der Stabilisierung der Währung setzte die Schiedsbeklagte den Gaspreis Anfang 1924 auf 32 ₰ für den cbm fest, ging später auf 27, dann 23 und endlich seit November 1924 auf 21 ₰ herunter. An „Pacht" zahlte sie 4% des Umsatzes. Daneben schrieb sie der Stadt die Papiermarkbeträge von zuletzt 47 000 Papiermark im Jahre gut.

Die Stadt hat im April 1925 vor dem Verordnungs-Schiedsgericht Klage erhoben. Sie hat sich mit einer Erhöhung des im Ursprungsvertrage festgelegten Preises von 15 ₰ je cbm auf 17 Reichspfennig mit Kohlenklausel einverstanden erklärt, aber verlangt, daß unter Aufhebung des Vergleichs vom 21. April 1922 ihr vertragliches Kündigungsrecht wieder hergestellt und die Pachtzahlungen von zur Zeit 47 000 ℳ steigend auf 50 000 ℳ als Reichsmarkzahlungen wieder aufgenommen würden. Die Schiedsbeklagte hat dementgegen unter anderem beantragt, den Gaspreis auf 21 ₰ je cbm festzusetzen und daneben eine Grundgebühr einzuführen von 1 ℳ je Monat für 3 und 5 fl. Messer, 2 ℳ für 10, 20 und 30 fl. Messer, 4 ℳ für alle größeren Messer. Sie hat sich unter Ablehnung einer weiteren Pachtzahlung mit einer Abgabe von 8% der Einnahmen aus dem Gasverkaufe einverstanden erklärt und gebeten, die Konzessionszeit um 10 Jahre, also bis zum 1. April 1954, zu verlängern.

Das Schiedsgericht hat unter Abweisung der weitergehenden Anträge, insbesondere des Antrages der Klägerin auf Wiederherstellung ihres Erwerbsrechtes und des Antrages der Beklagten auf Konzessionsverlängerung, folgende Entscheidung getroffen:

1. Gaspreis 20 ₰ je cbm mit Kohlen- und Steuerklausel,
2. daneben Gasmesser-Miete

für 3 und 5 fl. Messer	0,70 R.M. je Monat,
für 10, 20 und 30 fl. Messer	2,— R.M. je Monat,
für größere Messer	4,— R.M. je Monat,

3. Abgabe an die Stadt 20 000 R.M. jährlich und 4% der Einnahmen aus dem Gasverkauf.

In den Gründen des Schiedsspruchs wird ausgeführt: An sich wäre bei der Entscheidung von den früheren Selbstkosten auszugehen gewesen. Die Unkosten von 1922 schieden aus, weil die damaligen Papiermark-Selbstkosten gar kein Bild ergeben hätten. Aber auch für 1914 lägen brauchbare Zahlen nicht vor, weil das Ferngaswerk damals erst gegründet worden sei. Dem Schiedsgericht bliebe daher nichts anderes übrig, als die jetzigen Selbstkosten festzustellenund nach allgemeinen Erfahrungstatsachen zu urteilen, welcher Gaspreis und welche sonstigen Änderungen des Vertrages nach den Bestimmungen der Verordnung festzusetzen seien. Das Schiedsgericht hat auf dieser Grundlage unter Einrechnung einer Verzinsung des Aktienkapitals mit 8½% die Selbstkosten auf 20 ₰ je cbm errechnet und dieser Rechnung entsprechend den Gaspreis festgesetzt. Es führt weiter aus, daß dieser Gaspreis noch keinen Raum für eine Abgabe an die Stadt zulasse, eine solche zuzubilligen aber erforderlich sei. Die Höhe der Abgabe sei auf 20 000 R.M. jährlich bemessen in der Erwägung, daß die Beklagte für 1924 nur einen Gewinn von rund 200 000 G.M. erzielt habe, die Stadt mit $^1/_{10}$ beteiligt sei und deshalb angenommen werden könne, daß sie mit einem eigenen Gaswerk keinesfalls mehr als $^1/_{10}$ unter heutigen Verhältnissen verdienen würde. Außer den sich hieraus ergebenden 20 000 R.M. jährlich erschiene es aber zweckmäßig, durch Beibehaltung der bisher gezahlten 4% des Gasverkaufs die Klägerin an der Entwicklung des Werkes zu beteiligen, wodurch gleichzeitig einem billigen Ausgleich bei einer etwaigen Erhöhung des Gewinnes der Beklagten Rechnung getragen werde. Diese Beträge müßten irgendwie gedeckt werden. Nach den Erfahrungen des Gasfaches seien Messermieten das wirtschaftlich Richtige. Das Schiedsgericht habe den verständlichen sozialpolitischen Bedenken der Klägerin Rechnung getragen, indem es entgegen dem Antrage der Beklagten die Messermiete für die kleinsten Messer auf 70 ₰ für den Monat festgesetzt habe. Infolgedessen ergebe sich ein Fehlbetrag für die Beklagte von mehreren tausend Reichsmark jährlich. Das Schiedsgericht habe die Überzeugung, daß die Beklagte bei straffer Betriebsführung in der Lage sei, diesen Betrag aus dem Betriebe zu decken.

Gegen diesen Schiedsspruch, auf dessen Begründung im übrigen Bezug genommen wird, hat die Schiedsklägerin Berufung eingelegt. Sie beantragt:

das Urteil insoweit aufzuheben, als eine Gasmessermiete festgesetzt ist, eventuell, das Urteil dahin abzuändern, daß Gaspreis und etwaige Messermiete die Summe von 20 ₰ auf das cbm nicht übersteigen.

Sie wiederholt ihr bereits in der Klage gestelltes Verlangen, daß die Beklagte eine Abrechnung des Jahres 1914 oder 1915 einreiche, und führt zur Begründung der Berufung im wesentlichen folgendes aus:

Die Einführung einer Messermiete laufe den Grundlagen des Vertrages zuwider. Bei den Vertragsverhandlungen sei die Freiheit von Gasmessermiete stets als ein wesentlicher Punkt betont und zur ausdrücklichen Bedingung des Vertrages gemacht worden. Durch den Abschluß des Vertrages mit der Bestimmung im letzten Absatz des § 5, daß die Gasuhren den Abnehmern von der Pächterin unentgeltlich überlassen werden, sei jedem einzelnen Abnehmer das Recht eingeräumt worden, das Gas für 15 ₰ je cbm zu beziehen, gleichgültig, ob er im Monat 3 cbm, 30 cbm oder 100 cbm gebrauche. Die vom Schiedsgericht festgesetzte Gasmessermiete entspreche, umgelegt auf den O.-Verbrauch, 3 ₰ je cbm, so daß die Abnehmer durchschnittlich für einen cbm 23 ₰ zu zahlen hätten. In den 23 ₰ liege eine Abgabe an die Stadt von 20 000 ℳ oder umgelegt auf den Konsum von 3 ₰ je cbm. Der Nettoerlös, den das Schiedsgericht der Beklagten zugebilligt habe, betrage somit 20 ₰. Im Jahre 1914 hätten in den 15 ₰ Gaspreis 50 000 ℳ Abgaben oder umgelegt auf den Konsum 7 ₰ gelegen. Der Nettoerlös habe demnach 1914 8 ₰ je cbm betragen. Die Steigerung durch den Schiedsspruch betrage somit 12 ₰, d. h. der jetzige Nettoerlös sei 150% höher als 1914. Die Werkpacht gehöre zu den Generalunkosten des Ferngaswerks und sei nicht von den Bürgern der Stadt O. mit 700 000 cbm Verbrauch allein, sondern von den Gesamt-Abnehmern der Beklagten mit 7 Millionen cbm Verbrauch zu tragen. Die Beklagte sei, wie sich aus ihren neueren Verträgen mit anderen Gemeinden ergebe, auch durchaus in der Lage, mit 20 ₰ je cbm ohne Messermiete bei einer Abgabe von 20 000 ℳ jährlich auszukommen.

Die Beklagte beantragt Zurückweisung der Berufung. Sie widerspricht den Ausführungen der Klägerin und führt insbesondere an, daß sich durch die Verhältnisse der Kriegs- und Nachkriegszeit ihre Existenzgrundlage völlig verschoben habe und ihr seit dem Jahre 1864 bestehendes gesundes Unternehmen ohne den Eintritt des Krieges niemals notleidend geworden wäre.

Der Senat ist den zutreffenden Gründen des Schiedsspruches, die durch die Ausführungen der Klägerin in keinem Punkte erschüttert werden, überall beigetreten.

Die reinen Selbstkosten einschließlich angemessener Verzinsung sind mit 20 ₰ je cbm richtig und der Verordnung entsprechend berechnet. Zu diesen 20 ₰ muß ein Betrag von rund 3 ₰ je cbm hinzutreten, um die Beklagte in die Lage zu versetzen, die Abgabe von 20 000 R.M. jährlich an die Klägerin abzuführen. Der Standpunkt der Klägerin, daß diese Abgabe nicht auf die 700 000 cbm die in O. abgenommen werden, umgelegt werden dürfe, sondern auf die Gesamt-Kubikmeterzahl aller Versorgungsgebiete, ist nicht richtig. Wenn auch bilanzmäßig die Abgaben der Gesellschaft an die Gemeinden nicht anders als unter den Generalunkosten verbucht werden können, so hat das doch für die Selbstkostenberechnung auf Grund der Verordnung keine Bedeutung. Die Abgabe von 20000 R.M. an die Klägerin stellt einen Unkostenbetrag dar, welcher der Beklagten aus ihrem Vertragsverhältnisse mit der Klägerin erwächst und ihre Einnahme aus diesem Vertrage kürzt. Für eine Deckung der Abgabe können daher im Sinne der Verordnung nur die Einnahmen aus O. herangezogen werden, d. h. die Beklagte muß, um wirtschaftlich arbeiten zu können, einen Gaspreis von rund 23 ₰ erhalten, der erforderlich ist, um die wirklichen Ausgaben für die Erzeugung des Gases, für die Unterhaltung der Anlagen, für die Verzinsung des Anlagekapitals unter Hinzurechnung eines angemessenen Gewinnes und für die Aufbringung der Abgabe an die Stadt zu decken.

Der Anspruch der Beklagten auf Zubilligung dieses zur Erhaltung ihrer wirtschaftlichen Lebensfähigkeit erforderlichen Preises wäre nur dann unbegründet, wenn sie einen von vornherein verlustbringenden Vertrag geschlossen hätte, d. h. einen Vertrag, der es ihr nicht ermöglichte, aus der Einnahme von 15 ₰ je cbm die im Ursprungsvertrage bestimmte Abgabe zu leisten. Davon kann indessen nach den Erfahrungen des Senats keine Rede sein. Bei Abschluß des Vertrages war eine Entwicklung, wie sie der Krieg und die Nachkriegszeit gebracht hat, nicht voraussehbar. Das Lieferwerk als Konzessionsnehmer und nicht nur dieses, sondern auch die Stadt als Konzessionsgeber, rechneten, ohne die Sorgfalt eines ordentlichen Kaufmanns zu verletzen, bei Abschluß des Vertrages mit derjenigen Entwicklung, die ohne den Krieg sicherlich eingetreten wäre und die es der Beklagten bei Erbauung des anderen Ferngaswerkes zur zentralen Gaserzeugung für ein großes Gebiet mit sehr starker Absatzmöglichkeit auf Grund der Konzessions- und Lieferungsverträge, insbesondere des Vertrages mit den H.-Werken ermöglicht hätte, aus dem Preise von 15 ₰ je cbm verkauften Gases, wenn auch vielleicht noch nicht im ersten Jahre, so doch alsbald nachher die Aufwendungen für die Erzeugung des Gases, für die Unterhaltung der Anlagen, für die Verzinsung des Anlagekapitals unter Hinzurechnung eines angemessenen Gewinnes und für die Aufbringung der besonderen Abgabe an die Stadt zu decken. Diese Rechnung der Beklagten, die hierbei sich auf die besonders umfangreichen Erfahrungen und Spezialkenntnisse der B.-Akt.-Ges. stützen konnte, entspricht nach der eigenen Kenntnis des Senats durchaus den Preisberechnungen und praktischen Betriebsergebnissen, die beispielsweise die Ferngasversorgung des bergischen Landes (Barmen, Elberfeld, Remscheid) in den letzten Jahren vor Ausbruch des Krieges ergeben hatte, aus denen die Vorteile der Zusammenfassung der Gaserzeugung in großen Werken und die Verteilung des Gases durch Fernleitungen zu den einzelnen

Städten und Fabriken deutlich zu ersehen waren. Diese bei Abschluß des Vertrages durchaus richtige Preiskalkulation hat sich aber ohne Schuld der Beklagten und in unvoraussehbarer Weise dadurch völlig verschoben, daß insbesondere durch den Fortfall der Belieferung der H.-Werke die Produktion der Beklagten wesentlich kleiner ist, als sie auf Grund der Verträge im Jahre 1914 hätte berechnet werden können. Die Beklagte behauptet — ohne daß es auf die ziffernmäßige Richtigkeit dieser Zahlenangabe ankommt —, daß sie ohne den Krieg und ohne das Abspringen der H.-Werke mindestens die vierfache Gasmenge erzeugen würde, als sie jetzt tatsächlich produziert. Von einem aleatorischen Vertrage zu sprechen, wie die Beklagte es tut, ist hiernach ausgeschlossen. Die Beklagte hatte eine sichere Grundlage für ihre Rentabilität, insbesondere aber auch für die Wirtschaftlichkeit des mit der Klägerin abgeschlossenen Vertrages. Sie hat also auf Grund der gesetzlichen Bestimmungen auch jetzt einen Anspruch, auf Grund ihrer von dem Schiedsgericht einwandfrei festgestellten Selbstkosten eine ausreichende Einnahme zu erhalten, die ihre Lebensfähigkeit und die Wirtschaftlichkeit des Vertrages mit der Klägerin sichert.

In welcher Weise diese Einnahmen sichergestellt werden, ob lediglich ein Preis je cbm Gas festgesetzt wird, oder ob durch Bezahlung eines bestimmten Mindestverbrauches oder durch Messermiete, Grundgebühr oder sonstwie weitere Einnahmen ermöglicht werden, dies zu bestimmen ist zweifellos gerade die Aufgabe eines sachverständigen Schiedsgerichts. Neuerdings geht nun die Entwicklung der Gastarifbildung deutlich dahin, von dem einzelnen Gasbezieher ohne Rücksicht auf die von ihm bezogene Menge, aber gestaffelt, sei es nach der Größe des von ihm benutzten Gasmessers, sei es nach der Größe der mit Gas versorgten Wohnung oder in anderer Weise, eine feste monatliche Grundgebühr zu verlangen und unabhängig davon, ihm die bezogene Gasmenge zu einem Kubikmeterpreise zu berechnen. Die Gasmessermiete ist nichts anderes als eine solche Grundgebühr. Bei der Festsetzung des Tarifs, nach dem in O. das Gas zu bezahlen ist, erscheint dem Senate, auch wenn dadurch für den Abnehmer ganz kleiner Gasmengen ein höherer Preis sich ergibt, die Einführung der Grundgebühr als die wirtschaftlichste Lösung sowohl für den Gaslieferer, wie auch im allgemeinen für die O.-Gasbezieher. Das Schiedsgericht hat daher, indem es den Betrag, den die Beklagte über den Preis von 20 ₰ je cbm hinaus unbedingt erhalten muß, in Form einer als Messermiete bezeichneten Grundgebühr festgesetzt hat, wirtschaftlich das Richtige getroffen, wenn es auch zweckmäßiger gewesen wäre, die irreführende Bezeichnung „Messermiete" zu vermeiden. Auch die Beträge, die für diese Grundgebühr eingesetzt sind, erscheinen angemessen. Indem das Schiedsgericht entgegen dem Antrage der Beklagten die Gebühr für die kleinsten Messer auf 70 ₰ für den Monat berechnet hat, ist den verständlichen sozialpolitischen Bedenken der Klägerin genügend Rechnung getragen.

Rechtliche Bedenken gegen die Einführung der „Gasmessermiete" bestehen nicht. Die Verordnung vom 1. Februar 1919/9. Juni 1922 gibt unter den darin angeführten und hier vorliegenden Voraussetzungen dem Lieferer den Rechtsanspruch auf Abänderung der Abmachungen, insbesondere Erhöhung der Lieferpreise. Es steht, auch wenn die Freiheit von Gasmessermiete eine Vertragsbestimmung und bei den Vertragsverhandlungen als ein besonders wichtiger Punkt von der Stadt hervorgehoben war, nichts im Wege, bei der nach der Verordnung gebotenen Erhöhung des Gaspreises eine Unterteilung in Kubikmeterpreis und Messermiete vorzunehmen, sofern, wie es hier der Fall ist, unter den gegenüber der Vorkriegszeit völlig veränderten Verhältnissen eine solche Unterteilung als die wirtschaftlichste Lösung erscheint. Davon, daß aus dem mit der Stadt abgeschlossenen Ursprungsvertrage der einzelne Abnehmer ein auch durch die Verordnung nicht abänderbares Recht erhalten hätte, daß der Preis des ihm verkauften Gases lediglich nach der abgenommenen Kubikmeterzahl berechnet werde, kann keine Rede sein. Eine Parteiabsicht, daß aus dem Vertrage der einzelne Abnehmer unmittelbar Ansprüche gegen den Lieferer erwerben sollte, ergibt sich weder aus den Vertragsbestimmungen selbst noch aus den Umständen, insbesondere dem Geschäftszwecke. Es liegt daher überhaupt kein Vertrag zugunsten Dritter im Sinne des § 328 des Bürgerlichen Gesetzbuches vor, geschweige denn ein Vertrag, der der Abänderung durch die Verordnung vom 1. Februar 1919/9. Juni 1922 entzogen wäre.

Da für die Entscheidung allein das zwischen den Parteien bestehende Vertragsverhältnis in Frage kommen kann, erscheinen all die Ausführungen, die die Klägerin über das Verhältnis der Beklagten zu anderen Gemeinden, insbesondere zu den Gemeinden N. und S. macht, unerheblich und für die Entscheidung bedeutungslos.

Der Schiedsspruch, soweit er mit der Berufung angefochten wird, ist rechtlich und wirtschaftlich richtig. Die Berufung ist daher als unbegründet zurückzuweisen.

Bemerkung:

Die rechtliche Begründung der Entscheidung ist nicht zu beanstanden. Die „Messermiete" wird mit dem richtigen Namen einer Grundgebühr bezeichnet, die mit „Miete" nichts zu tun habe. Dies wird für die Preisfrage bei elektrischem Strom zu beachten sein, wo meist deren Erhöhung der Messermiete mit den gestiegenen Anschaffungs- und Unterhaltungskosten begründet wird, obwohl tatsächlich eine verkappte Erhöhung oder Einführung eines Grundpreises bezweckt wird. In tatsächlicher Beziehung ergeben sich aber einige Bedenken. Eine Verzinsung des alten Aktienkapitals in Höhe von 8½% erscheint unter den heutigen Wirtschaftsverhältnissen der Industrie zu hoch (vgl. Bemerkung S. 60). Daß das Abspringen eines einzelnen Großabnehmers zur Begründung benutzt wird, um den Gaspreis der anderen Abnehmer zu verteuern, findet in der Verordnung vom 1. Februar 1919/9. Juni 1922 keine Stütze. Dies Abspringen hat mit den Kriegs- und Nachkriegsverhältnissen nichts zu tun, ist vielmehr eine Gefahr, die bei jedem Vertrag vorhanden ist. Unter § 1 fällt ein solcher Umstand bestimmt nicht. Es ist also tatsächlich ein nicht infolge der im § 1 gekennzeichneten Umstände verlustbringend gewordener Vertrag gewinnbringend gestaltet worden, obwohl die Entscheidung selbst dies leugnet.

12.

Mehrkosten für Erweiterungen und deren Abwälzung. — Kabelpreisklausel.

Entscheidung vom 20. Mai 1925.

XXII[1]. A. V. 8./22.

I. Auf die Berufung der Schiedsklägerin wird der Schiedsspruch weiter dahin abgeändert:

Zu Ziffer 1:

§ 2 Abs. 3 des Vertrages erhält folgende Fassung:

Das EW. verpflichtet sich, die Straßen mit Niederspannungsleitungen zu belegen, wenn auf je 2 m zu verlegendes Kabel oder auf 6 m zu verlegende Freileitung ein jährlicher Energieverbrauch von mindestens 13,75 kWh zum jeweiligen Lichtstrompreis auf 2 Jahre garantiert wird. Diese Garantie erhöht sich im gleichen Verhältnis wie im Zeitpunkt des Beginns der Verlegung der Kartellpreis für 1000 m eisenbandarmiertes Papierbleikabel (Type K. B. A. bzw. K. E. B.) 700 Volt 3×35 qmm mit runden Leitern den Friedenskartellpreis von rund 4400 *M* überschreitet.

Ist ein Kartellpreis nicht feststellbar, so tritt an dessen Stelle der jeweils gültige Marktpreis, zu dem für das EW. solche Kabel erhältlich sind.

Die kostenlos herzustellende Kabel- oder Freileitungslänge verringert sich in demselben Verhältnis, in dem in besonderen Fällen oder später die Lichtstrompreise allgemein unter die Friedenspreise herabgesetzt werden.

Zu Ziffer 3:

§ 2 Abs. 6 des in Ziff. 1 bezeichneten Vertrages erhält folgenden Zusatz:

Die Preise des dem Vertrage angehefteten Krafttarifs vom Jahre 1910 für die B.sche Kleineisenindustrie gelten als Goldgrundpreise. Über die zu diesen Grundpreisen notwendigen Teuerungszuschläge in Gold sind in jedem Fall besondere Vereinbarungen zu treffen. Das EW. darf dabei keine höheren Zuschläge fordern, als es mit den Großabnehmern in seinem Versorgungsgebiet oder im Geltungsgebiet des B.schen Krafttarifs allgemein vereinbart.

Zu Ziffer 5:

§ 3 Abs. 1 des in Ziff. 1 bezeichneten Vertrages erhält folgende Fassung:

Den Anschluß an seine Leitungen liefert das EW. bis zum Hausanschlußkasten kostenlos, sofern die Länge der Anschlußleitungen bis zum Hausanschlußkasten bei Kabelanschlüssen 7 m und bei Freileitungsanschlüssen 15 m von der Straßenmitte aus gerechnet nicht überschreitet und der Strom spätestens 2 Monate nach Fertigstellung des Hausanschlusses bezogen wird. Wird die eine oder andere Länge überschritten, so ist von dem Abnehmer nur der auf die überschrittene Länge entfallende Teil der Gesamtanschlußkosten zu entrichten.

Die obengenannten, kostenlos von dem EW. herzustellenden Längen der Anschlußleitungen vermindern sich in demselben Verhältnis wie im Zeitpunkt des Beginns der Herstellung der Kartellpreis für 1000 m eisenbandarmiertes Papierbleikabel (Type KBA bzw. KEB) 700 Volt 3×35 qmm mit runden Leitern den Friedenskartellpreis von rund 4400 ℳ überschreitet.

Ist ein Kartellpreis nicht feststellbar, so tritt an dessen Stelle der jeweils gültige Marktpreis, zu dem für das EW. solche Kabel erhältlich sind.

Die kostenlos herzustellende Kabel- oder Freileitungslänge verringert sich in demselben Verhältnis, in dem in besonderen Fällen oder später die Lichtstrompreise allgemein unter die Friedenspreise herabgesetzt werden.

II. Die zu I getroffene Regelung gilt vom 1. Juni 1925 ab.

III. Im übrigen wird auch die Berufung der Schiedsklägerin zurückgewiesen.

Tatbestand:

Nach Verkündung des in dieser Sache auf Grund der Verhandlungen vom 16. und 17. September 1924 erlassenen und hier in Bezug genommenen Teilurteils (das deckt sich inhaltlich mit der Entscheidung S. ...) haben die Parteien zu dem Antrag 3 nichts Neues vorgebracht. Hinsichtlich der weiter strittig gebliebenen Streitpunkte 1 und 5 hat die Klägerin ihre Anträge durch folgende Fassung ersetzt:

Ziffer 1: § 2 Abs. 3 des Vertrages wird wie folgt abgeändert:

„Das EW. verpflichtet sich, die Straßen mit Niederspannungsleitungen zu belegen, wenn auf je 1 m zu verlegendes Kabel oder 3 m zu verlegende Freileitung der Anschluß mindestens einer 16kerzigen Kohlenfadenglühlampe von 55 Watt Energieverbrauch oder deren Gleichwert mit 250 jährlichen Benutzungsstunden bei einem Lichtstrompreis von 52 ₰ für die kWh auf 5 Jahre garantiert wird. Dementsprechend wäre für je 1 m zu verlegende Kabelstrecke oder je 3 m zu verlegende Freileitungsstrecke eine jährliche Stromentnahme von 13,75 kWh zu obigem Lichtstrompreis von 52 ₰ zu garantieren. Die kostenlos herzustellende Kabel- oder Freileitungslänge verringert sich in demselben Verhältnis, in dem der Lichtstrompreis von 52 ₰ sich ermäßigt."

Ziffer 5: § 3 Abs. 1 des Vertrages wird wie folgt abgeändert:

„Den Anschluß an seine Leitungen liefert das EW. bei Kabelanschlüssen bis zu einer Länge von 3½ m, bei Freileitungsanschlüssen bis zu 7½ m, von Straßenmitte bis Hausanschlußkasten gerechnet, kostenlos. Die kostenlos herzustellende Kabel- oder Freileitungslänge verringert sich in demselben Verhältnis, in welchem der Lichtstrompreis von 52 ₰ sich ermäßigt. Jedes weitere Meter Kabel kostet 10 ℳ und jedes weitere Meter Freileitung bei Zweileiteranschlüssen 3 ℳ, bei Dreileiteranschlüssen 4,50 ℳ und bei Vierleiteranschlüssen 6 ℳ. Bedingung ist hierbei, daß die Anschlüsse innerhalb 2 Monaten nach Fertigstellung benutzt werden, andernfalls der volle Preis zu zahlen ist."

Die Beklagte hat einen Antrag auf Wiederaufnahme des durch das Teilurteil abgeschlossenen Verfahrens gestellt und deshalb in erster Linie beantragt, die Verhandlung auf unbestimmte Zeit, bis nach der Entscheidung über den Wiederaufnahmeantrag, zu vertagen. Hilfsweise aber hat sie den Antrag gestellt, die noch zu erörternden Anträge des EW. abzuweisen und die alten Vertragsbedingungen bestehen zu lassen.

Zur Begründung ihrer Anträge 1 und 5 hat die Klägerin neu vorgetragen:

Zu 1: Gemäß der Vertragsbestimmung § 2 Abs. 3 seien von der Klägerin neue Niederspannungsleitungen zu legen, wenn auf je 2 m zu verlegendes Kabel oder auf 6 m zu verlegende Freileitung der Anschluß mindestens einer 16kerzigen Kohlenfadenglühlampe von 55 Watt Energieverbrauch oder deren Gleichwert mit 250 jährlichen Benutzungsstunden = 13,75 kWh bei einem Grundpreis von 30 ₰ für die kWh auf 2 Jahre garantiert werde. Dementsprechend wäre für je 1 m zu verlegende Kabelstrecke oder je 3 m zu verlegende Freileitungsstrecke eine jährliche Stromentnahme von 2 ℳ zu garantieren. Die kostenlos herzustellende Kabel- oder Freileitungslänge verringere sich in demselben Verhältnis, in dem in besonderen Fällen oder später allgemein die Strompreise herabgesetzt würden. Beantragt sei, daß die Garantie verdoppelt werde, indem schon für je 1 m zu verlegendes Kabel oder je 3 m zu verlegende Freileitung eine jährliche Stromentnahme in Höhe des Preises von 13,75 Licht-kWh auf die Dauer von 5 Jahren gewährleistet werden müsse. Außerdem verlange die Klägerin, daß ihr die Mehrkosten der Anlage gegenüber den Kosten vor dem Kriege seitens der Gemeinde oder der neuangeschlossenen Abnehmer im voraus zu erstatten seien. Die Stromgarantie habe einerseits die Stromkosten des hierfür verbrauchten Stromes und andererseits den Kapitaldienst für die neue Leitungsanlage zu decken. Man müsse daher feststellen, wieviel der Anteil der Stromkosten und des Kapitaldienstes für die Niederspannungsleitungen am Strompreis betrage.

Für die Verhältnisse der Friedenszeit auf Grundlage des Vertrages ergebe sich folgendes:

Gemäß Selbstkostenberechnung vom 17. April 1924 betragen für 1913/15 die Kapitaldienstkosten für das Niederspannungsnetz

Verzinsung = 1 270 000 ℳ
Abschreibung = 790 000 ℳ 2 060 000 ℳ,

die Gesamtkosten in Niederspannung = 8 309 000 ℳ der Kapitaldienst der Niederspannungsnetze = 25% der Gesamtkosten. Es seien also 25% des Strompreises Kapitaldienst des Niederspannungsnetzes und 75% Stromkosten bis zur Niederspannung. Demnach setze sich der vertragliche Strompreis zusammen:

für Licht aus 7,5 ₰ Kapitaldienstkosten
und 22,5 ₰ Stromselbstkosten
insgesamt = 30,0 ₰,
für Kraft aus 3,5 ₰ Kapitaldienstkosten
und 10,5 ₰ Stromselbstkosten
insgesamt = 14,0 ₰.

Die zu garantierende Einnahme für eine Kabelverlegung von 100 m Länge = ℳ 200 werde erreicht, wenn

an Lichtstrom 666 kWh je 0,30 = 200 ℳ oder
an Kraftstrom 1430 kWh je 0,14 = 200 ℳ

bezogen würden.

Es koste der Lichtstrom an Stromselbstkosten 666 kWh je 22,5 ₰ = 150 ℳ,
" " " Kraftstrom an Stromselbstkosten 1430 kWh je 10,5 ₰ = 150 ℳ.

Von den garantierten Einnahmen von 200 ℳ blieben also 50 ℳ übrig, die für die Verzinsung und den Kapitaldienst der neuen Anlage dienten. Die Anlage habe im Frieden 720 ℳ gekostet. Der erzielte Überschuß von 50 ℳ sei = 7,0% des Anlagewertes, d. i. 4½% Verzinsung + 2,5% Abschreibung. Heute koste die gleiche Anlage 980 ℳ. In den Selbstkosten von 1924 seien an Kapitaldienstkosten des Niederspannungsnetzes gemäß Selbstkostenberechnung vom 17. April 1924 bei einem Kohlenpreis von 27,45 ℳ je Tonne enthalten:

für Verzinsung = ℳ 3 840 000
für Abschreibungen = ℳ 1 368 000 5 208 000 ℳ,
die Gesamtkosten in Niederspannung = 26 325 000 ℳ,
der Kapitaldienst der Niederspannungsnetze = rd. 20% der Gesamtkosten.

Der Lichtpreis 1924 sei bei einem Kohlenpreis von 27,45 ℳ je Tonne 52 ₰, der Kraftpreis 24 ₰. Er setze sich also zusammen:

	Licht	Kraft
aus 20% Kapitaldienst	10,4	4,8 ₰/kWh
aus 80% Stromselbstkosten	41,6	19,2 ₰/kWh
	52,0	24,0 ₰/kWh.

Die vertraglich zu garantierende Menge von 55×250 = 13,75 kWh je 2 m Kabel also 690 kWh Lichtstrom für 100 m Kabel würde eine Einnahme ergeben von 690 kWh je 0,52 ....358 ℳ
An Stromkosten entständen für 690 kWh je 0,416...........286 ℳ
Es blieben für Kapitaldienst = 72 ℳ.

Da heute mindestens 12% für Verzinsung und 2,5% für Abschreibung, zusammen 14,5% zu rechnen seien, entspreche der Überschuß von 72 ℳ nur einem Anlagekapital von 495 ℳ, während das Anlagekapital tatsächlich 980 ℳ, d. h. doppelt so hoch sei.

Danach würde also entweder die zu garantierende Energiemenge verdoppelt werden müssen, d. h. der Verbrauch einer 16kerzigen Kohlenfadenglühlampe von 55 Watt Energieverbrauch mit einer Benutzungszeit von 250 Stunden würde nicht für je 2 m Kabel oder 6 m Freileitung, sondern je 1 m Kabel oder 3 m Freileitung zu garantieren sein. In diesem Falle trage die Klägerin auch die Überteuerungskosten gegenüber dem Frieden oder die Klägerin hätte unter Beibehaltung der vertraglichen Garantie nur die Hälfte der Gesamtkosten der Leitungsanlage selbst zu tragen. Hierbei sei ein Strompreis von 52 ₰ vorausgesetzt.

Da auf Grund der Kohlenklausel des Teilurteils vom 24. November 1924 bei dem heutigen Kohlenpreis von 18,12 ℳ je Tonne der Lichtpreis nur noch 37 ₰ je kWh betrage, in dem 20% gleich 7,4 ₰ Kapitalkosten und 80% = 29,6 ₰ Stromselbstkosten bis zur Niederspannung enthalten seien, so sei festzustellen, in welchem Verhältnis die kostenlos herzustellende Kabellänge sich infolge der Herabsetzung des Strompreises verringere. Lege man die doppelte Garantie von 13,75 kWh für 100 m Kabellänge zugrunde, so ergebe sich für das EW. eine Einnahme von:

13,75 kWh je 37 ₰.............. 510 ℳ
Hiervon gingen ab die Stromselbstkosten mit 13,75 je 29,6....... 407 ℳ
sodaß an Kapitaldienst für die Kabelverlegung .... 103 ℳ

übrig blieben. Bei einem Kapitaldienst von 14,5% entspreche dieser Betrag von 103 ℳ einem Kapitalaufwand von 710 ℳ, die zu dem Gesamtaufwand von 980 ℳ für 100 m in demselben Verhältnis ständen, in welchem der Lichtstrompreis von 52 ₰ auf 37 ₰ herabgesetzt worden sei.

Zu 5: Bezüglich der Hausanschlüsse gemäß § 3 Abs. 1 des Vertrages lägen die Verhältnisse ganz gleich wie bei den Längsleitungen. Auch hier sei die gleiche Überteuerung gegenüber dem Frieden sowohl bezüglich der Herstellungskosten als auch bezüglich des Kapitaldienstes zu berücksichtigen. Aus dem oben Gesagten lasse sich daher ohne weiteres folgern, daß beim Lichtstrompreis von 52 ₰ je kWh die Hausanschlußkosten von der Klägerin nur noch zur Hälfte getragen werden könnten. Während früher bei Kabelanschlüssen 7 m, bei Freileitungsanschlüssen 15 m kostenlos von der Klägerin hätten hergestellt werden können, sei dies bei einem Lichtstrompreis von 52 ₰ nur noch möglich für 3½ m Kabel und für 7½ m Freileitung. Im Frieden sei für die Lieferung elektrischer Energie ein fester Preis von 7 ℳ für das Meter Kabel und 2 ℳ für einen Zweileiteranschluß, 3 ℳ für einen Dreileiteranschluß und 4 ℳ für einen Vierleiteranschluß bei Fernleitungen für die über 7 m bzw. 15 m hinausgehende Länge berechnet worden. Zur Vereinfachung dürfte es zweckmäßig sein, heute in gleicher Weise bestimmte Sätze festzulegen, damit die Installateure ohne weiteres sagen könnten, wieviel der Anschluß koste.

Die Beklagte erwidert:

Zu 1: Wie schwankend die Berechnungsgrundlage der Klägerin sei, zeige sich beim Vergleich des jetzigen mit dem früheren Antrage. Nach dem alten Vertrage sei die Klägerin verpflichtet gewesen, je 2 m Kabel oder 6 m Freileitung bei einem jährlichen Stromverbrauch von 13,75 kWh auf die Dauer von 2 Jahren und einem Strompreis von 30 ℳ je kWh kostenlos zu legen. Bei den Hausanschlüssen habe die Klägerin die Kosten bis 7 m Länge von der Straßenmitte gemessen und bei den Freileitungsanschlüssen bis zu 15 m getragen. Bei ihrem jetzigen Antrag setze die Klägerin einerseits die Kabel- und Freileitungslänge auf die Hälfte herunter, während sie andererseits ihre Garantie von 2 auf 5 Jahre erhöhe. Außerdem aber verlange sie, daß der Abnehmer die Überteuerungskosten trage, trotzdem der Strompreis entsprechend der Teuerung erhöht sei. Wenn sie weiterhin die Garantie des Lichtstrompreises von 52 ₰ verlange, so könne dieser Antrag wohl kaum ernsthaft aufzufassen sein. Ebensowenig die darauffolgende Forderung, daß sich die kostenlos herzustellende Kabel- und Freileitungslänge in demselben Verhältnis verringern solle, in dem der Lichtstrompreis von 52 ₰ sich ermäßige. Die Schiedsgerichtsverordnung habe nicht den Zweck, die Klägerin einseitig auf Kosten der Abnehmer zu bereichern. Den heutigen Verhältnissen werde vollkommen dadurch Rechnung getragen, daß die alte Berechnung bestehen bleibe und der veränderte Strompreis eingesetzt werde. Durch eine derartige Berechnung werde die Klägerin in keiner Weise geschädigt.

Die Beklagte habe dauernd die Behauptung aufgestellt, daß die Klägerin ihre Grundlage bedeutend erweitert habe und leistungsfähiger geworden sei und deshalb imstande sei, heute billiger zu liefern als im Frieden. Wenn laut Tatbestand des Teilurteils diese Tatsache von der Klägerin selbst zugegeben worden sei, könne sie anderen Orts diese Feststellung nicht mehr bestreiten.

Die von der Klägerin eingesetzten Zahlen und Kapitaldienstkosten für das Niederspannungsnetz würden in ihrer Höhe und auch in ihren Unterlagen bestritten. Es sei erforderlich, daß diese Selbstkostenberechnung in jeder Beziehung einer Nachprüfung unterzogen werde, zumal die frühere, von der Beklagten auch bestrittene Nachprüfung sich nur auf die Kapitaldienstkosten für die Hochspannung erstreckt habe. So stimme z. B. die Selbstkostenberechnung der Anlagekosten für je 100 m Niederspannungskabel nicht. Diese habe im Frieden nicht, wie die Klägerin ausrechne, 720 ℳ für 100 m, vielmehr 837 ℳ betragen und belaufe sich heute nur auf 977 ℳ; damit stehe fest, daß nicht eine Überteuerung von 36%, sondern lediglich von 17% eingetreten sei, nämlich:

Kosten der Kabelverlegung im Frieden.

100 m Kabel 3×35	450,— ℳ
1 Endverschluß und Muffe	58,80 ℳ
102 m Graben einschl. Verlegung und Abd. des Kabels	132,60 ℳ
Wiederherstellen der Straßenoberfläche	132,60 ℳ
Montage der Muffe und des Endverschlusses	21,20 ℳ
Frachten und Anfuhr	12,— ℳ
Allgemeine Unkosten	30,— ℳ
	837,20 ℳ

Jetzige Kosten der Kabelverlegung.

100 m Kabel 3×35	550,— ℳ
1 Endverschluß und 1 Muffe	58,80 ℳ
102 m Graben einschl. Verlegung und Abd. des Kabels	123,42 ℳ
Wiederherstellung der Straßenoberfläche	153,— ℳ
Montage der Muffe und des Endverschlusses	27,60 ℳ
Frachten und Anfuhr	15,— ℳ
Allgemeine Unkosten	50,— ℳ
	977,82 ℳ.

Ebenso verhalte es sich bei der Freileitung. Die Kosten für je 100 m Freileitung hätten im Frieden nicht 223 ℳ, vielmehr 273 ℳ betragen und beliefen sich heute nur auf 297 ℳ, so daß nur eine Überteuerung von 9 % und nicht von 27% bestehe, nämlich:

Kosten einer Niedersp.-Freileitung im Frieden.

3 Holzmaste einschl. Setzen	46,50 *M*
12 Isolatoren mit Stützen	9,— *M*
Montage von 3 Holzmasten	—,— *M*
400 m Kupferleitung 25 qmm = 89 ₰	156,64 *M*
1 Anker einschl. Montage	12,50 *M*
Leitungsmontage einschl. Fracht und Anfuhr	36,— *M*
Frachten und Anfuhr	—,— *M*
Allgemeine Unkosten	13,03 *M*
	273,67 *M*.

Kosten einer Niedersp.-Freileitung in jetziger Zeit.

3 Holzmaste einschl. Setzen	42,21 *M*
12 Isolatoren mit Stützen	9,60 *M*
Montage von 3 Holzmasten	—,— *M*
400 m Kupferleitung 25 qmm = 89 ₰	178,— *M*
1 Anker einschl. Setzen	12,70 *M*
Leitungsmontage	16,— *M*
Frachten und Anfuhr........................	25,— *M*
Allgemeine Unkosten	14,18 *M*
	297,69 *M*

Zu 5: Bezüglich der Hausanschlüsse sei folgendes zu sagen:

a) Bei Kabelanschlüssen habe die Klägerin nach dem Vertrage die Kosten bis 7 m Länge von der Straßenmitte gemessen zu tragen. Heute wolle sie nur die Hälfte kostenlos herstellen und verlange außerdem, daß sich diese Verpflichtung im selben Verhältnis verringere, in dem der Lichtpreis unter 52 ₰ gehe, jedes weiter zu verlegende Meter sei mit 10 *M* zu bezahlen.

b) Bei Freileitungsanschlüssen habe die Klägerin nach dem Vertrage die Kosten des Anschlusses bis 15 m Länge zu tragen. Heute wolle sie nur die Hälfte kostenlos herstellen, jedes weitere Meter Freileitung solle bei Zweileiter-Anschlüssen 3 *M*, bei Dreileiter-Anschlüssen 4,50 *M* und bei Vierleiter-Anschlüssen 6 *M* kosten.

Zur Einsetzung des Lichtstrompreises von 52 ₰ und dem sich darauf aufbauenden weiteren Antrag, die kostenlos herzustellende Kabel oder Freileitungslänge in demselben Verhältnis zu verringern, in welchem der Lichtpreisstrom von 52 ₰ sich ermäßige, werde dasselbe bemerkt wie zu Ziff. 1, er könne nicht ernsthaft aufgefaßt werden. Ein derartiges Verlangen der

Klägerin gehe weit über den Zweck der Schiedsgerichtsverordnung hinaus. Die Klägerin versuche auf dem Umweg über die Schiedsgerichtsverordnung wohlerworbene Rechte der Gemeinden zu schmälern und sich einseitig Vorteile zu verschaffen. Wie die Klägerin bei ihrer Kalkulation verfahre, zeige noch folgendes:

Die Kosten für 1 m zu verlegendes Kabel betragen nicht 10 ℳ, sondern 9 ℳ, bei 2-, 3- und 4-Leiter-Anschlüssen nicht 3 ℳ, 4,50 ℳ und 6 ℳ, sondern 90 ₰, 1,35 ℳ und 1,80 ℳ. Es ergebe sich also die Berechnung:

Mehrkosten bei Kabel- und Freileitungslängen.

Kabel:	1 m Kabel	3,92 ℳ
	1 m Kabelgraben	2,— ℳ
	Wiederherstellung der Oberfläche der Straße	1,50 ℳ
	Fracht —,28 ℳ, Umlage —,34 ℳ	—,62 ℳ
		8,04 ℳ
	plus 12% Unkosten	—,96 ℳ
		9,— ℳ
	statt	10,— ℳ

Freileitungen:	2 Leiter	3 Leiter	4 Leiter
1 m Kupferleitung	—,50	—,75	1,— ℳ
Leitungsanlage	—,25	—,37	—,50 ℳ
Fracht	—,05	—,08	—,10 ℳ
	—,80	1,20	1,60 ℳ
12,5% allgemeine Unkosten	—,10	—,15	—,20 ℳ
	—,90	1,35	1,80 ℳ
statt	3,—	4,50	6,— ℳ

Die Klägerin hat darauf geltend gemacht:

Wenn ihr jetziger Antrag von dem früheren abweiche, so sei dies ohne weiteres damit zu erklären, daß sich inzwischen die Berechnungsunterlagen geändert hätten. Es sei aber im übrigen auch im Laufe des Verfahrens wiederholt von der Klägerin erklärt worden, daß eine genaue Berechnung über die notwendigen Garantien und Baukostenzuschüsse erst dann angestellt werden könne, wenn die Strompreise festständen. Dieser Zeitpunkt sei erst mit Erlaß des Teilurteils eingetreten. Die dann vorgelegte reinsachliche Berechnung der Klägerin könne durch das bloße Bestreiten der Beklagten nicht als widerlegt betrachtet werden. Die Beklagte beschränke sich lediglich darauf, eine Aufstellung über die Kosten einer Kabelverlegung oder einer Freileitung zu machen, gemäß welcher

	im Frieden	heute
die Kosten einer Kabelverlegung	837,20	977,82 ℳ
einer Niederspannungsfreileitung	273,67	297,69 ℳ

betragen sollten. Die Klägerin habe demgegenüber folgende Werte angegeben

	im Frieden	heute
die Kosten einer Kabelverlegung	720,— ℳ	980,— ℳ
einer Niederspannungsfreileitung	223,10 ℳ	307,60 ℳ

Die Parteien stimmten also bezüglich der heutigen Kosten ziemlich überein. Es bestehe nur ein Unterschied hinsichtlich der Friedenskosten, der wohl dadurch zu erklären sei, daß die Klägerin im Frieden große Abschlüsse gemacht habe, auf die ihr erhebliche Rabatte gewährt worden seien. Irgendeinen Einfluß auf die rechnerische Begründung ihres Antrages habe diese Feststellung jedoch keineswegs. Denn wenn man selbst anstatt 720 ℳ als Anlagekosten für 100 m Kabel den von der Beklagten angegebenen Wert von 837,20 ℳ einsetze, so bedeute das nur, daß der im Frieden aus der Anlage erzielte Überschuß von 50 ℳ nicht 7%, sondern nur $\frac{50}{837{,}20} = 6\%$ des Anlagewertes betragen habe. Es habe sich also das Niederspannungskabel nach Abzug der $2^1/_2\%$ Abschreibung nicht mit $4\frac{1}{2}\%$, sondern mit $3\frac{1}{2}\%$ verzinst. Der jetzige Anspruch der Klägerin beruhe aber nicht auf der Friedensverzinsung, sondern auf der heutigen Verzinsung, die in Höhe von 12% beansprucht sei. Es könne sich lediglich darum handeln, darüber zu entscheiden, ob dieser Zinssatz für die heutigen Verhältnisse angemessen sei. Würde z. B. ein Zinssatz von $8\frac{1}{2}\%$ für angemessen erachtet, wie solcher letzthin in einem Urteil des Reichswirtschaftsgerichts in Sachen XXII. 1. A. V. 37/24 festgesetzt worden sei, so würde der bei einem Lichtpreis von 52 ₰ erzielte Überschuß von 72 ℳ bei $8\frac{1}{2}\% + 2\frac{1}{2}\% = 11\%$ Kapitaldienst einem Anlagekapital von 650 ℳ entsprechen, während in Wirklichkeit das Anlagekapital auch nach Ansicht der Beklagten rund 980 ℳ betrage. Das würde zur Folge haben, daß entweder von den heutigen Kosten der Leitungsanlagen die Klägerin nur $^2/_3$ zu tragen habe, während $^1/_3$ seitens der beklagten Stadtgemeinde oder Dritter zu tragen wären, oder daß die Garantie auf das $1\frac{1}{2}$fache der Friedensgarantie erhöht werden müßte.

Der Anspruch, daß die in dem Vertrag bereits enthaltene Bestimmung, gemäß welcher die kostenlos herzustellende Kabel- oder Freileitungslänge sich in demselben Verhältnis verringern solle, in dem die Strompreise herabgesetzt würden, auch auf die Ermäßigung des Lichtstrompreises unter 52 ₰ je kWh Platz greifen solle, sei durchaus berechtigt, da ja auch die Berechnung bezüglich der Garantie auf Einnahmen von 52 ₰ je kWh beruhe. Unter Zugrundelegung des aus dem Teilurteil sich ergebenden Strompreises von 37 ₰ je kWh gelange man mit der vertraglich zu garantierenden Menge von 13,75 kWh je 2 m Kabel, also 690 kWh Lichtstrom für 100 m Kabel, zu einer Einnahme von

	690×0,37 =	255,— ℳ
hiervon seien 80% Stromselbstkosten	....	204,— ℳ
es blieben für Kapitaldienst	....	51,— ℳ

Bei 12% Verzinsung + 2,5% Abschreibung zus. 14,5% entspreche dies einem verzinsten Kapital von 350 ℳ, während das verzinste Kapital bei einem Lichtstrompreis von 52 ₰ je kWh 495 ℳ betrage. Bei Verdoppelung der Garantie gemäß dem Antrage der Klägerin würde sich das verzinste Kapital auf 700 ℳ stellen gegenüber tatsächlichen Aufwendungen von 980 ℳ. Während die Klägerin bei einem Lichtstrompreis von 52 ₰, unter Verdoppelung der Garantie die vollen Anlagekosten einschließlich der Überteuerung in Höhe von 980 ℳ übernehmen könnte, würde sie dies bei einem Lichtstrompreis von 37 ₰ nur in Höhe von 700 ℳ tun können. Die kostenlos herzustellende Kabellänge veringere sich also von 980 ℳ auf 700 ℳ, das sei genau das Verhältnis, in dem der Strompreis von 52 ₰ auf 37 ₰ sich ermäßigt habe. Dieselbe Rechnung auch bei 8½% Verzinsung anstatt 12% durchgeführt ergebe als verzinstes Anlagekapital 465 ℳ beim Lichtstrompreis von 37 ₰ gegenüber 650 ℳ bei 52 ₰. Bei 1½facher Garantie wäre ein Anlagekapital von 1,5×465, d. h. wieder 700 ℳ verzinsbar. Also auch hier stehe das verzinsbare Kapital zu dem tatsächlich aufzuwendenden Kapital in demselben Verhältnis, in dem der ermäßigte Strompreis von 37 ₰ zu dem früheren Strompreis von 52 ₰ stehe.

Bezüglich der Hausanschlüsse gelte das oben Gesagte in gleicher Weise. Was die von der Beklagten angeführten Kosten der Hausanschlüsse anbelange, so sei dazu zu sagen, daß bereits im Frieden die Kosten 2, 3 bzw. 4 ℳ betragen hätten, und daß dieselben nicht allein 1 m Kupferleitung, sondern auch bei größeren Entfernungen Holzmasten, Isolatoren, Klemmen usw. enthalten müßten.

Die Beklagte ist demgegenüber bei ihrem Vorbringen verblieben. Beide Parteien haben ihre Berechnungen durch vorgelegte Belege erläutert.

Gründe.

Der Antrag zu 3, welcher die Preise des dem Stromlieferungsvertrage angehefteten Krafttarifs vom Jahre 1910 für die B.sche Kleineisenindustrie betrifft und diese Preise als Goldgrundpreise gelten lassen will, erscheint durch die Sach- und Rechtslage im allgemeinen gerechtfertigt. Die Beklagte hat gegen ihn beachtliche Einwendungen nicht erhoben, ihre Belange sind auch dadurch genügend geschützt, daß nach dem Willen der Klägerin über die zu diesen Grundpreisen wegen der Änderung der wirtschaftlichen Verhältnisse notwendigen Teuerungszuschläge in Gold in jedem Fall besondere Vereinbarungen getroffen werden müssen und dabei keine höheren Zuschläge gefordert werden dürfen als diejenigen, welche die Klägerin mit den Großabnehmern in ihrem Versorgungsgebiet oder im Geltungsgebiet des B.schen Krafttarifs allgemein vereinbart. Der Senat hat daher kein Bedenken getragen, diesem Antrage der Klägerin stattzugeben. Wenn der mit der Berufung angefochtene Schiedsspruch hier weiter anordnet, daß bei Zuwiderhandlungen die Stadtgemeinde im Klagewege Herabsetzung der Preise verlangen kann und die Befugnis der Klägerin, gemäß §§ 1 und 2 Abs. 3 der Verordnung vom 1. Februar 1919/9. Juni 1922 die Festsetzung höherer Preise zu fordern, unberührt bleiben soll, so wird damit nur eine Selbstverständlichkeit ausgesprochen. Diese Anordnung ist daher entbehrlich.

Bei den noch zu erledigenden Streitpunkten (Antrag 1 und 5) handelt es sich zunächst darum, ob Mehrkosten in der Erweiterung des Niederspannungsnetzes und der Hausanschlüsse vom Lieferer auch zusätzlich zu dem Strompreise oder sonstigen von dem Abnehmer vertraglich übernommenen Verpflichtungen auf den Abnehmer abgewälzt werden können. Ist diese Frage nach dem im Teilurteil näher dargelegten Sinn und Zweck der §§ 1 und 2 der genannten Verordnung schon an sich zu bejahen, so verdient sie im vorliegenden Falle auch darum besondere Beachtung, weil der Senat bei der dem Teilurteil vorausgegangenen Prüfung der Selbstkosten der Klägerin u. a. nur die erhöhten Aufwendungen auf der Grundlage des vorhandenen Niederspannungsnetzes berücksichtigt und deshalb bei der sich auf diese Prüfung stützenden Strompreisfestsetzung im Teilurteil die Neubaukosten für künftige Erweiterungen des Niederspannungsnetzes mit der Absicht außer Betracht gelassen hat. Allerdings ist in dem so gefundenen Mehrpreis des Stromes den zurzeit geltenden höheren Zinssätzen Rechnung getragen, jedoch nur soweit sie das der Selbstkostenberechnung des Senats zugrundeliegende Anlagekapital betreffen. Es würde mithin einen Trugschluß bedeuten, wenn man den heutigen Strompreis bereits als einen Ausgleich für die höheren Anlagekosten von Netzerweiterungen ansehen wollte. Die ferner durch das Teilurteil geregelten Zählermieten kommen für einen solchen Ausgleich überhaupt nicht in Frage. Demnach ist es bedeutungslos, welchen Erfolg der von der Beklagten gestellte Antrag auf Wiederaufnahme des durch das Teilurteil geschlossenen Verfahrensteils hat und die Ablehnung des Antrages auf Vertagung oder Aussetzung des weiteren Verfahrens bis zur Entscheidung des ersteren Antrags gerechtfertigt.

Zu erörtern bleibt dagegen noch, in welcher Weise und in welchem Maßstabe die obenerwähnte Abwälzung vorgenommen werden soll. Dies darf nicht so geschehen, daß die Mehrbaukosten durch einen alle Abnehmer treffenden allgemeinen Zuschlag zu den Strompreisen abzugelten wären, da die beteiligten

Abnehmer in ihren Beziehungen zu dem Lieferer und zu einander so mannigfach geartet sind — es kommen große und kleine Städte sowie Stadt- und Landgemeinden verschiedenster Lage und Zusammensetzung in Betracht —, daß die Deckung der Mehrbaukosten durch einen Zuschlag zu dem Strompreis zwar äußerlich einheitlich erscheinen, in Wirklichkeit aber eine Ungleichheit hervorrufen würde, welche einigen Beteiligten zum Vorteil, anderen und vielleicht sogar der überwiegenden Mehrheit der Beteiligten aber zum Nachteil gereichen könnte. Es ist vielmehr angebracht, eine Regelung für den Einzelfall zu wählen.

Da nach dem Wortlaut der die Erweiterungen der Niederspannungsnetze und Hausanschlüsse behandelnden Vertragsbestimmungen diese nur eine Grenze gegen unwirtschaftliche Erweiterungen oder das normale Maß übersteigende Anschlußleitungen bilden sollen, so hat der Senat die alte Fassung dieser Bestimmungen auch für die Zukunft in ihrem Kern aufrecht erhalten und daher die von der Klägerin beantragte Verlängerung der Verbrauchsgarantie von 2 auf 5 Jahre abgelehnt, zumal dieser Anspruch mit der durch den Krieg hervorgerufenen Steigerung der Selbstkosten nicht zu rechtfertigen ist. Eine Änderung der Bestimmungen ist jedoch dahin erforderlich, daß der bei Abschluß des Vertrages vorgesehene Grundpreis für Lichtstrom von 30 ₰ je kWh in den j e w e i l i g e n Lichtstrompreis umgewandelt und damit der ursprüngliche Sinn des Vertrages wieder hergestellt wird. Grundsätzlich erachtet der Senat es ferner für richtig, daß die so errechnete Garantiesumme, welche eine Voraussetzung für die Erweiterungspflicht der Klägerin bildet, sich im Verhältnis der Friedensbaukosten zu den jetzigen Baukosten erhöht. Es ist jedoch kaum praktisch durchführbar, eine soche individuelle Rechnungslegung in jedem einzelnen Falle der Klägerin zuzumuten. Dies würde auch im Einzelfalle ungerecht sein, wenn zufällig z. B. erhöhte Verlegungskosten durch besondere örtliche Verhältnisse entständen. Die Mehrkosten werden allerdings verschieden sein, je nachdem es sich um Verlegung unterirdischer Kabel oder oberirdischer Freileitungen handelt. Im Interesse der Einheitlichkeit der im Gesamtversorgungsgebiet der Klägerin zu fordernden Stromgarantie und gerade auch im Interesse der Abnehmer, die nur auf diesem Wege zu der erwünschten gleichmäßigen Behandlung gelangen können, muß aber ein einheitlicher Maßstab gesucht werden. Als solcher Maßstab erscheint dem Senat das Preisverhältnis von Niederspannungskabeln besonders geeignet, und zwar deswegen, weil in dem Preise dieser Kabel sich Löhne und Rohstoffkosten bereits mischen und weil nach den Feststellungen des Senats das Steigerungsverhältnis der Kabelpreise annähernd dasselbe ist wie die Preissteigerung für die Gesamtbauausführung bei Kabelleitungen und bei Freileitungen. Der Senat ist sich hierbei bewußt, daß bei etwaigem starken Auseinandergehen der Änderungen von Material-, insbesondere Kupferpreisen und Löhnen gegenüber dem Frieden möglicherweise damit zu rechnen ist, daß ein Ausgleich durch die dann in Anwendung kommende Garantiesumme nicht erreicht wird. Er hat sich aber trotzdem entschlossen, nur einen Wertmaßstab zur Berechnung der Kosten einzuführen, und zwar einmal wegen der einfachen Ermittelung dieses Maßstabes, sodann weil die Leitungserweiterungen für das Wirtschaftsergebnis der Klägerin im ganzen voraussichtlich keine wesentliche Rolle spielen. Sollten wirklich erhebliche Änderungen der wirtschaftlichen Verhältnisse eintreten, so würde § 2 Abs. 3 der Schiedsgerichts-Verordnung der Klägerin genügenden Schutz bieten. Der Senat hat weiter den Vergleichsmaßstab im Zeitpunkt des Beginns der Verlegung gewählt, und zwar dies aus Zweckmäßigkeitsgründen, um Meinungsverschiedenheiten von vornherein auszuräumen, obwohl zuzugeben ist, daß auch ein anderer Zeitpunkt, z.B. derjenige der Bestellung in Frage kommen könnte. Für die Wahl des ersteren Zeitpunktes spricht jedoch die Erwägung, daß mit der Anpassung an die Preise auch die Löhne erfaßt werden. Auf Grund der letzten vor Kriegsausbruch festgestellten Kupfer- und Bleinotiz ist nun als kartellmäßiger Friedenspreis für 1000 m eisenbandarmiertes Papierbleikabel (Type KBA bzw. KEB, d. s. die gängigsten Typen für Kabel der hier benötigten Art) 700 Volt 3×35 qmm mit runden Leitern, welche Kabelart für Niederspannungsleitungen vorzugsweise in Frage kommt, ein Betrag von rund 4400 ℳ ermittelt. Von diesem Betrage ist bei der Berechnung der Garantiesumme und der kostenlos von der Klägerin herzustellenden Anschlußlänge auszugehen. Gegenüber dem jetzigen Preise von 5090,07 ℳ für das gleiche Kabel bedeutet dies eine Preissteigerung von nicht ganz 16%, welche unter den gegebenen Umständen als durchaus angemessen angesehen werden kann. Der Senat hat endlich auch für den Fall, daß ein Kartellpreis nicht feststellbar ist, Vorsorge treffen zu müssen geglaubt und hierfür den jeweils gültigen Marktpreis, zu dem die Klägerin derartige Kabel beziehen kann, festgesetzt. In einem solchen Falle müßte dann dieser Marktpreis mit dem entsprechenden Friedenspreis verglichen werden, um die Preissteigerung zu errechnen.

Die weitergehenden Ansprüche der Klägerin sind unbegründet.

Somit war in der Hauptsache, wie geschehen, zu erkennen.

Bemerkung.

Die Entscheidung bewegt sich fast vollständig in rein technischen Erörterungen und ist dadurch einer rechtlichen Nachprüfung entzogen. Bemerkenswert ist die Kabelpreisklausel, ein Seitenstück der Kohlenklausel. Grundsätzlich ist gegen diese Formel nichts einzuwenden. Daß die fraglichen Ansprüche unter die Strompreisverordnung fallen, ist nicht zu beanstanden. Ebenso erscheint es zweckmäßig, die Höhe des Zuschusses auf den Einzelfall abzustellen, nicht durch einen allgemeinen Zuschlag zu regeln. Die Aufrechterhaltung des Kernes der vertraglichen Vereinbarungen entspricht der ständigen Rechtsprechung des Senates.

13.

Strombezug vom Wiederverkäufer. — Berechnung des Kapitaldienstes. — Installationsgeschäft. — Teilweise Stillegung beim Abnehmer. — Wiederherstellung des geänderten Konzessionsvertrages. — Kein Recht auf Ausschaltung des Wiederverkäufers.

Entscheidung vom 17. Februar 1925.

XXII[1]. A. V. 37/24.

Der zwischen einer Rechtsvorgängerin der Klägerin und der Beklagten am 29. April 1898 abgeschlossene Konzessionsvertrag verpflichtete die Konzessionarin, die beklagte Stadtgemeinde mit elektrischer Arbeit und Wasser zu versorgen. Die Konzession galt nach § 2 Abs. 1 des Vertrages auf die Dauer von 40 Jahren, also bis zum 29. April 1938. Der Beklagten stand nach § 18 des Vertrages das Recht zu, ab 1918 und von da an in fünfjährigen Abständen die Anlage zu erwerben. Die im Konzessionsvertrag enthaltenen Preise wurden durch einen Nachtragsvertrag vom Jahre 1913 abgeändert und stellten sich für Licht auf 40 ₰, für Kraft auf 25 ₰ je kWh, für Wasser auf 30 ₰ je cbm mit Rabatten; die jährlichen Gebühren betrugen für Elektrizitätszähler je nach Größe 6, 12, 15, 18 *M*, für Wassermesser 6, 8 und 10 *M*. Der Preis der Straßenbeleuchtung betrug 15 *M* pro Lampe und Jahr + 1 ₰ für die Brennstunde. Am 20. März 1917 wurde ein weiterer Nachtragsvertrag geschlossen, der u. a. folgendes bestimmte:

I. § 2 Abs. 1 des Konzessionsvertrages wird aufgehoben und dafür bestimmt, daß die Konzession am 29. April 1948 endet.

IV. § 18 des Konzessionsvertrages kommt in Wegfall.

VI. Die A.E.A. (Rechtsvorgängerin der Klägerin) wird baldigst die Umwandlung ihres Netzes für Drehstrom zum Anschluß an die Überlandzentrale S.-Aktiengesellschaft vornehmen, um hierdurch Kupfer für Reichszwecke freizumachen. Die A.E.A. verpflichtet sich, die Installationen der Abnehmer so abzuändern, daß sie zum Anschluß an Drehstrom bei der von der Überlandzentrale gelieferten Spannung geeignet sind. Darin eingeschlossen ist der Umtausch der angeschlossenen Motoren, Apparate, Glühlampen usw. gegen gleichwertige.

VII. Von den Einnahmen aus Stromlieferung für Lichtzwecke erhält die Stadt vom 1. Juli 1928 ab 2½%, vom 1. Juli 1938 ab 5% usw.

IX. Die A.E.A. verpflichtet sich, spätestens am 1. Januar 1918 die allgemeinen Kraftpreise der Überlandzentrale Akt.-Ges. für Nichtaktionäre einzuführen. Sie verpflichtet sich weiter, ihre allgemeinen Licht- und Kraftpreise nicht zu erhöhen, solange die Überlandzentrale ihre allgemeinen Strompreise und Bedingungen für Nichtaktionäre nicht verändert. Im Falle einer solchen Änderung darf die A.E.A. ihre

Strompreise und Bedingungen gleichfalls, aber nur in den Grenzen der von der Überlandzentrale vorgenommenen Änderung verändern. Ermäßigt die Überlandzentrale die der A.E.A. im Vertrage vom 27./30. März 1917 eingeräumten Stromlieferungsbedingungen, so ist die A.E.A. verpflichtet, ihre allgemeinen Strompreise im gleichen Umfange herabzusetzen.

Eine Umstellung der Papiermarkpreise auf Goldmark erfolgte durch einstweilige Anordnung des Reichskommissars für die Kohlenverteilung vom 16. Oktober 1923, der sich beide Parteien fügten. Das gegenwärtige Verfahren wurde eingeleitet durch Anträge der Klägerin vom 11. Januar 1924 auf Erlaß einer einstweiligen Anordnung und vom 31. März 1924 auf endgültige Festsetzung der Preise. Vor dem Schiedsgericht verlangte die Klägerin Erhöhung ihrer Preise auf 60 G.Pf. für Licht, 40 G.Pf. für Kraft, 30 G.Pf. für Wasser, 30 G.M. + 2 G.Pf. für die Straßenbeleuchtung per Lampe und Brennstunde, zuzüglich einer Kohlenklausel von 0,5 ₰ je kWh bei Elektrizität, 0,35 ₰ je cbm bei Wasser, 0,025 ₰ je Brennstunde bei Straßenbeleuchtung für jede Mark Preiserhöhung auf der Grundlage eines Preises von 16 G.M. für die Tonne Steinkohle, unter Fortfall der Rabatte, Erhöhung der jährlichen Gebühr für Elektrizitätszähler auf 12, 24, 30 und 36 G.M., der vierteljährlichen Gebühr für Wassermesser auf 12, 16 und 20 G.M., monatliche Bezahlung der Strom- und vierteljährliche Bezahlung der Wasserrechnungen, Festsetzung der Prüfungsgebühren in Goldmark, Aufhebung des Artikels IX des Nachtragsvertrages vom Jahre 1917. Die Anträge der Beklagten gingen auf Festsetzung der Vorkriegspreise in Gold zuzüglich der beantragten Kohlenklausel, Auferlegung der Verpflichtung für die Klägerin, Sonderabkommen nur mit Genehmigung des Magistrats zu treffen, Festsetzung der Gebühren für Elektrizitätszähler und Wassermesser nach Vorkriegspreisen in Gold, Wiederherstellung ihres Rechtes zum Erwerb der Anlage von Ende 1924 an, Abweisung der Klage im übrigen.

Das Schiedsgericht hat durch Spruch vom 10. September 1924 wie folgt entschieden:

1. Grundpreis für Licht 55 G.Pf., für Kraft 40 G.Pf. je kWh, für Wasser 30 G.Pf. je cbm
2. Straßenbeleuchtung 30 G.M. pro Lampe und Jahr für die im Betrieb befindlichen Lampen + 2 G.Pf. für die Brennstunde. Verpflichtung der Beklagten, falls die Zahl der im Betrieb befindlichen Lampen erhöht wird, die Instandsetzungskosten für die in Betrieb zu nehmenden und die Einrichtungskosten für neuaufzustellende Lampen zu übernehmen.
3. Erhöhung der vorstehenden Preise, wenn der Preis einer Tonne Steinkohle 16 G.M. übersteigt, für jede Mark Preiserhöhung um 0,5 G.Pf. je kWh bei Elektrizität, um 0,35 G.Pf. je cbm bei Wasser, um 0,025 G.Pf. je Brennstunde bei der Straßenbeleuchtung.

4. Wegfall von tarifmäßigen Rabatten.
5. Jährliche Gebühren für Elektrizitätszähler 9, 18, 21 und 27 G.M.
6. Jährliche Gebühr für Wassermesser
   bei 13 mm Durchlaß 12 G.M.,
   bei 15 und 20 mm Durchlaß 14,40 G.M.,
   bei 25 und mehr mm Durchlaß 18 G.M.
7. Eine Goldmark = 1 : 4,2 Dollar.
8. Zahlungsbedingungen entsprechend Klageantrag.
9. Die im § 3 der Stromlieferungsbedingungen festgesetzten Prüfungsgebühren gelten als Goldmark.
10. Punkt IX des Nachtragsvertrages von 1917 bleibt, soweit er nicht durch diesen Schiedsspruch durchbrochen ist, bestehen.
11. Im übrigen Anträge der Beklagten abgewiesen.

Gegen diesen Schiedsspruch haben beide Parteien Berufung eingelegt.

Die Klägerin hat ihre Berufung auf den Punkt 6 des Schiedsspruchs beschränkt. Sie verlangt Festsetzung der jährlichen Gebühren für Wassermesser

bei 13 mm Durchlaß auf 48 G.M.,
bei 15 und 20 mm Durchlaß auf 64 G.M.,
bei 25 mm Durchlaß auf 80 G.M.,
bei 40 und mehr mm Durchlaß auf 120 G.M.

Ihren schriftlich angekündigten Antrag auf völlige Aufhebung des Artikels IX des Nachtragsvertrages von 1917 hat sie im Verhandlungstermin zurückgezogen.

Die Beklagte beantragt Aufrechterhaltung des Artikels IX des Nachtragsvertrages von 1917 und demgemäß Festsetzung der Preise für Licht und Kraft nach den Preisen der Überlandzentrale für Nichtaktionäre, heute 47 G.Pf. für Licht, 27 G.Pf. für Kraft. Preise für Wasser und Straßenbeleuchtung wie 1914 in Gold mit Kohlenklauselzuschlag gemäß Ziff. 3 des Schiedsspruchs. Befreiung von der Verpflichtung, Instandsetzungskosten bei neuaufgestellten Lampen zu tragen. Gebühren für Elektrizitätszähler und Wassermesser wie 1914 in Gold. Sonderabkommen der Klägerin mit Abnehmern von der Genehmigung des Magistrats abhängig. Wiederinkraftsetzung ihres Erwerbsrechts erstmalig Ende 1924, von da ab alle 5 Jahre.

Beide Parteien beantragen, die Berufung des Gegners zurückzuweisen.

Die Klägerin hat auf Erfordern des Senats eine Einnahmen- und Ausgabenberechnung überreicht, die auf den tatsächlich im Kalenderjahr 1924 gelieferten Kilowattstunden und Kubikmetern und auf den am Schluß des Jahres maßgebenden Kohlenpreisen beruht, sowie auf den damals gültigen Löhnen und Gehältern und den vom Schiedsgericht festgesetzten Preisen, letzteres mit Ausnahme der Wassermessergebühren die so eingesetzt sind, wie sie in dem Berufungsantrage gefordert werden.

Das Reichswirtschaftsgericht hat unter Zurückweisung der Berufungen im übrigen den Grundpreis für Licht auf 50 ₰ je kWh, den Grundpreis für Kraft auf 30 ₰ je kWh herabgesetzt und die jährliche Gebühr für Wassermesser

bei 13 mm Durchlaß auf 20 R.M.,
bei 15 und 20 mm Durchlaß auf 48 R.M.,
bei 25 mm und mehr auf 80 R.M.

heraufgesetzt.

Gründe.

Die von beiden Parteien erhobenen Ansprüche gründen sich auf § 2 Ziff. 3 der Verordnung vom 1. Februar 1919/9. Juni 1922. Die einstweilige Anordnung des Reichskohlenkommissars vom 16. Oktober 1923, der sich beide Parteien gefügt haben, stellt die letzte Einigung im Sinn des § 2 Ziff. 1 und 3 dar, und die Voraussetzung, daß gegenüber dem zur Zeit dieser Einigung vorliegenden Tatbestande eine erhebliche Änderung eingetreten ist, liegt unstreitig und unbedenklich vor.

Der Senat hatte danach zunächst zu untersuchen, welche Preise notwendig sind, um die technische und wirtschaftliche Lebensfähigkeit des Lieferungsunternehmens zu erhalten. Die Rechtsvorgängerin der Klägerin hat im Jahre 1917 durch Abschluß des Nachtragsvertrages die Verpflichtung übernommen, die damals in B. vorhandene ihr gehörige Stromerzeugungsanlage stillzusetzen, das Netz umzubauen und in Zukunft den Strom von der Überlandzentrale S. zu beziehen. Die Klägerin hat in der von ihr überreichten Einnahmen- und Ausgabenberechnung die Zahl der im Kalenderjahre 1924 von der Überlandzentrale bezogenen und in B. nutzbar abgegebenen Kilowattstunden und ebenso die Zahl der vom Wasserwerk abgegebenen Kubikmeter angegeben, und die Beklagte hat diese Angaben nicht bestritten. Auch die im Jahre 1924 in B. tatsächlich erwachsenen sachlichen Unkosten, sowie die Gehälter und Löhne nach den am Jahresschlusse gültigen Sätzen, wie endlich die Stromeinkaufspreise sind in der Berechnung zahlenmäßig angegeben und nicht bestritten. Die Klägerin berechnet danach ihre Gesamtjahresausgaben wie folgt:

I. Kapitaldienst	77 100 R.M.
II. Allgemeine Unkosten	18 600 R.M.
III. Stromerzeugung und Wassererhebung	20 980 R.M.
IV. Unterhaltung	6 000 R.M.
	122 680 R.M.

Hierzu 12% Steuern.

Gesamtsumme der Ausgaben:

$$\frac{122\,680 \times 100}{88} = 139\,410 \text{ R.M.}$$

Zu I. Der Kapitaldienst ist von der Klägerin im einzelnen wie folgt berechnet:

12% vom Anlagekapital von 500 000 ℳ für Verzinsung	R.M.	60 000,—
12% vom Betriebskapital von 5000 ℳ	R.M.	600,—
3% vom Anlagekapital von 300 000 ℳ für Erneuerungsrücklage	R.M.	9 000,—
1½% vom Anlagekapital von 500 000 ℳ für Tilgungsrücklage	R.M.	7,500,—
	R.M.	77 100,—

Der Senat hält bei Berücksichtigung der Interessen der beklagten Stadt, in der sehr viele Beamte und Kleinrentner wohnen, eine Berechnung des Kapitaldienstes in dieser Höhe nicht für begründet. Die Klägerin hat vorgebracht, daß die klagende G. m. b. H. (G.E.A.) ein noch nicht auf auf Reichsmark umgestelltes Kapital von 7 000 000 Papiermark hat, und gleichzeitig mit Recht darauf hingewiesen, daß an sich nicht die Verhältnisse der G.E.A., sondern diejenigen der Muttergesellschaft, der L. u. K.-Aktiengesellschaft maßgebend sind, weil letztere Gesellschaft die gesamten Anteile der G.E.A. besitzt. Der Senat ist daher der Ansicht, daß das insgesamt investierte Kapital von 500 000 G.M., gegen dessen Ansetzung mit 500000 G.M. weder rechtlich noch nach den vom Schiedsgericht erhobenen Beweisen tatsächlich Bedenken bestehen, teils durch Aktienkapital, teils durch Obligationsanleihen aufgebracht ist, und zwar im gleichen Verhältnis wie das Gesamtkapital der Muttergesellschaft sich auf Aktienkapital und Obligationskapital verteilt. Das genaue Verhältnis ist leider nicht bekannt, weil die Muttergesellschaft bisher ihr Kapital auf Reichsmark noch nicht umgestellt hat. Der Senat ist daher auf eine Schätzung angewiesen und hat annehmen zu können geglaubt, daß nach der Umstellung etwa 10% des Gesamtkapitals als durch Obligationsanleihen aufgebracht anzusehen sein wird. Der Senat hält weiter eine zukünftige Verzinsung des Aktienkapitals von 8½% für angemessen und kommt durch diese Überlegung zu dem Ergebnis, daß das Anlagekapital zu verzinsen ist mit

8½% von $^9/_{10}$ von 500 000 ℳ	38 250 R.M.
und 4½% von $^1/_{10}$ von 500 000 ℳ	2 250 R.M.
zusammen:	40 500 R.M.

Der Senat ist des weiteren der Ansicht, daß eine jährliche Rücklage in Höhe von 2% des von der Klägerin eingesetzten und von der Beklagten nicht bestrittenen heutigen Schätzungswertes von 300 000 ℳ in den Abschreibungs- und Erneuerungsfonds ausreichend sein wird mit Rücksicht darauf, daß die Betriebskostenberechnung eine angemessene und ausreichende jährliche Ausgabe für Unterhaltung enthält.

Es wird ferner noch erforderlich sein, die nicht mehr vorhandenen Anlagewerte in Höhe von 200 000 ℳ bis zum Ablauf der Konzession zu tilgen. Der Senat hält einen Satz von 1½% pro anno unter Hinzurechnung der ersparten Zinsen für diesen Zweck für erforderlich und ausreichend. Die beiden letzten Posten ergeben einen Gesamtbetrag von 9000 R.M., so daß der Jahres-Kapitaldienst insgesamt 49 500 R.M. ausmacht. Der Senat hat von einer Verzinsung des Betriebskapitals Abstand genommen, weil angenommen werden kann, daß dieses Kapital durch die sonstigen Geschäfte ausreichend verzinst wird.

Zu II. Die allgemeinen Unkosten sind mit 18 600 R.M. richtig berechnet. Auch gegen den darin steckenden Posten von 10 000 ℳ für auf B entfallende Unkosten der Zentralverwaltung in Berlin bestehen mit Rücksicht darauf, daß die Buchhaltung für B in Berlin geführt wird, keine Bedenken.

Zu III. Die Kosten für Stromerzeugung und Wasserhebung sind mit 20 980 R.M. richtig berechnet.

Zu IV. Die für Unterhaltung angesetzte jährliche Ausgabe von 6000 ℳ = 2% vom heutigen Schätzungswert von 300 000 ℳ ist angemessen. Die Ausgaben stellen sich danach auf

	49 500 R.M.
	18 600 R.M.
	20 980 R.M.
	6 000 R.M.
insgesamt:	95 080 R.M.

Unter Hinzurechnung von 12% Steuern stellt sich danach die Gesamt-Jahresausgabe auf

$$\frac{95\,080 \times 100}{88} = 108\,045 \text{ R.M.}$$

Demgegenüber sind die Gesamt-Jahreseinnahmen nach den vom Schiedsgericht für Licht, Kraft, Wasser, Straßenbeleuchtung und Elektrizitätszähler festgesetzten und den von der Klägerin für Wassermesser verlangten Gebühren richtig berechnet mit 128 692 R.M. Es bleibt also ein Überschuß der Einnahmen über die Ausgaben von 20 647 R.M.

Die Beklagte verlangt zu Unrecht, daß zur Bemessung der vertraglichen Strompreise auch die Einnahmen der Klägerin aus dem Installationsgeschäft und aus ihren Sonderabkommen mit Großabnehmern berücksichtigt werden. Die Klägerin hat in ihrer Ausgabenberechnung von den allgemeinen Unkosten einen als angemessen erscheinenden Betrag von 1724 ℳ als Unkostenanteil für die Großabnehmer und das Installationsgeschäft in Abzug gebracht. Das

Installationsgeschäft ist ein freies, der allgemeinen Konkurrenz unterliegendes Unternehmen der Klägerin, dessen Ertrag in keiner Weise die zwischen den Parteien bestehenden Vertragsbeziehungen berührt. Das gleiche gilt von den nicht unter den Vertrag der Parteien fallenden Sonderabkommen, die die Klägerin mit Großabnehmern von Kraft geschlossen hat. Die Einnahmen aus diesen Geschäften sind daher bei der Bemessung der Strompreise nicht zu berücksichtigen.

Zur Erhaltung der technischen und wirtschaftlichen Lebensfähigkeit des Lieferungsunternehmens ist es erforderlich, daß die Ausgaben einschließlich Kapitaldienst gedeckt werden; sie betragen 108 045 R.M. jährlich. Da die oben berechneten Einnahmen von 128 692 R.M. die Ausgaben übersteigen, sind die Einnahmen durch Kürzung der Preise entsprechend zu mindern. Diese Veränderung des rechnungsmäßigen Ergebnisses gegenüber den Feststellungen des Schiedsspruchs ist teils in dem seit Fällung des Schiedsspruchs eingetretenen Anwachsen des Strom- und Wasserverbrauchs, teils in der seit damals allgemein durchgeführten Ermäßigung des Zinssatzes begründet.

Der vom Schiedsgericht für die Straßenbeleuchtung bewilligte Preis verträgt bei der ganz außerordentlichen Einschränkung der Zahl der Lampen gegenüber der Friedenszeit keine Kürzung. Das Schiedsgericht hat auch mit Recht der Beklagten die Verpflichtung auferlegt, die Instandsetzungskosten für neu in Betrieb zu nehmende Lampen und die Einrichtungskosten für neu aufzustellende Lampen zu tragen. Dagegen erscheint es angebracht, den Grundpreis für Licht von 55 auf 50 ₰ und den für Kraft von 40 auf 30 ₰ je kWh herabzusetzen. Dadurch treten bei den von der Klägerin berechneten Jahreseinnahmen folgende Ermäßigungen ein:

92 168 kWh Licht × 5 ₰ = 4608,40 R.M.
38 739 kWh Kraft × 10 ₰ = 3873,90 R.M.

Der von der Klägerin geforderte und vom Schiedsgericht bewilligte Preis von 30 ₰ + Kohlenklauselzuschlag für ein Kubikmeter Wasser ist für ein nichtkommunales Lieferungsunternehmen so gering, daß er in einer angemessenen Grundgebühr — als eine solche ist die Gebühr für Wassermesser anzusehen — einen Ausgleich finden muß. Die vom Schiedsgericht hier bewilligten Gebühren sind zu niedrig, während andererseits die von der Klägerin mit der Berufung geforderten und in die Einnahmenberechnung eingesetzten Gebühren zu hoch sind. Der Senat hält folgende jährliche Wassermessergebühren für angemessen:

bei 13 mm Durchlaß 20 R.M.,
bei 15 und 20 mm Durchlaß 48 R.M.,
bei 25 und mehr mm Durchlaß 80 R.M.

In der Einnahmenberechnung der Klägerin sind folgende Jahresgebühren eingesetzt:

bei 13 mm Durchlaß 48 R.M.,
bei 15 und 20 mm Durchlaß 64 R.M.,
bei 25 mm Durchlaß 80 R.M.,
bei 40 und mehr mm Durchlaß 120 R.M.

Durch die Festsetzung der Jahresgebühren auf 20, 48 und 80 R.M. treten folgende Ermäßigungen ein:

357 Wassermesser × 28 = 9996 R.M.
101 Wassermesser × 16 = 1616 R.M.
6 Wassermesser × 40 = 240 R.M.
insgesamt 11 852 R.M.

Insgesamt werden sich danach die von der Klägerin mit 128 692 R.M. errechneten Einnahmen um

4 608,40 R.M. für Licht,
3 873,90 R.M. für Kraft,
11 852,— R.M. für Wasser,
insgesamt um 20 334,30 R.M.

ermäßigen, also 108 358 R.M. betragen. Da die Ausgaben 108 045 R.M. ausmachen bleibt der Klägerin noch ein kleiner Überschuß von 313 R.M. im Jahr.

Die von der Beklagten erhobenen Einwendungen und Ansprüche sind unbegründet:

Die Klägerin hat nach der von ihr eingereichten Berechnung für den von der Überlandzentrale S. bezogenen Strom 10,7 ₰ je kWh bezahlt. Eine Ermäßigung ihrer Strompreise ist seit 1917 nicht eingetreten, vielmehr ist die frühere Kohlenklausel von 0,156 inzwischen auf 0,35 erhöht. Die Spannung zwischen den Einkaufspreisen und den Verkaufspreisen, wie sie sich aus diesem Urteil ergeben, ist nicht zu groß, sondern die in solchen Fällen übliche. Die von der Beklagten überreichte Zusammenstellung der in einer Reihe von Orten gegenwärtig, zur Erhebung gelangenden Preise ist für den vorliegenden Streit belanglos, weil sie in der Hauptsache nur Gemeindewerke berücksichtigt, die wohl durchweg mit kommunalem Kredit erbaut worden sind und daher infolge des gänzlichen Verschwindens der Kommunalschulden überhaupt keinen Kapitaldienst mehr aufzubringen haben.

Artikel IV des Nachtragsvertrages von 1917 lautet:

„§ 18 des Konzessionsvertrages kommt in Wegfall.

§ 18 des Konzessionsvertrages gab der Beklagten das Recht, die Anlage schon vor Ablauf der Konzession, erstmalig 1918 und von da ab in fünfjährigen Abständen zu erwerben. Daß dieser Verzicht der Beklagten auf ein vorzeitiges Erwerbsrecht die Gegenleistung gewesen sei für die in Artikel IX des Nachtragsvertrages geregelte Angleichung der Strompreise in B. an die Strompreise der Überlandzentrale S. ist aus der Fassung des Vertrages nicht zu ersehen und auch nicht anzunehmen. Der Senat ist vielmehr, wie bereits oben in anderem Zusammenhange angedeutet, der Überzeugung, daß die Hinausschiebung des Rückkaufsrechts dem Lieferungsunternehmen als Entschädigung für die durch die Umwandlung des Werkes auf Drehstrom entstandenen Kapitalverluste bewilligt wurde. Aus der Abänderung des Artikels IX kann daher die Beklagte den von ihr erhobenen Anspruch auf Wiederherstellung des § 18 des Konzessionsvertrages nicht herleiten. Dieser Anspruch kann aber auch nicht damit begründet werden, daß durch Ausschaltung der Klägerin als Wiederverkäuferin die Beklagte in die Lage versetzt würde, die Strom- und Wasserversorgung in B. billiger zu gestalten. Tatsächlich trifft dieses nach der Überzeugung des Senats nur insoweit zu, als der verhältnismäßig geringfügige Ausgabeposten „Steuern" nach der augenblicklichen Lage der Gesetzgebung bei Führung des Betriebes durch die Stadt in Wegfall käme, während der Betrag, den die Klägerin als „Berliner Unkosten" eingesetzt hat, auch von der nichtsachverständigen Gemeinde aufgewandt werden müßte, wenn sie den Betrieb sachgemäß führen wollte. Aber wie dem auch sei: die Beklagte hat einen langfristigen Konzessionsvertrag mit einem Wiederverkäufer abgeschlossen und kann aus der Verordnung vom 1. Februar 1919/9. Juni 1922 nicht den Anspruch herleiten, diesen Wiederverkäufer auszuschalten, weil sie sich bei direktem Bezuge von dem Stromerzeuger besser stehen würde. Das Schiedsgericht hat daher mit Recht den Antrag der Beklagten auf Wiederherstellung des § 18 des Konzessionsvertrages abgelehnt. Ebenso unbegründet ist der Antrag der Beklagten, Sonderabkommen der Klägerin mit Abnehmern, bei welchen von den allgemeinen Preisfestsetzungen abgewichen wird, von der Genehmigung des Magistrats abhängig zu machen. Wenn die Klägerin größeren Abnehmern, wie allgemein üblich, Ermäßigungen gewährt, so werden hierdurch die übrigen Abnehmer nicht geschädigt. Es fehlt daher jeder Anlaß, dem Antrage der Beklagten, selbst wenn man seine rechtliche Zulässigkeit unterstellt, stattzugeben. Die Bestimmungen des Schiedsspruchs über den Wegfall von tarifmäßigen Rabatten, über die Zahlungsbedingungen, sowie über die Umstellung der Prüfungsgebühren auf Goldmark sind nicht ausdrücklich angefochten und nicht zu beanstanden.

Die von der Beklagten verlangte Wiederherstellung des Artikels IX des Nachtragsvertrages von 1917, der insoweit durch den Schiedsspruch aufgehoben ist, als nach ihm eine Angleichung der Verkaufspreise der Klägerin an die der Überlandzentrale S. A.-G. festgesetzt wird, ist ungerechtfertigt. Von der Klägerin ist nachgewiesen, daß die Strompreise der Überlandzentrale heute nicht mehr auf den Kleinverkauf, wie er in B. stattfindet, anwendbar sind. Das Schiedsgericht war sachlich und rechtlich in der Lage, den ursprünglichen vertraglichen Vergleichsmaßstab durch eine feste Preisnorm zu ersetzen. Es bestehen keine Bedenken, diese Preisnorm, in der durch das vorstehende Urteil berichtigten Form anstelle der Bestimmungen des Artikels IX treten zu lassen.

Bemerkung:

Die Berechnung des Kapitaldienstes schwankt noch in der Rechtsprechung des Senates. Zu der Frage haben Stellung genommen die Entscheidungen Folge I S. 11 und 97, Folge II S. 20, 47, 71 und 87. In der ersten und dritten Entscheidung ist eine Verzinsung von 5%, in der zweiten bei einem Wasserwerk eine solche von nur 2%, in der fünften bei einem Wasserwerk $3^1/_2$%, in der vierten eine Verzinsung des gesamten Anlagekapitals in Höhe von 8%, bei der sechsten 8½% zugebilligt. Im vorliegenden Fall wird eine Verzinsung des Aktienkapitals von 8½% gebilligt. Es gibt kaum eine Aktie, welche eine solche Verzinsung aufweisen kann. Als Abschreibungen sind Folge I S. 11 3%, Folge II S. 70 bei einem Wasserwerk 1½% und Folge II S. 35 beim Kraftwerk 5,6%, beim Hochspannungsnetz 2,9%, bei den Transformatoren 5,8% und beim Niederspannungsnetz 2,85% als sachgemäß bezeichnet. Hier werden 2% zugebilligt. Derartige große Schwankungen erscheinen bedenklich, wenn auch die Verhältnisse der einzelnen Werke verschieden sind. Man kann sich des Gefühls nicht erwehren, daß hier manche Willkürlichkeiten mit untergelaufen sind. Das R.W.G. möge daher zu der Frage der Verzinsung und Abschreibung einmal grundlegend Stellung nehmen.

Die Trennung des Installationsgeschäftes von dem Stromgeschäft ist üblich. Es könnten aber auch Fälle eintreten, wo es nicht der Fall ist, dann kann man es m. E. nicht gesondert behandeln (vgl. Folge I S. 81). Das Fortlassen des Großabnehmers erscheint bedenklich. Auf deren Schultern ruht bekanntlich hauptsächlich das Stromgeschäft. Ob es bei den hier vorliegenden kleinen Verhältnissen ausnahmsweise ohne Einfluß war, läßt sich an Hand der Entscheidung nicht beurteilen. Vor einer Verallgemeinerung dieser Maßnahmen muß aber gewarnt werden.

Die Ansicht, daß durch Stillegung — hier Einschränkung der Straßenbeleuchtung — ein Einfluß hinsichtlich einer Preiserhöhung notwendig sei, ist nicht zu beanstanden.

Die Bindung an den Vertrag mit dem Wiederverkäufer, auch wenn es wirtschaftliche Nachteile bringt, ist rechtlich einwandfrei.

14.

Einfügung einer Bestimmung in den vor dem Kriege abgeschlossenen Stromlieferungsvertrag, daß die mit Strom belieferte Gemeinde an den durch Leitungsdiebstähle verursachten Wiederherstellungskosten beteiligt werde. — Abweisung der bei ihrer Erhebung begründeten Klage, wenn sie trotz veränderter Verhältnisse vor dem Berufungsgericht noch aufrechterhalten wird. — Unzulässigkeit der Zurückverlegung der materiellen Wirksamkeit der Entscheidung auf den Zeitpunkt der Klageerhebung.

Entscheidung vom 3. November 1924. — XXII[1]. A. V. 27. 24.

Die klagenden Gemeinden, die im besetzten Gebiet (Brückenkopf Köln) belegen sind, werden von dem Beklagten mit elektrischem Strom versorgt.

Nach § 6 des im September 1910 auf 30 Jahre abgeschlossenen Vertrages hat der Beklagte „die Anlage dauernd betriebsfähig zu erhalten", mithin auch, wie in den Gründen des Schiedsspruches zutreffend ausgeführt ist, eine durch Diebstahl von Leitungsdrähten unterbrochene Stromleitung auf seine Kosten wieder herzustellen.

Der Beklagte erhob vor dem Schiedsgericht, das als Vertragsschiedsgericht über Ansprüche der Klägerinnen zu befinden hatte, auf Grund der Verordnung vom 1. Februar 1919/9. Juni 1922 Widerklage. Die Widerklage ging am 24. November 1923 beim Schiedsgericht ein. Der Antrag der Widerklage lautete:

Die Verträge vom September 1910 werden dahin abgeändert, daß dem § 6 als Absatz 3 folgende neue Bestimmung hinzugefügt wird:

Werden die zur Stromversorgung der Gemeinden dienenden Leitungsanlagen gestohlen oder durch andere widerrechtliche Eingriffe, die gegen die Strafgesetze verstoßen, zerstört, so daß eine Unterbrechung der Stromversorgung der Gemeinden oder einzelner Abnehmer innerhalb dieser Gemeinden eintritt, so ist das Elektrizitätswerk zur Wiederherstellung der gestohlenen oder zerstörten Leitungsanlagen nur dann verpflichtet, wenn die Gemeinde oder der Teil der Abnehmer, der von der Unterbrechung betroffen ist, dem Elektrizitätswerk die Kosten der Wiederherstellung vor Beginn dieser Arbeiten erstattet oder sicherstellt, evtl.:

die als Absatz 3 neu zu erlassende Bestimmung

dahin zu fassen:

„Werden seit dem 25. November 1923 die zur Stromversorgung usw."

Der Beklagte legte zur Begründung der Widerklage eine Aufstellung über die in den Jahren 1922 und 1923 verübten Leitungsdiebstähle vor, deren Richtigkeit von einem Sachverständigen bestätigt wurde. Das Schiedsgericht hat auf Grund der Verhandlung vom 14. April 1924 am 7. Juni 1924 unter Abweisung des weitergehenden Antrages des Beklagten dahin erkannt:

„Auf die Widerklage wird der zwischen den Parteien geschlossene Vertrag vom 12.—15. September 1910 dahin geändert, daß dem § 6 als Abs. 3 folgende neue Bestimmung hinzugefügt wird:

Werden seit dem 25. November 1923 die zur Stromversorgung der Gemeinde dienenden Niederspannungs-Leitungsnetze gestohlen oder durch andere widerrechtliche Eingriffe, die gegen die Strafgesetze verstoßen, zerstört, so daß eine Unterbrechung der Stromversorgung der Gemeinde oder einzelner Abnehmer innerhalb dieser eintritt, so ist das EW. zur Wiederherstellung der gestohlenen oder zerstörten Leitungsanlagen verpflichtet, und zwar hat das E.W. die gesamten Wiederherstellungskosten zu tragen, solange diese innerhalb eines Geschäftsjahres des E.W. 0,2% oder weniger der Jahresbruttoeinnahmen aus Licht- und Kraftstromverkauf aus dem Niederspannungsnetz der Gemeinde betragen. Betragen diese Wiederherstellungskosten mehr als 0,2% bis zu 1% einschließlich, so haben das E.W. und die Gemeinde je die Hälfte des 0,2% übersteigenden Betrages zu zahlen. Die 1% übersteigenden Beträge hat die Gemeinde allein zu zahlen.

Soweit die Gemeinde dem E.W. hiernach erstattungspflichtig ist, kann das E.W. vom Tage der Inangriffnahme der Wiederherstellungsarbeiten ab den voraussichtlichen, auf Verlangen der Gemeinde glaubhaft zu machenden Betrag der von dieser zu tragenden Kosten fordern."

In den Gründen des Schiedsspruchs wird angeführt:

Die Voraussetzungen des § 1 der Verordnung vom 1. Februar 1919/9. Juni 1922 seien gegeben. Vor dem Kriege seien Leitungsdrahtdiebstähle, wenn überhaupt, dann doch nur in einem so geringen Umfange vorgekommen, daß die Elektrizitätswerke in ihren Kalkulationen nicht mit Ausgaben für die Wiederherstellung gestohlener Leitungen hätten zu rechnen brauchen. Die Leitungsdiebstähle in den Jahren 1922 und 1923 seien eine Folge der Kriegsverhältnisse. Ein solches Anwachsen der Wiederherstellungskosten sei beim Vertragsabschluß nicht voraussehbar gewesen. Dem Lieferer allein könne billigerweise die Tragung der Mehrkosten nicht zugemutet werden. Eine Verteilung, wie geschehen, entspreche der Billigkeit. Es stehe fest, daß bei der erfolgten Erhöhung der Strompreise den Diebstahlsschäden nicht Rechnung getragen sei. Wenn das Schiedsgericht die Abänderung des Vertrages für die ganze Vertragsdauer festgesetzt und auf die Möglichkeit normaler Verhältnisse insoweit keine Rücksicht genommen habe, so geschehe dies in der Erwägung, daß die Klägerinnen in diesem Falle nach § 2 Ziff. 3 der Verordnung die Möglichkeit hätten, eine Änderung herbeizuführen. Dem Schiedsspruch rückwirkende Kraft über den Tag des Eingangs der Widerklage hinaus zuzusprechen, wie der Beklagte es begehrt, sei nicht zulässig, weil der Beklagte die Möglichkeit gehabt habe, jederzeit die Vertragsabänderung zu verlangen. Dagegen erscheine es geboten, dem Eventualantrage des Beklagten stattzugeben.

Die Klägerinnen haben Berufung eingelegt mit dem Antrage,
die Widerklage abzuweisen.

Sie führen aus:

Daß in den Nachkriegsjahren bis in das Jahr 1923 hinein für den speziellen Fall der Drahtleitungen des Beklagten infolge des Krieges Sonderverhältnisse *bestanden hätten*, solle nicht bestritten werden. Diese würden früher den Antrag der Widerklage zeitweise gerechtfertigt haben. *Heute* seien die Verhältnisse in dieser Beziehung wieder normale. Seit Ende 1923 sei kein Diebstahl an den Leitungsdrähten mehr verübt worden.

Der Beklagte beantragt die Berufung zurückzuweisen. Er gibt zu, daß seit Ende 1923 kein Diebstahl von Leitungsdraht im Bezirk der klagenden Gemeinden mehr vorgekommen ist. Er führt dies auf den Eintritt stabiler Währungsverhältnisse und insbesondere darauf zurück, daß der Wert des Kupfers relativ gesunken ist, so daß es den Dieben und Hehlern wichtiger sei, sich bares Geld auf andere Weise zu verschaffen als durch Leitungsdiebstähle, wo das Erschwernis hinzukomme, die Beute unbemerkt abzusetzen und zu Geld zu machen. Diese Tatsache habe aber bei der Verteilung der Reparaturkosten, wie sie der Schiedsspruch vorgenommen, in weitgehendem Maße Berücksichtigung gefunden. Er müsse den Anspruch aufrecht erhalten, weil man heute gar nicht sagen könne, wie sich die Verhältnisse in der Zukunft gestalten würden, ob die deutsche Währung stabil bleiben und ob nicht insbesondere wieder eine Kupferteuerung mit der Folge erneuter Diebstähle eintreten werde.

Die Berufung hatte Erfolg. Die Widerklage ist abzuweisen.

Gründe:

Das Wesen des Rechtszuges der Berufung liegt im Gegensatz zu dem Rechtszuge der Revision darin, daß der Rechtsstreit auf Grund der Klage oder Widerklage vor dem Berufungsgericht innerhalb der durch die Berufungsanträge gezogenen Schranken von neuem verhandelt wird. Der Beklagte hält die Widerklage in dem Umfange, in dem das Schiedsgericht seinem Antrage entsprochen hat, auch heute noch aufrecht. Er verlangt, obwohl er die Veränderung der Verhältnisse seit Einreichung der Widerklage anerkennt, auch heute noch, daß dem § 6 des Vertrages eine neue Bestimmung hinzugefügt werde, wonach die Klägerinnen an den durch Drahtdiebstahl verursachten Wiederherstellungskosten teilzunehmen haben. Da es nicht darauf ankommt, ob die Widerklage begründet war, sondern darauf, ob sie begründet ist, hat das Berufungsgericht die Frage zu entscheiden, ob heute die Voraussetzungen für den Anspruch auf Abänderung des Vertrages durch Einfüguug der Diebstahlsklausel gegeben sind.

Diese Frage ist nach dem eigenen tatsächlichen Vorbringen des Beklagten unbedenklich zu verneinen. Seit Ende 1923 ist kein Drahtdiebstahl im Gebiete der klagenden Gemeinden mehr verübt worden. Das Aufhören dieser Diebstähle ist keine zufällige, nur vorübergehende Erscheinung, sondern die zwangsläufige Folge der Stetigkeit der Währung und des relativ geringen Kupferwertes, der einen Diebstahl an Leitungsdraht nicht mehr lohnend erscheinen läßt. Irgendein Anzeichen für eine künftig eintretende Veränderung dieser Verhältnisse ist nicht vorhanden. Die Verhältnisse sind aber in Bezug auf die Gefahr von Diebstählen an Leitungsdraht heute wieder die gleichen, wie sie es vor dem Kriege bei Abschluß des Vertrages waren. Unter diesen Umständen ist ein Grund für die Abänderung des Vertrages, wie es mit der Widerklage erstrebt wird, nicht vorhanden. Es fehlt an dem wesentlichsten Erfordernis für den Anspruch aus § 1 der Verordnung vom 1. Februar 1919/9. Juni 1922, nämlich der infolge der Kriegsverhältnisse eingetretenen nicht voraussehbaren Selbstkostensteigerung.

Das Schiedsgericht hat — dem Eventualantrage des Beklagten folgend — die Wirksamkeit seiner auf Grund der Verhandlung vom 14. April 1924 am 7. Juni 1924 verkündeten Entscheidung zurückverlegt auf den 25. November 1923, den der Einreichung der Widerklage folgenden Tag, und es war deshalb die weitere Frage zu prüfen, ob die Entscheidung für die Zeit vom 25. November 1923 bis zum Aufhören der Diebstähle bestätigt werden konnte. Dem steht indessen die vom Schiedsgericht nicht beachtete zwingende Vorschrift des § 2 Abs. 5 Satz 1 der Verordnung entgegen:

> „Die Wirkung der Entscheidung erstreckt sich auf die Zeit nach ihrer Rechtskraft."

Der zweite Satz daselbst:

> „Vor der Entscheidung können die entscheidenden Stellen einstweilige Anordnungen für die Zeit vom Erlasse der einstweiligen Anordnung bis zur Rechtskraft der Entscheidung erlassen",

kommt hier nicht in Frage, weil dem Schiedsspruche eine einstweilige Anordnung nicht vorausgegangen ist. Die Verordnung hat mit der Bestimmung des § 2 Abs. 5 bewußt den sonst im Prozeß üblichen Grundsatz, daß die materielle Wirkung des Urteils auf den Zeitpunkt des Entstehens oder Fälligwerdens des Anspruchs oder wenigstens auf den Zeitpunkt der Klageerhebung zurückverlegt wird, verlassen.

Die Widerklage ist danach unter Abänderung des Schiedsspruchs abzuweisen.

Bemerkung:

Die Entscheidung ist bedenkenfrei.

15.

Einstweilige Anordnungen gemäß § 2 Abs. 5 der Verordnung. — Keine Berufung dagegen. Bei Anrufung des Schiedsgerichts gemäß den Verordnungen vom 29. September/24. Oktober 1923 hat eine sachliche Nachprüfung zu erfolgen. — Zurückverweisung.

Entscheidung vom 3. März 1924.

XXII¹. A. V. 3/24.

Die verklagte Gesellschaft wird durch das klagende Elektrizitätswerk mit elektrischer Energie beliefert. Der Lieferung liegt ein Vertrag vom Jahre 1914 zugrunde. Der § 8 des Vertrages regelt die Strompreise; Abs. a enthält die Grundpreise, Abs. b eine Kohlenklausel. Das Elektrizitätswerk rief auf Grund der Verordnung vom 1. Februar 1919 ein Schiedsgericht wegen Erhöhung der Vertragspreise an. Das Verfahren endete mit einem Vergleich vom Oktober 1919, worin der § 8 Abs. b des Vertrages durch eine für das Werk günstigere Kohlenklausel ersetzt wurde.

Im November 1923 wandte sich alsdann das Elektrizitätswerk an den Obmann des früheren Schiedsgerichts. Es beantragte unter Bezugnahme auf die Verordnungen vom 29. September und 24. Oktober 1923 (Reichsgesetzbl. I S. 925 und 943) den Erlaß einer einstweiligen Anordnung. Der Obmann gab dem Antrage statt. Der wesentliche Inhalt der Anordnung ging dahin, daß sowohl die im § 8 Abs. a des Vertrages von 1914 genannten Preise, wie auch die im Vergleich vom Oktober 1919 festgelegte Kohlenklausel sich in Gold verstehen.

Die Gesellschaft rief das Schiedsgericht an. Sie beantragte, die einstweilige Anordnung des Obmannes aufzuheben und die Klage abzuweisen. Sie hält das Lieferwerk nur für berechtigt, die Preise nach § 3 Abs. a und b des ursprünglichen Vertrages von 1914, nicht aber nach der im Vergleich von 1919 vereinbarten Kohlenklausel in Gold zu berechnen.

Das Elektrizitätswerk beantragte, die einstweilige Anordnung aufrecht zu erhalten.

Das Schiedsgericht hat durch Spruch vom Dezember 1923 die einstweilige Anordnung des Obmannes im wesentlichen aufrecht erhalten. Die Gründe lauten:

„Das Schiedsgericht hat bejaht, daß die Voraussetzungen der Verordnungen vom 29. September und 24. Oktober 1923 insbesondere die Dringlichkeit gegeben ist. Nach den Erfahrungen der letzten Jahre ist im Handel und Verkehr für die Preise eine wertbeständige Grundlage notwendig, um sich vor Schäden durch eine etwa eintretende Geldentwertung zu schützen. Dem tragen die erwähnten Verordnungen Rechnung.

Die Richtlinien des Reichskommissars für die Kohlenverteilung zur Notverordnung vom 29. September 1923 gehen davon aus, daß die erwähnten Notverordnungen geradezu zum Schutze der Werke, die sich mit der Verordnung mit Gas, Wasser und Elektrizität befassen, erlassen sind. Die deutsche Währung weist allerdings z. Zt. keine Schwankungen gegen die Währungen des Auslandes von Erheblichkeit auf. Ob für die Dauer für die Stetigkeit dieses Zustandes zu rechnen ist, muß die Erfahrung lehren.

Die Behauptung der Antragsgegnerin, die Voraussetzung für eine Änderung der Teuerungsklausel sei gegeben, konnte in diesem Verfahren, das nur die Rechtmäßigkeit der erlassenen einstweiligen Anordnung zum Gegenstand hat, nicht geprüft werden. Es muß der Antragsgegnerin überlassen bleiben, entsprechende Anträge auf Abänderung oder Aufhebung der Teuerungsklausel bei dem Schiedsgericht zu stellen.“ —

Die Gesellschaft hat Berufung eingelegt. Sie beantragt: den Schiedsspruch aufzuheben und die Sache zur materiellen Entscheidung an ein anderes Schiedsgericht zu verweisen. Sie hält den Standpunkt des Schiedsgerichts, das ein materielles Eingehen auf die Ansprüche der Parteien ablehnt, für verfehlt und es für geboten, den ursprünglichen Vertrag von 1914 mit der Maßgabe, daß sich dessen Preise in Gold verstehen, wiederherzustellen. Die Klägerin habe bisher nichts vorgebracht, was eine Abänderung des Vertrages zu deren Gunsten rechtfertigen könnte.

Die Klägerin erklärt sich mit einer Zurückverweisung der Sache an das Schiedsgericht ausdrücklich einverstanden und betont, daß sie vor dem Schiedsgericht keinerlei Einwendungen gegen eine endgültige materielle Entscheidung erhoben habe und durch den Standpunkt des Schiedsgerichts, daß es nur die formelle Rechtsgültigkeit der einstweiligen Anordnung nachzuprüfen habe, vollkommen überrascht sei.

Das Reichswirtschaftsgericht hat dahin erkannt:

Unter Aufrechterhaltung des Schiedsspruchs als einstweiliger Anordnung wird die Sache zur endgültigen Entscheidung an das Schiedsgericht zurückverwiesen.

Gründe:

Der Senat ist mit den Parteien darüber einig, daß der Standpunkt des Schiedsgerichts, es habe nur die formelle Rechtsgültigkeit der vom Obmann erlassenen einstweiligen Anordnung nachzuprüfen, aber materiell auf die Ansprüche der Parteien in dem gegenwärtigen Verfahren nicht einzugehen, verfehlt ist. Ein schiedsgerichtliches Verfahren mit dem Ziele des Erlasses, der Aufhebung oder der Änderung einer einstweiligen Anordnung gibt es nicht. Das Ziel jedes schiedsgerichtlichen Verfahrens ist, die endgültige materielle Entscheidung über die vom Lieferwerk aus § 1 oder vom Lieferwerk oder Abnehmer aus § 2 Ziff. 3 der Verordnung vom 16. Juni 1922 erhobenen Ansprüche. Vor dieser „Entscheidung" kann das Schiedsgericht einstweilige Anordnungen für die Zeit vom Erlaß der einstweiligen Anordnung bis zur Rechtskraft der Entscheidung erlassen (§ 2 Ziff. 5 der Verordnung).

Eine solche einstweilige Anordnung „gemäß § 2 Ziff. 5 der Verordnung" konnte während der Geltungsdauer der Verordnung vom 29. September 1923 in dringenden Fällen auf Antrag von dem Obmann des Schiedsgerichts erlassen werden. Auch die von dem Obmann erlassene einstweilige Anordnung war, worauf der § 1 der Verordnung vom 29. September 1923 ausdrücklich hinweist, eine solche gemäß § 2 Ziff. 5 der Verordnung vom 16. Juni 1922.

In dem Augenblick, wo die Gesellschaft gegen die einstweilige Anordnung des Obmanns das Schiedsgericht anrief, war ein Schiedsverfahren gemäß § 2 der Verordnung vom 16. Juni 1922 anhängig. Darin, daß das Schiedsgericht eine materielle Entscheidung über die Ansprüche der Parteien abgelehnt und sich auf eine Prüfung der formellen Rechtsgültigkeit der von seinem Obmann erlassenen einstweiligen Anordnung beschränkt hat, liegt ein wesentlicher Mangel des Verfahrens. Da die Sache materiell noch nicht genügend vorbereitet ist, erscheint es geboten, sie zu endgültiger Entscheidung gemäß § 33 der Verordnung vom 16. Juni 1922 (R.G.Bl. I S. 511) in Verbindung mit § 36b der Verordnung über das Reichswirtschaftsgericht vom 21. Mai 1920/30. Juli 1921 (RGBl. S. 1167/1046) an das Schiedsgericht zurückzuverweisen. Die Verweisung an ein „anderes" Schiedsgericht, wie die Beklagte es wünscht, ist nicht zulässig. Nach § 7 der Verordnung vom 16. Juni 1922 (RGBl. I S. 511) ist die Vorinstanz das für den gegenwärtigen Fall ausschließlich zuständige Schiedsgericht.

Da der angefochtene Schiedsspruch sachlich eine einstweilige Anordnung des Schiedsgerichts darstellt und gegen eine einstweilige Anordnung Berufung nicht gegeben ist, so mußte der Senat bei Zurückverweisung der Sache zu endgültiger materieller Entscheidung den Spruch als einstweilige Anordnung aufrecht erhalten, ohne dadurch irgendwie zu der Frage, ob eine solche einstweilige Anordnung materiell gerechtfertigt war, Stellung zu nehmen.

Für das weitere Verfahren vor dem Schiedsgericht ist die Sachlage folgende:

Es liegt ein Vertrag über die Lieferung elektrischer Arbeit vom Jahre 1914 vor. Das Lieferwerk hatte auf Grund des § 1 der Verordnung vom 1. Februar 1919 Erhöhung der Lieferpreise beansprucht und es war im Oktober 1919 eine Einigung über den Anspruch zustande gekommen. Das Lieferwerk erstrebt im gegenwärtigen Verfahren eine Änderung der Abmachungen durch Umstellung der Grundpreise und der Kohlenklausel, wie sie 1919 vereinbart ist, auf Goldbasis. Voraussetzung für einen solchen Anspruch ist nach § 2 Ziff. 3 der Verordnung vom 16. Juni 1922 (R.G.Bl. I S. 510), daß gegenüber dem zur Zeit der Einigung — Oktober 1919 — vorliegenden Tatbestande eine erhebliche Änderung eingetreten sei. Hält das Schiedsgericht eine solche Änderung für dargetan, so ist der Fall so anzusehen, als ob nicht der Vergleich von 1919, sondern nur der Vertrag von 1914 bestünde, und das Schiedsgericht hat alsdann zu prüfen, ob und inwieweit bei der jetzigen Lage eine Abänderung des Vertrages von 1914 zugunsten des Elektrizitätswerks auf Grund des § 1 der Verordnung angemessen erscheint.

Bemerkung:

Die Entscheidung ist zutreffend. Es ist der einzige bekannt gewordene Fall, wo eine Zurückverweisung an den ersten Rechtszug erfolgt ist, zweifellos mit Recht. In anderen Fällen hat sich das RWG. gegen Zurückverweisung ablehnend verhalten und den Streit von sich aus auch materiell erledigt.

16.

Ist eine Wiedereinsetzung in den vorigen Stand gegen die Versäumung der Berufungsfrist zulässig?

Entscheidung vom 31. März 1924.

XXII[1]. A. V. 7/24.

Die Beklagte hat gegen einen auf Grund der oben bezeichneten Verordnungen ergangenen Schiedsspruch verspätet Berufung eingelegt und den Antrag auf Wiedereinsetzung in den vorigen Stand gegen Versäumung der Berufungsfrist gestellt. Die Klägerin beantragt, die Wiedereinsetzung nicht zu erteilen, und führt aus: Gegen die Versäumung der im § 2 Abs. 4 Satz 2 der Verordnung der Reichsregierung festgesetzten Berufungsfrist sei eine Wiedereinsetzung in den vorigen Stand überhaupt nicht gegeben; die Verordnung selbst enthalte hierüber nichts, vielmehr werde lediglich durch die Ausführungsverordnung des Reichswirtschaftsministers im § 29 eine solche Wiedereinsetzung für zulässig erklärt. Es müsse bezweifelt werden, ob der Reichswirtschaftsminister auf Grund der ihm durch die Rechtsverordnung (§ 4 Abs. 3) erteilten Ermächtigung zum Erlaß der Vorschriften über das Verfahren auch befugt sei, derartige weitergehende Bestimmungen zu treffen, durch die die wohlerworbenen Rechte einer Partei, die aus der Rechtskraft des Schiedsspruchs nach Ablauf der Berufungsfrist entständen, beeinträchtigt würden.

Das Reichswirtschaftsgericht hat die Wiedereinsetzung in den vorigen Stand an sich für statthaft erklärt mit folgender

Begründung:

Gegen die Versäumung der Berufungsfrist ist die Wiedereinsetzung in den vorigen Stand zulässig § 29 der Verordnung des Reichswirtschaftsministers über die Schiedsgerichte usw. sowie über das Reichswirtschaftsgericht als Berufungsinstanz vom 16. Juni 1922 (Reichsgesetzbl. I S. 511). Diese Vorschrift enthält eine „ergänzende Bestimmung zu der Verordnung über das Reichswirtschaftsgericht“, zu deren Erlaß der Minister im Artikel 1 Ziff. 3 des Gesetzes vom 9. Juni 1922 (R.G.Bl. I S. 509) ermächtigt war. Die von der Klägerin gegen die Rechtsgültigkeit des § 29 erhobenen Bedenken sind daher unbegründet. Die Voraussetzungen für die Wiedereinsetzung in den vorigen Stand sind in den §§ 22 ff. der Verordnung über das Reichswirtschaftsgericht geregelt, deren Vorschriften nach § 33 der Verordnung vom 16. Juni 1922 Anwendung finden.

Bemerkung:

Die Entscheidung ist richtig.

17.

Kosten des Schiedsgerichts. — Keine Gerichtsgebühr für einstweilige Anordnungen.

Beschluß vom 20. Juni 1924.

XXII. A. V. 4/24.

Soweit sich die Beschwerde gegen die Verteilung der Kosten richtet, ist sie unzulässig, da nach § 25 Abs. 5 der Verordnung vom 16. Juni 1922 (Reichsgesetzbl. I S. 511) 28. Juli 1923 (Reichsgesetzbl. I S. 759) nur die Entscheidung über die Höhe der Kosten durch Beschwerde anfechtbar ist.

Über die Höhe der Kosten bestimmt der § 25 Abs. 1 a .a. O.: „Das Schiedsgericht ist berechtigt, Gebühren für seine Tätigkeit und Erstattung der anläßlich seiner Tätigkeit erwachsenen baren Auslagen zu verlangen. Wenn nicht eine Vereinbarung der Beteiligten oder besondere anderweite Berechnung rechtfertigende Umstände vorliegen, wird die Tätigkeit des Schiedsgerichts abgegolten durch die Gebühren, die nach dem Deutschen Gerichtskostengesetz in seiner jeweilig geltenden Fassung das ordentliche Gericht erster Instanz im gleichartigen Falle zu erheben hätte. Hier liegt eine Vereinbarung der Parteien vor, die in der ersten Verhandlung vor dem Schiedsgericht vom 15. Juni 1922 und damit übereinstimmend auch in der Schlußverhandlung vom 15. Februar 1924 ihr Einverständnis damit erklärt haben, daß die Schiedsrichter für ihre Tätigkeit Gebühren liquidieren nach den zur Zeit des Erlasses des Schiedsspruchs geltenden Sätzen der Reichsgebührenordnung für Rechtsanwälte und zwar die Beisitzer die Gebühren der Rechtsanwälte erster Instanz, der Obmann die Gebühren der Rechtsanwälte zweiter Instanz.

In dem angefochtenen Beschlusse sind demgemäß die Gebühren nach der Verordnung vom 13. Dezember 1923 (Reichsgesetzbl. I S. 1189) für die Hauptsache unter Zugrundelegung eines Streitwertes von 250 000 Goldmark richtig berechnet — Prozeß-, Verhandlungs-, Beweis- und weitere Verhandlungsgebühr für die beiden Schiedsrichter mit je 5745 ℳ, für den Obmann mit 7468,50 ℳ.

Die Angriffe der Beklagten gegen die Festsetzung des Streitwertes auf 250 000 Goldmark gehen fehl. Der Streitwert darf nach § 25 Abs. 1 Satz 4 der Verordnung vom 16. Juni 1922/28. Juli 1923 das Dreifache der jeweiligen Jahresbeträge nicht überschreiten. Dabei kann freilich nicht, wie die Beschwerde meint, die Differenz zwischen den Beträgen, die das Schiedsgericht in seinen einstweiligen Anordnungen und dem schließlichen Schiedsspruche zugesprochen hat, und den Beträgen, welche die Beklagte zugestehen wollte, maßgebend sein; vielmehr war Streitgegenstand die Differenz zwischen den Beträgen, die der Kläger gefordert hat und den Beträgen, die die Beklagte nach ihren Anträgen zugestanden hat. Die Beklagte selbst behauptet, der Kläger habe seine Ansprüche überspannt. Sollte der Kläger zu Unrecht zu weit in seinen Anträgen gegangen sein, so hat er freilich den Streitwert erhöht und dadurch zur Steigerung der Kosten des Verfahrens Veranlassung gegeben; dieser Umstand kann für die Verteilung der Kosten erheblich sein, aber nicht dazu führen, den Streitwert geringer festzusetzen.

Die Ziffern, welche zur Festsetzung des Streitwertes auf 250 000 Goldmark geführt haben, sind am Schlusse des Schiedsspruchs angegeben. Wenn die Beschwerde die unter den Schiedsspruch fallende Stromabgabe jetzt auf nur etwa rund 900 000 kWSt angibt, so steht dies im Widerspruch zu den Angaben, welche beide Parteien im Schiedsverfahren gemacht haben, aber auch im Widerspruch zu der Sachlage. Die gesamte Stromabgabe des Klägers in G. beträgt jährlich etwa 2 000 000 kWSt, wovon etwa 1 100 000 kWSt auf Großabnehmer, etwa 900 000 kWSt auf Kleinabnehmer entfallen. Für Großabnehmer sind Sondervereinbarungen zulässig; aber naturgemäß nehmen auch solche Sonderabmachungen auf die von dem Schiedsgericht festgesetzten Preise Rücksicht. Für die Festsetzung des Streitwertes kommen also auch die an die Großabnehmer abgegebenen Strommengen in Betracht. Aber selbst wenn man nur 900 000 kWSt jährlich, also in 3 Jahren 2 700 000 kWSt als streitig ansieht, ist der festgesetzte Streitwert von 250 000 ℳ nicht zu hoch, da eine Vergleichung der im schiedsgerichtlichen Verfahren von der Beklagten gestellten Anträge mit den Anträgen des Klägers ergibt, daß die streitige Preisdifferenz je kWSt mehr als

$$\frac{25\,000\,000 \text{ (Goldpfennig)}}{2\,700\,000 \text{ (kWSt)}} = 9{,}26 \text{ Goldpfennig}$$

betragen hat.

Ob nach Erlaß des Schiedsspruchs die Parteien sich über eine anderweite Berechnung geeinigt haben oder der Kläger andere Preise zugestanden hat, ist für die Bemessung des Streitwertes unerheblich.

Was die Zeitdauer, für welche die Differenz zu berechnen ist, angeht, so ist es durchaus angezeigt, die in der Verordnung vom 16. Juni 1922/28. Juli 1923 zugelassene Dauer von 3 Jahren zugrunde zu legen. Selbstverständlich entscheidet darüber, wie die Beschwerde mit Recht sagt, nicht die Dauer des schiedsgerichtlichen Verfahrens, sondern die Dauer des Vertragsverhältnisses der Parteien. Dieses Vertragsverhältnis dauert aber sicherlich noch mehr als 3 Jahre, und nur in diesem Zusammenhange hat der Schiedsspruch darauf hingewiesen, daß allein das schiedsgerichtliche Verfahren fast 2 Jahre in Anspruch genommen hat, und daß das Vertragsverhältnis der Parteien sicherlich nicht mit weniger als Jahresfrist endet.

Danach sind die für die Hauptsache berechneten Gebühren — Posten I des Beschlusses — richtig.

Da sich die Beschwerde allgemein gegen die Höhe der Kosten richtet, unterliegen auch die übrigen Posten des Beschlusses der Nachprüfung des Senats. Die Berechnung der Auslagen — Posten IX — gibt zur Beanstandung keinen Anlaß, ebensowenig der Posten VII, wo für eine nach der Verordnung vom 29. September 1923 (Reichsgesetzbl. I S. 925), 24. Oktober 1923 (Reichsgesetzbl. I S. 997) vom Obmann erlassene einstweilige Anordnung gemäß der ausdrücklichen Vorschrift des § 2a eine Gebühr von 50 Goldmark berechnet ist.

Dagegen waren die Posten II, III, IV, V, VI, VIII mit insgesamt 8217 Goldmark zu streichen:

Das Schiedsgericht hat im Laufe des zwei Jahre dauernden schiedsgerichtlichen Verfahrens auf Grund des § 2 Abs. 5 Satz 2 der Verordnung vom 1. Februar 1919/9. Juni 1922 in der Fassung der Bekanntmachung vom 16. Juni 1922 (Reichsgesetzbl. I S. 510) am 15. Juni 1922, 24. September 1922, 28. November 1922, 5. Januar 1923, 24. September 1923 je eine einstweilige Anordnung erlassen und am 15. Februar 1924 mit der Verkündung des Schiedsspruchs diesen durch eine weitere einstweilige Anordnung sofort in Kraft gesetzt. In dem angefochtenen Beschlusse ist für jede dieser 6 einstweiligen Anordnungen für die beiden Schiedsrichter je eine Prozeßgebühr des Anwalts I. Instanz und für den Obmann eine Prozeßgebühr des Anwalts II. Instanz berechnet, bei den einstweiligen Anordnungen vom 15. Juni 1922, 24. September 1922, 5. Januar 1923, 15. Februar 1924 — und zwar für jede dieser einstweiligen Anordnungen — ferner für die beiden Schiedsrichter je eine Verhandlungsgebühr des Anwalts I. Instanz und für den Obmann eine Verhandlungsgebühr des Anwalts II. Instanz. Das Schiedsgericht stützt sich dabei auf den § 28 und evtl. auf den § 89 der Gebührenordnung für Rechtsanwälte.

§ 28 a. a. O. bestimmt:

„Das Verfahren über einen Antrag auf Anordnung, Abänderung oder Aufhebung eines Arrestes oder einer einstweiligen Verfügung gilt, auch wenn es mit dem Verfahren über die Hauptsache verbunden ist, für die Berechnung der Gebühren des Rechtsanwalts als besonderer Rechtsstreit." Das Schiedsgericht vertritt den Standpunkt, daß die einstweiligen Anordnungen (§ 2 Ziff. 5 der Verordnung vom 16. Juni 1922) den einstweiligen Verfügungen der Zivilprozeßordnung (ZPO. §§ 935 ff., insbesondere § 940) im Sinne des § 28 der Gebührenordnung für Rechtsanwälte gleichzustellen seien.

Mit demselben Rechte könnte ein Schiedsgericht, das beim Fehlen einer Vereinbarung die Gebühren entsprechend der Vorschrift des § 25 Abs. 1 nach dem Gerichtskostengesetz berechnet, für einstweilige Anordnungen Gebühren nach § 32 GKG. berechnen. Es ist hervorzuheben, daß dies bisher, soweit dem Senatsvorsitzenden bekannt, in keinem einzigen an das Reichswirtschaftsgericht gelangten Schiedsgerichtsverfahren geschehen ist. In allen Fällen, in denen einstweilige Anordnungen vom Schiedsgericht erlassen waren, sind solche bei Ansetzung der Gebühren unberücksichtigt geblieben und lediglich die Gebühren für die Hauptsache berechnet worden.

Etwas anderes erscheint auch nicht zulässig. Die einstweilige Anordnung nach der Verordnung vom 16. Juni 1922 ist ihrem Inhalte nach allerdings einer einstweiligen Verfügung nach § 940 ZPO. ähnlich. Beide Maßnahmen bezwecken die Regelung eines einstweiligen Zustandes in Bezug auf ein streitiges Rechtsverhältnis. Aber bei der Frage, ob das zu einer solchen Maßnahme führende Verfahren als ein besonderer Rechtsstreit anzusehen ist, kommt es nicht auf den materiellen Inhalt der Maßnahme, sondern allein auf das Verfahren an. Der 5. Abschnitt des 8. Buches der ZPO. „Arrest und einstweilige Verfügungen" regelt ein besonderes Verfahren, das — ohne Rücksicht darauf, ob die Hauptsache anhängig ist oder nicht — den Erlaß eines Arrestes oder einer einstweiligen Verfügung, auf Widerspruch des Gegners (§§ 924, 925, 936) die Bestätigung, Abänderung oder Aufhebung, auf Antrag nach §§ 926, 927, 936 die Aufhebung der Maßnahmen zum Ziel hat. Sowohl der Erlaß eines Arrestes oder einer einstweiligen Verfügung wie deren Bestätigung, Abänderung oder Aufhebung setzen stets ein Gesuch, einen Antrag einer Partei voraus. Im schärfsten Gegensatz dazu gibt es im Gebiete der Verordnung vom 16. Juni 1922 kein Verfahren, das den Erlaß, die Abänderung oder Aufhebung einer einstweiligen Anordnung zum Ziele hätte, wie es auch gegen eine einstweilige Anordnung keinen Rechtsbehelf gibt. Das schiedsgerichtliche Verfahren im Bereiche der genannten Verordnungen hat zum alleinigen Ziele den Erlaß des Schiedsspruchs. Weil aber die Wirkungen des Schiedsspruches frühestens mit seiner Rechtskraft beginnen dürfen (§ 2 Abs. 5 Satz 1), also der sonst im Prozeß übliche Grundsatz verlassen ist, daß die Wirkungen des Urteils wenigstens auf den Zeitpunkt der Klageerhebung zurückverlegt werden, gibt die Verordnung, um der hierdurch während einer etwaigen längeren Dauer des Verfahrens heraufbeschworenen Gefährdung der berechtigten Interessen einer Partei vorzubeugen, den entscheidenden Stellen das Recht, von Amts wegen einstweilige Anordnungen mit Wirkung von ihrem Erlasse bis zur Rechtskraft des Schiedsspruchs zu erlassen mit der Maßgabe, daß in der Endentscheidung der durch die einstweilige Anordnung geschaffene Zustand für die Zeit des Vorliegens einer einstweiligen Anordnung ganz oder teilweise aufrechterhalten werden kann.

Nach alledem kann keine Rede davon sein, daß die einstweilige Anordnung des schiedsgerichtlichen Verfahrens, sowie die einstweilige Verfügung der ZPO. den Abschluß eines als besonderer Rechtsstreit anzusprechenden Verfahrens darstellt. Die Erhebung besonderer Gebühren nach § 32 GKG. und im vorliegenden Falle, wo Anwaltsgebühren für die Mitglieder des Schiedsgerichts vereinbart sind, nach § 28 der Gebührenordnung für Rechtsanwälte ist danach nicht zulässig. Auch der § 89 der Gebührenordnung für Rechtsanwälte, wonach der Rechtsanwalt eine unter entsprechender Anwendung der Bestimmungen der Gebührenordnung zu bemessende Gebühr erhält, wenn für das ihm übertragene Geschäft der Betrag der Gebühr in der Gebührenordnung nicht bestimmt ist, kann keine Anwendung finden, weil die einstweilige Anordnung des schiedsgerichtlichen Verfahrens einen unlöslichen Teil des Verfahrens der Hauptsache darstellt und daher insoweit die Tätigkeit des Schiedsgerichts durch die Gebühren der Hauptsache abgegolten wird.

Bemerkung:

Die Entscheidung ist m. E. bezüglich des Nichtansatzes einer Gerichtsgebühr für eine einstweilige Anordnung anfechtbar. Vor dem ordentlichen Gericht würde man sicher diese Auffassung schon aus den fiskalischen Gründen nicht finden. Das Schiedsgericht kann einstweilige Anordnungen von Amts wegen erlassen, das gehört aber zu den größten Seltenheiten. In der Regel beantragt der Kläger eine einstweilige Anordnung, weil das Hauptturteil nur für die Zukunft wirkt. Er begründet seinen Antrag eingehend, weist die Dringlichkeit nach, es kommt dann meist zu einem sehr heftigen Kampf der Parteien und dann dem Erlaß der einstweiligen Anordnung. Ich selbst habe in einer Sache eine zweitägige Verhandlung nur über den Erlaß einer einstweiligen Anordnung mitgemacht, der umfangreiche Schriftsätze nur über diesen Gegenstand vorausgegangen waren. Die Beratung bezog sich nur auf den Erlaß der einstweiligen Anordnung. Man kann daher in solchen Fällen nicht gut sagen, daß hier kein von der Hauptsache getrenntes Verfahren stattgefunden habe. Ich halte daher den Ansatz einer Gerichtsgebühr hier für durchaus zulässig. Der Senat gibt selbst die große Ähnlichkeit, man kann sogar sagen Übereinstimmung mit Zweck und Art einer einstweiligen Verfügung zu. Das Verfahren unterscheidet sich z. B. in nichts von den einstweiligen Verfügungen in Unterhalts- und Schadensrentenprozessen. Ich glaube daher, daß bei erneuter Nachprüfung der Senat seine Auffassung ändern wird, soweit tatsächlich ein besonderes Verfahren: Antrag, Verhandlung, Entscheidung über den Erlaß einer einstweiligen Anordnung stattfindet.

18.

Gebühren des Schiedsgerichtes.

Beschluß vom 25. 9. 1925. 1. S. XXII³. A. V. 8. 25.

Es handelt sich im vorliegenden Falle für die Frage der Gebührenberechnung um ein einheitliches Verfahren. Die Schiedsklage vom 13. August 1923 erstrebte nur eine Erhöhung der Preise. Das Verfahren wurde nicht beendet, sondern kam nur vorläufig zum Ruhen durch die einstweilige Anordnung vom 27. Dezember 1923. Es wurde wieder aufgenommen durch den Antrag vom 29. April 1924, mit dem die Klägerin Abänderung des Nachtragsvertrags vom 26./31. Oktober 1910 für das Geschäftsjahr 1923/24 hinsichtlich der Verteilung der Betriebsausgaben und der Kosten der Erweiterung auf beide Betriebe begehrte. Dieser Antrag kam zum Ruhen durch die einstweilige Anordnung vom 24. Mai 1924. Das Verfahren wurde dann wieder aufgenommen durch den Schriftsatz der Klägerin vom 28. März 1925 mit den Anträgen I bis VIII, denen der im Termine vom 27. April 1925 gestellte Antrag auf Bestätigung der einstweiligen Anordnung vom 27. Dezember 1923 hinzutrat.

Der Vergleich vom 27. April 1925 erledigte die Anträge der Klägerin vom 28. März 1925 und den Antrag auf Bestätigung der einstweiligen Anordnung vom 27. Dezember 1923 (siehe Ziff. 1 des Vergleichs und das gemeinschaftliche Schreiben der Parteien an den Obmann vom 13. Mai 1925). Der Antrag vom 29. April 1924 mit der einstweiligen Anordnung vom 24. Mai 1924 ist durch außergerichtlichen Vergleich erledigt.

Nach der grundsätzlichen Entscheidung des Senats XXII³. A. V. 4/24 vom 15. Februar 1924 wird die Tätigkeit des Schiedsgerichts anläßlich des Erlasses einstweiliger Anordnungen durch die Gebühren der Hauptsache abgegolten; § 32 GKG. findet keine Anwendung. In den Gründen jener Entscheidung ist eingehend dargelegt, daß im Gegensatz zu den im fünften Abschnitte des achten Buches der Zivilprozeßordnung geregelten besonderen Verfahren: „Arrest und einstweilige Verfügungen" die einstweilige Anordnung des schiedsgerichtlichen Verfahrens einen unlöslichen Teil des Verfahrens der Hauptsache darstellt und daher insoweit eine besondere Gebühr neben den Gebühren der Hauptsache nicht erhoben werden kann.

Danach ist ein Gesamtstreitwert festzusetzen für die Anträge der Klage vom 13. August 1923, für den Antrag vom 29. April 1924 und für die Anträge vom 28. März 1925. Von diesem Gesamtstreitwert ist die Prozeßgebühr zu berechnen. Von einem Teile des Gesamtstreitwerts ferner die Vergleichsgebühr (Art. I Ziff. 1 der Abänderungsverordnung vom 28. Februar 1923 — Reichsgesetzbl. I S. 162 —).

Entgegen der Meinung der Beschwerdeführerin ist der Senat keineswegs auf die Prüfung der mit der Beschwerde angegriffenen Posten der Streitwertberechnung des Schiedsgerichts beschränkt. Der Senat hat zu prüfen, ob die Festsetzung der Verfahrenskosten auf 18 620 R.M. gerechtfertigt ist, und ist bei dieser Prüfung weder an die Berechnung des Schiedsgerichts, noch an die Anträge der Beschwerdeführerin gebunden. Es ist zulässig, die Rechnungsposten, aus denen sich der vom Schiedsgericht für die Gebührenberechnung angenommene Gesamtstreitwert zusammensetzt, gegeneinander auszugleichen, also die Beschwerde zurückzuweisen, wenn zwar ein bemängelter Posten zu hoch, dafür aber ein nicht bemängelter Posten zu niedrig bewertet ist. Die einzige Schranke ist die, daß die Entscheidung des Senats nicht über den festgesetzten Kostenbetrag von 18 620 R.M. hinausgehen und nicht unter den von der Beschwerdeführerin zugestandenen Betrag von 7620 R.M. hinuntergehen darf.

1. Für die Anträge vom 13. August 1923 bzw. die einstweilige Anordnung vom 27. Dezember 1923 gibt die Beschwerdeführerin selbst unter Ziff. 1 der Beschwerde den Streitwert des einjährigen Jahresbetrags auf 72 000 R.M. für Licht und 30 000 R.M. für Kraft, zusammen auf rund 100 000 R.M. an. Der Obmann nimmt für die einstweilige Anordnung vom 27. Dezember 1923 nach dem einjährigen Jahresbetrage einen Mindeststreitwert von 150 000 R.M. an. Für die Berechnung der Gebühren kommt das Dreifache des Jahresbetrages in Frage, also mindestens rund .... 300 000 R.M.
2. Der Streitwert des Antrags vom 29. April 1924 ist mindestens zu schätzen auf .... 20 000 R.M.
3. Gegenüber den Anträgen vom 28. März 1925 hat die Beschwerdeführerin schlechtweg Klageabweisung beantragt. Gegenüber diesem bestimmt formulierten Antrage kommen für die Berechnung des Streitwertes die Ausführungen, mit denen die Abweisung begründet ist, nicht in Betracht. Für die Anträge vom 28. März 1925 setzt derSenat danach denStreitwert wie folgt fest:

Antrag I und II, ganz gering berechnet.......	20 000 R.M.
Antrag III, unbemängelt	37 500 R.M.
Antrag IV, sehr mäßig und unbemängelt	12 500 R.M.
Antrag V, unbemängelt	18 000 R.M.
Antrag VI, sehr mäßig und unbemängelt	2 000 R.M.
Antrag VII, 1 und 2, entsprechend dem angefochtenen Beschlusse	600 000 R.M.

Die Beschwerdeführerin hat, wie oben erwähnt, ohne Einschränkung Abweisung der Anträge VII 1 und 2 beantragt. Es wäre prozessual durchaus möglich gewesen, den Antrag auf Klageabweisung in dem Sinne einzuschränken, wie es nach der Beschwerdeschrift die Absicht der Beschwerdeführerin gewesen ist, insbesondere also einen gegenüber den Verträgen höheren Betrag zu bezeichnen, der von der Beschwerdeführerin bei einer Kündigung zu zahlen wäre. Geht man davon aus, daß die Beschwerdeführerin in der Verhandlung vom 27. April 1925 nur den Inhalt des Schriftsatzes vom 20. April 1925 vorgetragen hat, so ergibt sich, daß dieser Schriftsatz keineswegs mit der Schärfe und Deutlichkeit den eingeschränkten Standpunkt wiedergibt, den nach der Beschwerdeschrift die Beschwerdeführerin geltend gemacht haben will; in dem Schriftsatze vom 20. April 1925 spricht die Beschwerdeführerin lediglich davon, „daß möglicherweise eine Änderung der Vergütung in Frage kommen könne" (S. 11 unten) und davon, „daß ihr auch die Möglichkeit eines Rückkaufs zu anderen, dem Interesse der Klägerin voll Rechnung tragenden Bedingungen nicht abgeschnitten werden dürfe" (S. 12 in der Mitte). Diese gänzlich unbestimmten Hinweise sind nicht geeignet, den Abweisungsantrag anders auszulegen als dahin, daß nach dem von der Beschwerdeführerin im Prozesse verfolgten Begehren die Klage voll abgewiesen, also das alte Vertragsverhältnis mit dem früheren Kündigungsrecht und den aus § 20 des Kaufvertrags sich ergebenden Abgeltungssätzen aufrecht erhalten werden sollte. Der Senat tritt den der Beschwerdeführerin mitgeteilten Anführungen des Obmanns vom 7. Juli 1925 in diesem Punkte durchaus bei.

Aber auch das Verfahren, nach welchem ein Streitwert von 600 000 R.M. festgesetzt worden ist, erscheint berechtigt. Das Aktienkapital der Schiedsklägerin beträgt 1,25 Millionen Mark (vgl. die Feststellungen des Kostenfestsetzungsbeschlusses zu Antrag III), so daß also auch die 10%ige Dividende richtig auf 125 000 R.M. errechnet worden ist. Die Errechnung des von der Stadtgemeinde zugebilligten Betrags auf 1,4 Millionen Mark bedeutet auch ein sehr erhebliches Entgegenkommen seitens des Schiedsgerichts.

Schließlich darf auch nicht außer acht gelassen werden, daß der Antrag VII zu 1, nach welchem das Kündigungsrecht auf 29 Monate hinausgeschoben werden soll, wiederum nach einer Dividende von 125 000 R.M., also insgesamt für die 29 Monate vom 1. Januar 1927 bis zum 31. Mai 1929 auf rund 300 000 R.M. bewertet werden könnte.

Zu einem ähnlichen Ergebnis kommt man, wenn man die nach dem Standpunkte der beiden Parteien zu leistenden Zahlungen auf dasselbe Datum prädiziert, nämlich auf den 31. Mai 1929. Es darf nicht übersehen werden, daß in diesem Zeitpunkte die Stadt nach dem von ihr eingenommenen Standpunkt unter Zugrundelegung der Bestimmungen des § 20 des Hauptvertrags nicht mehr das $11^{1}/_{5}$fache, sondern nur das $9^{2}/_{5}$fache des Durchschnittsjahresgewinns zu zahlen hätte, also nur den Betrag von 1 175 000 ℳ, woraus sich eine Spanne von 825 000 ℳ ergeben würde.

Jedenfalls erscheint ein Streitwert von 600 000 ℳ durchaus unanfechtbar.

Antrag VII 3 und 4, vom Schiedsgericht überaus mäßig geschätzt und nicht bemängelt, mit	20 000 R.M.
Der Gesamtstreitwert beträgt danach	1 030 000 R.M.
Gebühren:	
Prozeßgebühr	10 360 R.M.
Die Vergleichsgebühr ist nach einem Streitwerte von 1 010 000 R.M. zu berechnen, da der mit 20 000 R.M. bewertete Antrag vom 29. April 1924 nicht Gegenstand des Vergleichs gewesen ist. Von 1 010 000 R.M. beträgt die Vergleichsgebühr	10 160 R.M.
Gesamtgebühr	20 520 R.M.
Auslagen des Schiedsgerichts	500 R.M.
Kosten des Verfahrens	21 020 R.M.

Da die Kosten nur auf 18 620 R.M. festgesetzt sind, ist die Beschwerde zurückzuweisen.

Bemerkung:

Bezüglich des Ansatzes einer Gebühr für eine einstweilige Anordnung sei auf die Bemerkung S. 128 verwiesen. Der Senat verkennt wiederum, daß die Gebühr aus § 32 GKG. auch anzusetzen ist, wenn die einstweilige Verfügung mit dem Verfahren der Hauptsache verbunden ist.

Zu der Berechnung selbst ist nichts zu erinnern. Es muß bei dem Antrage auf Klageabweisung mit besonderer Vorsicht vorgegangen werden, wenn die Berechtigung einer gewissen Erhöhung der Preise anerkannt werden muß. Allerdings soll das Schiedsverfahren die wirklich notwendige Erhöhung erst feststellen und dem Abnehmer wird die Ermittelung eines nach seiner Ansicht angemessenen Preises oft schwer fallen. Beantragt er daher schlechthin Klageabweisung, muß er sich darüber klar sein, daß er dadurch nicht nur nicht den Streitwert erhöhen kann, sondern daß ihn schon allein aus diesem Grunde ein Teil der Kosten treffen kann.

19.

Gerichtsgebühren bei Zurücknahme der Klage. — Streitwert.

Beschluß vom 25. September 1925.

XXII³. A. V. 6./25.

1. Die Schiedsklage ist mit Schriftsatz vom 2. Juli 1924 erhoben und durch Schriftsatz vom 5. September 1924 zurückgenommen. Als der letztere Schriftsatz beim Obmann einging, war ein Termin zur mündlichen Verhandlung noch nicht bestimmt. Das Schiedsgericht hat zur Abgeltung seiner Tätigkeit eine Prozeßgebühr nach §§ 8, 20 Ziff. 1 des Gerichtskostengesetzes in Ansatz gebracht.

Die Schiedsklägerin hat gegen die Höhe der Kosten Beschwerde erhoben mit der Begründung, daß die Gebühr nach einem zu hohen Objekte berechnet sei. Der Senat war bei der Entscheidung über die Beschwerde auf die Prüfung des vom Beschwerdeführer geltend gemachten Grundes nicht beschränkt. Er hatte dazu Stellung zu nehmen, ob die Berechnung einer Prozeßgebühr gegenüber der Vorschrift des § 29 Abs. 1 GKG. nicht etwa überhaupt unzulässig war. Nach dieser Vorschrift wird in den vor die ordentlichen Gerichte gehörigen Rechtssachen, auf welche die Zivilprozeßordnung Anwendung findet (§§ 1 und 8 GKG.), eine Prozeßgebühr nicht erhoben, wenn die Klage vor Bestimmung des Verhandlungstermins zurückgenommen wird. Für das durch die Verordnung vom 16. Juni 1922 (Reichsgesetzbl. I S. 511) geregelte Verfahren bestimmt der § 25 Abs. 1 Satz 2:

> „Wenn nicht eine Vereinbarung der Beteiligten oder besondere anderweite Berechnung rechtfertigende Umstände vorliegen, wird die Tätigkeit des Schiedsgerichts abgegolten durch die Gebühren, die nach dem Deutschen Gerichtskostengesetz in seiner jeweilig geltenden Fassung das ordentliche Gericht erster Instanz im gleichartigen Falle zu erheben hätte."

Der Senat hat die Zurücknahme der Klage vor Bestimmung eines Termins im Verfahren vor den ordentlichen Gerichten und diejenige im vorliegenden Verfahren nicht als einen „gleichartigen Fall" im Sinne des § 25 Abs. 1 Satz 2 angesehen. Wenn im ordentlichen Verfahren die Klage vor der Terminsbestimmung zurückgenommen wird, so ist sie überhaupt noch nicht erhoben (§ 253 ZPO.) und hat eine Tätigkeit des Gerichts überhaupt noch nicht stattgefunden (§ 261 ZPO.). Im Verfahren vor dem Verordnungsschiedsgericht wird im Gegensatz dazu Termin erst bestimmt, wenn einmal das Verfahren über die Zusammensetzung des Schiedsgerichts beendet ist und sodann die Sache durch Schriftsätze, Beibringung von Unterlagen und Berechnungen genügend vorbereitet erscheint. Die Zurücknahme der Klage vor Bestimmung des Termins im ordentlichen Verfahren ist daher ein ganz anders gearteter Fall wie die im vorliegenden Verfahren erfolgte Klagezurücknahme, wo in den zwei Monaten, die zwischen der

Klageerhebung und deren Zurücknahme lagen, schon eine umfangreiche Gerichtstätigkeit stattgefunden hat. In Rücksicht auf den Umfang dieser Tätigkeit kann der vorliegende Fall aber auch dem im Abs. 2 des § 29 GKG. geregelten Falle nicht gleichgestellt werden, wo für das ordentliche Verfahren eine Ermäßigung der Prozeßgebühr auf ein Viertel vorgesehen ist, wenn die Klage nach der Terminsbestimmung, jedoch vor der mündlichen Verhandlung, zurückgenommen wird.

Findet hiernach für den vorliegenden Fall der § 29 GKG. keine Anwendung, so steht dem Schiedsgericht nach § 20 Ziff. 1 GKG. die Prozeßgebühr zu.

2. Die Höhe der Gebühr hängt von dem Streitwert und dieser wiederum von dem Klagebegehren ab.

Der Inhalt des Klagebegehrens ist ziffernmäßig aus der Klageschrift selbst nicht mit Klarheit festzustellen, insbesondere deswegen, weil die Klägerin — trotz Mahnung — von der Bezeichnung eines bestimmten Zusatzpreises Abstand genommen hat; auch läßt sich die in Frage kommende Strommenge ebenfalls aus dem Parteivorbringen in Klage und Klagebeantwortung nicht entnehmen.

Im einzelnen kommt der Senat zu folgendem Ergebnis:

a) Strommenge.

Das Klagebegehren kann nur dahin aufgefaßt werden, daß der zu zahlende Zusatzbetrag sowohl für die Leistung von 40 PS (= 34 kW) für die A.ermühle als auch von 50 PS (= 42,5 kW) für die O.-Mühle, insgesamt also für die Leistung von 90 PS (= 76,5 kW) verlangt wird. Für die in Frage kommende Strommenge hat die Beschwerdeführerin in der verfrühten Beschwerdeschrift vom 27. Oktober 1924 und in dem Schreiben vom 24. Januar 1925 die Menge von 280 000 kWh angegeben, und zwar ist dies eine Menge, die sich „aus den vorliegenden Aufzeichnungen" ergeben soll.

Im vorliegenden Beschwerdeverfahren hat die Beschwerdeführerin die in Frage kommende Jahreslieferung zunächst auf 182 515 kWh, in dem Schriftsatz vom 15. August 1925 auf 190 170 kWh angegeben.

Auch wenn man der Beschwerdeführerin das Recht zu einer nachträglichen Berichtigung ihrer ziffernmäßigen Angaben zugesteht, so ist doch bezüglich sämtlicher von ihr angegebenen Ziffern festzustellen, daß diese Ziffern nur einen Teil der mit der Klage verfolgten Ansprüche betreffen, nämlich die Lieferung für die O.-Mühle. Da für die A.ermühle offenbar niemals Strom geliefert worden ist, können sich die „vorliegenden Aufzeichnungen" sowie die tatsächlich erreichten Ziffern von 182 515 kWh bzw. 190 170 kWh nur auf die Lieferungen für die O.-Mühle beziehen.

Für den Teil des Klageanspruchs, der sich auf die Lieferungen an die O.-Mühle bezieht, nimmt der Senat nach den von der Beschwerdegegnerin unwidersprochen gebliebenen Anführungen der Beschwerdeführerin 190 000 kWh je Jahr an. Da sich, wie gesagt, der Klageanspruch aber auch auf die Lieferungen für die A.ermühle bezieht, muß auch insoweit ein Streitwert festgestellt werden; mit voller Bestimmtheit ist die hierfür in Frage kommende Strommenge nicht festzustellen. Der Senat kommt hierfür auf folgendem Wege zu einem Ergebnis:

Nach den Ausführungen der Beschwerdeführerin enthält die Ziffer von 190 000 kWh zum Teil auch Lieferungen, die „wiederholt, zum Teil sogar ganz erheblich über den Höchstverbrauch von 50 PS" hinausgegangen sind. Man wird ungefähr das Richtige treffen, wenn man diese Mehrleistungen auf rund 40 000 kWh annimmt und so diejenige Strommenge, die auf Grund der Vertragsleistung von 50 PS geliefert worden ist, auf 150 000 kWh annimmt. Bei einer Leistung von 42,5 kW ergibt sich somit eine Benutzungsdauer von 3500 Stunden.

Es erscheint berechtigt, diese Verhältnisse auch auf die A.ermühle anzuwenden. Für die A.ermühle wären 34 kW zur Verfügung zu stellen; bei einer Benutzungsdauer von 3500 Stunden würde sich hier eine Strommenge von 119 000 kWh ergeben.

Insgesamt kommt also nach dem Klagebegehren eine jährliche Strommenge von 190 000 + 119 000 = 309 000 kWh in Frage, so daß also der in dem angefochtenen Beschluß angenommene Jahresstromverbrauch von 280 000 kWh auf keinen Fall zu hoch erscheint.

b) Höhe des in Frage kommenden Mehrpreises.

Wie gesagt, vermeidet die Klage einen ziffernmäßig bestimmten Anspruch. Indessen bieten die Akten gewisse Anhaltspunkte dafür, was die Klägerin in der Schiedsklage „begehrt" hat. Nach der Beschwerdebegründung „zu II" hat die Klägerin eine Aufwertung von 1,5 Rpf „erhofft". In der weiteren Beschwerde-Begründung vom 14. August 1925 nimmt die Klägerin an, daß ihr das Schiedsgericht erster Instanz vielleicht den Strompreis von 7 Rpf zugebilligt haben würde, also nach der Berechnungsart der Klägerin einen in bar zu zahlenden Betrag von 3 Rpf. Wenn aber die Klägerin mit einer Zuerkennung von 3 Rpf gerechnet hat, so ist anzunehmen, daß sie auch einen entsprechenden Antrag gestellt haben würde, so daß also auch das Klagebegehren in diesem Sinne auszulegen ist.

Demgegenüber ist es für die Berechnung des Streitwerts gleichgültig, was nach der Ansicht der Klägerin die Schiedsinstanzen ihr schließlich zuerkannt haben würden, und es ist demgegenüber ebenso bedeutungslos, daß in dem Beschlusse des Oberlandesgerichts Marienwerder der „gemeine Wert" der kWh für einen Betrieb des Umfangs der Mühle des Beklagten auf 4 bis 4,5 Rpf festgesetzt worden ist, wobei man sich auch fragen muß, ob bei der Verschiedenartigkeit aller Verhältnisse, bei Stromlieferungen überhaupt, von einem „gemeinen Wert" gesprochen werden kann.

Wenn die Beschwerdeführerin jetzt einen Mehrwert von nur 0,008 Rpf herausrechnet, so ist dem auch entgegenzuhalten, daß die Erschwerungen in der

Stromlieferung, wie sie die Schiedsklage darstellt, so einschneidend geschildert sind („Energie ist wesentlich teurer, als nach der Voraussetzung des Vertrages"), daß die Klägerin sich offenbar nicht mit einer so verhältnismäßig geringen Erhöhung des Strompreises hat begnügen wollen.

Der Streitwert für die Klageanträge 1 und 2 ist daher mit 0,03 × 280 000 × 3 = 25 200 R.M. auf keinen Fall zu hoch angenommen.

3. Mit dem Klageantrage 3 begehrt die Klägerin die Feststellung, daß die Einrichtung der Transformatorenstation in A.ermühle auf Kosten des Beklagten zu geschehen hat. Der Streitwert dieses Antrags deckt sich mit dem Kostenbetrage, der durch die Einrichtung der Transformatorenstation erwachsen wird. Das Schiedsgericht hat einen Wert von 4000 R.M. angenommen. Dieser Betrag erscheint dem Senat nach den für die Bewertung maßgeblichen Angaben in der Klageschrift, wo die Klägerin von 50 PS und mehr spricht, durchaus berechtigt.

4. Aus dem Gesamtstreitwerte von 29 200 R.M. ergibt sich eine Prozeßgebühr von 352 R.M., so daß unter Einbeziehung der Auslagen die Kosten des Verfahrens mit 360 ℳ nicht zu hoch berechnet sind.

Die Beschwerde ist danach zurückzuweisen.

Bemerkung.

Der Ansatz der Prozeßgebühr ist berechtigt. Von einer entsprechenden Anwendung des Gerichtskostengesetzes kann hier keine Rede sein.

Sachregister.

A

H

J

K

S

T

U

V

www.ingramcontent.com/pod-product-compliance
Lightning Source LLC
LaVergne TN
LVHW042244300926
849161LV00003B/457